道路桥梁工程技术专业

路桥工程测量技术

王天成　主编

中国铁道出版社
CHINA RAILWAY PUBLISHING HOUSE

内 容 简 介

本书为国家骨干高职院校建设课程改革教材。本学习领域课程是依据高职高专道路桥梁工程技术专业人才培养目标和定位要求，结合路桥工程施工工作过程为导向构建的学习领域课程，主要内容包括 4 个学习情境：交接桩和测量数据的审核、道路的恢复定线、纵横断面的测量及道路与桥梁的施工测量，共 9 个学习任务，包括交接测量桩点、审核测量数据、布设导线网、测设中桩、布设高程控制点、测量施工线路纵断面、测量施工线路横断面、道路的施工测量及桥梁的施工测量。

本教材可作为高职高专道路桥梁工程技术专业学习用书，也可作为职业技能培训教材及从事路桥施工管理的技术人员参考使用。

图书在版编目（CIP）数据

路桥工程测量技术 / 王天成主编 . —北京：
中国铁道出版社，2013.10（2017.1重印）
道路桥梁工程技术专业及专业群系列教材
ISBN 978-7-113-17202-2

Ⅰ.①路…　Ⅱ.①王…　Ⅲ.①道路测量—高等
职业教育—教材②桥梁测量—高等职业教育—教材
Ⅳ.①U412.24②U442

中国版本图书馆 CIP 数据核字（2013）第 197587 号

书　　名：**路桥工程测量技术**
作　　者：王天成　主编

策　　划：左婷婷　　　　　　　　特邀编辑：赵　瑗
责任编辑：夏　伟
封面设计：刘　颖
封面制作：白　雪
责任校对：龚长江
责任印制：李　佳

出版发行：中国铁道出版社（100054，北京市西城区右安门西街 8 号）
网　　址：http://www.51eds.com
印　　刷：北京铭成印刷有限公司
版　　次：2013 年 10 月第 1 版　　2017 年 1 月第 2 次印刷
开　　本：880 mm×1 230 mm　1/16　印张：16　字数：340 千
印　　数：2 001～4 000 册
书　　号：ISBN 978-7-113-17202-2
定　　价：39.80 元

哈尔滨职业技术学院道路桥梁工程技术专业教材编审委员会

编写说明

为了贯彻落实《国家中长期教育改革与发展规划纲要(2010—2020)》精神,更好地适应我国走新型工业化道路,实现经济发展方式转变、产业结构优化升级,建设人力资源强国发展战略的需要,进一步发挥国家示范性高职院校的引领带动作用,构建现代高等职业教育体系,在国家百所示范高职院校建设取得显著成效的基础上,2010年国家教育部、财政部继续加强国家示范性高等职业院校建设,启动了国家骨干高职院校建设项目,在全国遴选了100所国家骨干高职院校,着力推进骨干高职院校进行办学体制机制创新,增强办学活力,以专业建设为核心,强化内涵建设,提高人才培养质量,带动本地区高等职业教育整体水平提升。

哈尔滨职业技术学院于2010年11月被确定为"国家示范性高等职业院校建设计划"骨干高职院校立项建设单位。学院在国家骨干高职院校建设创新办学体制机制,打造校企"双主体育人"平台,推进合作办学、合作育人、合作就业、合作发展的进程中,以专业建设为核心,以课程改革为抓手,以教学条件建设为支撑,全面提升办学水平。

学院与哈尔滨市公路工程处、龙建路桥股份有限公司等企业成立了校企合作工作领导小组,完善了道路桥梁工程技术专业建设指导委员会,进行了合作建站、合作办学、合作建队、合作育人的"四合模式"建设;创新了"校企共育、德能双修、季节分段"工学交替的人才培养模式,即以校企合作机制为保障,打造校企"双主体育人"合作平台,将学生的职业道德和职业能力培养贯穿于整个教育教学的始终,构建基于路桥建设工作过程导向课程体系,开发融入职业道德及岗位工作标准的工学结合核心课程,结合黑龙江省寒区特点,采取季节分段的工学交替教学方式,校企共同培养满足路桥施工一线的技术与管理岗位扎实工作的具有可持续发展能力的高端技能型专门人才;为了更加有效地实施该人才培养模式,制定了融入路桥企业职业标准及岗位工作要求的10门核心课程的课程标准,采取任务驱动的教学做一体化教学模式进行教学。

而教材建设作为教学条件中教学资源建设的重要组成部分,既是教学资源建设的关键,又是资源建设的难点。为此,学院组成了各重点专业教材编审委员会。道路桥梁工程技术专业教材编审委员会由职业教育专家、企业专家、专业核心课教师和公共核心课教师组成,历经三年多的不断改革与实践,编写了本套工学结合特色教材,由中国铁道出版社出版,为更好地推进国家骨干院校建设做出了积极贡献。

本套教材完全摆脱了以往学科体系教材的体例束缚,其特点如下:

1. 本套教材主要按照核心课程的教学模式改革要求进行编写,全部以真实的工作任务为载体,配合任务驱动教学做一体化的教学模式;

2. 本套教材的内容组织主要按照核心课程的内容改革要求进行编写,所有工作任务都是与施工企业专家和工程技术人员共同研究确定,选取具有典型效果的工程案例,形成了独具特色的教材内容。

3. 本套教材均采用相同的体例编写,同时采用了与任务驱动教学模式配套的六步教学法:

(1)完全打破了传统的知识体系的章节结构形式,采用全新的以路桥工程技术与管理人员的工作任务为载体的任务结构形式,设计了每项任务的任务单;

(2)教材中为培养学生的自主学习能力,设计了每项任务的资讯单和信息单;

(3)在信息单中,为学生顺利完成工作任务提供了大量的真实工程案例,各种解决方案,注重学生的计划能力和决策能力的培养,并设计了每项任务的计划单和决策单;

(4)教材中突出任务的实践性,注重学生的职业能力培养,设计了每项任务的实施单和作业单;

(5)在教材中设计了检查单和评价单,改革了传统的考核方式,采取分小组评价、个人评价和教师评价相结合的多元化评价方式,以过程考核为主,每个任务的各个环节均设有评价分值。

(6)为了使每名学生在完成任务后,都能够对自己的工作有个总结和反思,设计了教学反馈单。

总之,本套教材按照与学习领域课程体系、任务驱动教学模式、六步教学法及多元化考核评价方式等相对应的全新的教材体例编写而成。在本套教材的编写过程中,得到了合作企业及行业专家的大力支持,在此,表示由衷的感谢! 由于教材实践周期较短,还不够完善,如有错误和不当之处,敬请专家、同仁批评指正。希望本套教材的出版,能为我国高职教育的发展做出应有的贡献。

哈尔滨职业技术学院道路桥梁工程技术专业

教材编审委员会

2013 年 8 月

本书编委会

主　　编：王天成（哈尔滨职业技术学院副教授）

副主编：杨洪波（龙建路桥股份有限公司高级工程师）

参　　编：杨化奎（哈尔滨职业技术学院副教授）

　　　　　滕海生（黑龙江省公路工程质量监督站正高级工程师）

　　　　　王瑞雪（哈尔滨职业技术学院副教授）

　　　　　马　旭（哈尔滨职业技术学院副教授）

　　　　　吴丽萍（哈尔滨职业技术学院高级工程师）

主　　审：程　桢（哈尔滨职业技术学院教授）

　　　　　闫治理（哈尔滨市道路桥梁管理维修处教授级高级工程师）

前　言
FOREWORD

　　《路桥工程测量技术》是高职院校道路桥梁工程技术专业的核心课程。测量放样是贯穿路桥工程施工全过程的一项工作。本教材根据高职院校的培养目标,按照高职院校教学改革和课程改革的要求,以企业调研为基础,确定工作任务,明确课程目标,制订课程设计的标准;以能力培养为主线,与企业合作,共同进行课程的开发和设计。编写《路桥工程测量技术》教材的教学目的就是培养学生具有测量员岗位的职业能力,在掌握基本操作技能的基础上,着重培养学生运用测量方法,解决施工现场的复杂实际问题的能力。在教学中,以理论够用为度,以全面掌握测量仪器的操作使用为基础,侧重培养学生运用测量方法能力以及现场分析解决问题的能力。

　　课程设计的理念与思路是按照学生职业能力成长的过程进行培养,选择真实的路桥工程测量工作任务为主线进行教学。以行动任务为导向,以任务驱动为手段,注重理论联系实际;在教学中以培养学生运用测量方法的能力为重点,以学生全面掌握仪器的操作使用为基础,以培养学生现场分析解决问题的能力为终极目标;在校内教学过程中尽量实现实训环境与实际工作的全面结合,使学生在真实的工作过程中得到锻炼,为学生在生产实习及顶岗实习阶段打下良好的基础,达到学生毕业时就能直接顶岗工作的目标。

　　本教材设四个学习情境,共 9 个工作任务,参考教学时数为 90 ~ 110 学时。其中学习情境一交接桩和测量数据的审核包括任务 1 交接测量桩点、任务 2 审核测量数据;学习情境二道路的恢复定线包括任务 3 布设导线网、任务 4 测设中桩;学习情境三纵横断面的测量包括任务 5 布设高程控制点、任务 6 测量施工线路纵断面、任务 7 测量施工线路横断面;学习情境四道路与桥梁的施工测量包括任务 8 道路的施工测量、任务 9 桥梁的施工测量。

　　本教材由哈尔滨职业技术学院王天成任主编,负责确定教材编制的体例、统稿工作,并负责编写任务 1、任务 3、任务 4 及任务 9;由龙建路桥股份有限公司杨洪波同志任副主编,负责教材的实践性及任务设置的操作性审核,负责各个任务的实施单与作业单的制定及任务 9 的编写;由黑龙江省公路工程质量监督站的滕海生同志负责制订任务的计划单、评价单及反馈单工作;哈尔滨职业技术学院王瑞雪同志负责编写任务 6;哈尔滨职业技术学院吴丽萍同志负责编写任务 7;哈尔滨职业技术学院马旭同志负责编写任务 5、任务 8;哈尔滨职业技术学院杨化奎同志编写任务 2。

　　本教材由哈尔滨职业技术学院建筑工程学院院长程桢教授及哈尔滨市道路桥梁管理维修处闫治理高级工程师任主审,给编者提出了很多修改建议。在此特别感谢哈尔滨职业技术学院教务处处长孙百鸣教授给予教材编写的指导和大力帮助。

　　由于编写组的业务水平和教学经验之限,书中难免有不妥之处,恳请指正。

目 录
CONTENTS

学习情境一　交接桩和测量数据的审核

任务 1　交接测量桩点 ·· 2
1.1　路桥工程测量的基础知识 ··· 4
1.2　路桥工程的定点测量知识及平面定位 ································· 12
1.3　交接的桩点与点之记 ·· 14
1.4　交接桩工作程序与报告 ·· 15

任务 2　审核测量数据 ·· 25
2.1　路桥工程的基本组成 ·· 27
2.2　公路实体在设计图纸中的表述 ··· 27
2.3　道路的形成过程及其定位描述 ··· 31
2.4　测量人员在图纸会审中的工作内容 ····································· 32
2.5　测量人员需审核施工图纸中的图表及测量数据 ···················· 33

学习情境二　道路的恢复定线

任务 3　布设导线网 ··· 44
3.1　道路恢复定线及导线测量的基本知识 ·································· 46
3.2　踏勘选点及建立标志 ·· 49
3.3　测量转折角 ··· 49
3.4　测量边长 ·· 66
3.5　与高级控制点的连接测量 ·· 78
3.6　导线测量的内业计算 ·· 80
3.7　全站仪导线测量 ·· 84

任务 4　测设中桩 ··· 109
4.1　测设的方法 ·· 111
4.2　复测控制点 ·· 115

4.3 测设道路中桩的方法 ……………………………………… 116

4.4 曲线测设 ………………………………………………… 117

4.5 全站仪测设道路中桩 ……………………………………… 128

● 学习情境三 纵横断面的测量

任务 5 布设高程控制点 ……………………………………… 141

5.1 普通水准测量的方法 ……………………………………… 143

5.2 水准点的加密 ……………………………………………… 148

5.3 高程控制测量 ……………………………………………… 155

任务 6 测量施工线路纵断面 ………………………………… 168

6.1 施工线路纵断面测量的工作内容 ………………………… 170

6.2 中平测量的方法 …………………………………………… 171

6.3 纵断面图的绘制 …………………………………………… 173

任务 7 测量施工线路横断面 ………………………………… 183

7.1 施工线路横断面测量的工作内容及方法 ………………… 185

7.2 横断面图的绘制 …………………………………………… 187

7.3 填挖工程量的计算 ………………………………………… 187

● 学习情境四 道路与桥梁的施工测量

任务 8 道路的施工测量 ……………………………………… 201

8.1 道路边界的确定 …………………………………………… 203

8.2 道路路基边桩的测设 ……………………………………… 203

8.3 路基高程放样及边坡放样 ………………………………… 205

8.4 路面结构层的施工放样 …………………………………… 209

8.5 防护工程的施工放样 ……………………………………… 212

任务 9 桥梁的施工测量 ……………………………………… 222

9.1 桥梁施工控制网的布设 …………………………………… 224

9.2 桥梁轴线和墩台定位轴线的测设 ………………………… 227

9.3 桥梁基础、墩台的放样 …………………………………… 231

9.4 梁的架设测量和桥面系的放样 …………………………… 236

9.5 锥坡的放样 ………………………………………………… 237

学习情境 一

交接桩和测量数据的审核

学习指南

🔍 学习目标

学生在教师的讲解和引导下,明确工作任务的目的和实施中的关键要素,通过学习掌握地面上测量点位的知识、路桥工程的基本组成、定位知识以及识读工程图纸,能够借助设计文件及资料找到完成任务所需的工具、材料、方法,能够完成"交接桩"和"审核测量数据"两项工作的报告。要求在学习过程中锻炼职业素质,做到"严谨认真、吃苦耐劳、诚实守信"。

🛒 工作任务

1. 交接测量桩点
2. 审核测量数据

📋 学习情境的描述

根据测量工作的过程选取了"交接测量桩点"、"审核测量数据"等两个工作任务作为载体,使学生通过训练掌握测量员在施工单位刚入场时应该做好的测量有关的工作。学习的内容与组织如下:掌握地面上测量点位的知识、路桥工程的基本组成、定位知识以及工程交接桩的内容,通过实地进行"地面上测量点位的认识"及掌握有关测量点位的基本知识,以实际的路桥媒介掌握"路桥工程的基本组成与定位知识";然后审核工程图纸,能够借助设计文件及资料找到完成任务所需的工具、材料、方法,能够完成"测量数据的读取"工作任务的报告,使学生对路桥施工及测量的联系有了充分的认识。

任务 1　交接测量桩点

任 务 单

学习领域	路桥工程测量技术				
学习情境	交接桩和测量数据的审核	工作任务		交接测量桩点	
任务学时	4				
布置任务					
工作目标	1. 能够掌握地面上测量点位的知识 2. 能够根据地面上点位类型找到其关联的数据 3. 能够掌握现场交接桩的工作程序 4. 学会绘制"点之记"草图 5. 能够完成现场交接桩的工作报告 6. 能够在完成任务过程中培养职业素质,做到"严谨认真、吃苦耐劳、诚实守信"				
任务描述	在工程施工队伍进驻施工现场后,在施工之前需要得到设计单位给定的原勘察设计阶段的定位点位,即施工单位需要接受设计单位的交桩工作。其工作如下: 　　1. 准备工作 　　了解并熟悉工程施工图纸,掌握设计意图后,提前准备并携带工程施工图纸、路线平面图或简图、拟需要交接的控制桩的名称,以及笔、本、相机等。 　　2. 记录并现场绘制简图 　　到达交接现场后,通过现场与设计单位代表人员的指示、交流,仔细记录交桩的点号、数据、护桩或拴桩数据,观察现场的特征,定向并复核量取数据、绘制现场简图,留下桩点附近的特征照片,以备查找。 　　3. 核对工作 　　与准备好的需要桩点数据进行核对,检查是否有漏掉的重要控制桩点。 　　4. 整理资料 　　把交接桩的具体时间、地点、参加人员、点位照片、数据、护桩或拴桩形成的点之记整理完整,形成报告存档。				
学时安排	资讯	计划	决策或分工	实施	检查	评价
	1 学时	0.5 学时	0.5 学时	1 学时	0.5 学时	0.5 学时
提供资料	1. 路桥施工图纸 2. 工程测量规范 3. 测量员岗位工作技术标准				
对学生的要求	1. 具备路桥工程识图与绘图的基础知识 2. 具备路桥工程构造的知识 3. 具备几何方面的基础知识 4. 具备一定的自学能力、数据计算能力、一定的沟通协调能力、语言表达能力和团队意识 5. 严格遵守课堂纪律,不迟到、不早退;学习态度认真、端正 6. 积极参与小组讨论 7. 完成"现场交接桩"工作的报告单				

资 讯 单

学习领域	路桥工程测量技术		
学习情境	交接桩和测量数据的审核	工作任务	交接测量桩点
资讯学时		1	
资讯方式	在图书、期刊、教材、互联网及信息单上查询问题;咨询任课教师		
资讯问题	1. 什么是测定和测设,在路桥工程施工测量中指哪些工作内容?		
	2. 什么是水准面和大地水准面?		
	3. 地面上点的定位方式是什么?		
	4. 什么是绝对高程、相对高程、高差?		
	5. 什么是水准点?水准点的分类及如何设置水准点?		
	6. 测量坐标系有哪些?		
	7. 在实际地球表面用水平面代替水准面对距离和高程的影响有哪些?		
	8. 路桥工程的平面定位及定点测量知识有哪些?		
	9. 现场交接桩点有哪些?		
	10. 何谓点之记?		
	11. 交接桩的工作程序包括哪些步骤?		
	12. 交接桩的工作报告包括哪些内容?		
	学生需要单独资讯的问题……		
资讯引导	[1]王剑英,王天成. 土建工程测量. 北京:中国计量出版社,2009. [2]21 世纪路桥施工技术研究中心. 路桥施工现场十大员技术操作标准规范:测量员. 北京:当代中国音像出版社,2004.		

信 息 单

1.1 路桥工程测量的基础知识

1.1.1 路桥工程测量的分类

1. 测定

测定是依照规定的符号和比例尺,把路桥工程建设区域内的地貌和各种物体的几何形状及其空间位置绘制成图,并把路桥工程所需的数据用数字表示出来,为路桥施工建设提供图纸和资料。如测绘地形图、恢复定线、纵横断面的测量、竣工测量、建筑物变形观测等。

2. 测设

测设是将图纸上坐标已知的点在实地上标定出来或将拟建建筑物的位置和大小按设计图纸的要求在现场标定出来,作为施工的依据。如中线施工放样、高程测设、边坡放样、桥梁基础定位、墩台轴线放样等。

1.1.2 测量工作的基准面和基准线

1. 地球的形状和大小

测量工作是在地球表面上进行的。我们知道,地面点是相对于地球定位的,所以必须了解地球的形状和大小。地球表面约71%的面积被海洋覆盖,虽有高山和深海,但这些高低起伏与地球半径相比是很微小的,可以忽略不计。所以人们设想有一个不受风浪和潮汐影响的静止海水面,向陆地和岛屿延伸形成一个封闭的形体,用这个形体代表地球的形状和大小,这个形体被称为大地体。长期测量实践表明,大地体近似于一个旋转的椭球体,如图1.1所示。为了便于用数学模型来描述地球的形状和大小,测绘工作便取大小与大地体非常接近的旋转椭球体作为地球的参考形状和大小,因此旋转椭球体又称为参考椭球体,它的外表面又称为参考椭球面。我国目前采用的参考椭球体的参数为:

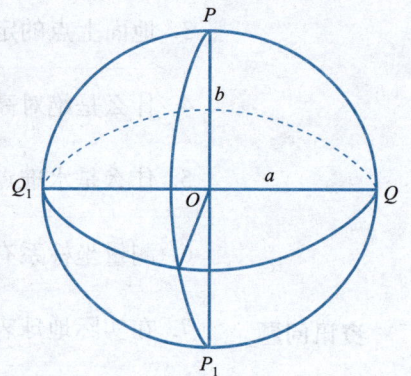

图1.1 地球的形状

长半径　$a = 6\ 378\ 140$ m;

短半径　$b = 6\ 356\ 755$ m;

扁　率　$\alpha = (a - b)/a = 1/298.257$。

由于参考椭球的扁率很小,所以在测量精度要求不高的情况下,可以把地球看作圆球,其半径为6 371 km。

2. 铅垂线、水平面和水准面

(1)铅垂线。铅垂线就是重力方向线,可用悬挂垂球的细线方向来表示,如图1.2所示,细线的延长线通过垂球G尖端。

(2)水平面。与铅垂线正交的直线称为水平线,与铅垂线正交的平面称为水平面。

(3)水准面和大地水准面。处处与重力方向垂直的连续曲线称为水准面。任何自由静止的水面都是水准面。水准面因其高度不同而有无数个,其中与不受风浪和潮汐影响的静止海水面相吻合的水准面称为大地水准面如图1.3所示。大地水准面只有一个,其特点是该面上的绝对高程为零。由于地球内部质量分布不均匀,所以地面上各点的铅垂线方向随之产生不规则变化,致使大地水准面成为有微小起伏的不规则的曲面。

图1.2 铅垂线

确定地面点的位置需要有一个坐标系,测量工作的坐标系通常是建立在参考椭球面上,因此参考椭面就

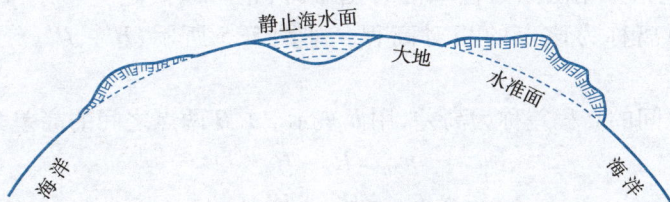

图 1.3　大地水准面

是测量工作的基准面。土建工程测量地域面积一般不大,对参考椭球面与大地水准面之间的差距可以忽略不计。测量仪器均用垂球和水准器来安置,仪器观测的数据是建立在水准面上的,这易于将测量数据沿铅垂线方向投影到大地水准面上。因此在实际测量中是将大地水准面作为测量工作的基准面。即使在精密测量时不能忽略参考椭球面与大地水准面之间的差异,也是经由以大地水准面为依据获得的数据通过计算改正转换到参考椭球面上。

由于铅垂线与水准面垂直,知道了铅垂线方向也就知道了水准面方向,而铅垂线又是很容易求得的,所以铅垂线便成为测量工作的基准线。

1.1.3　地面上点的定位方式

如图 1.4 所示,设想将地面上高度不同的 A,B,C 三个点分别沿铅垂线方向投影到大地水准面 P' 上,得到相应的投影点 a',b',c',这些点分别表示地面点在球面上的相应位置。

如果在测区的中央作水平面 P 并与水准面 P' 相切,过 A,B,C 各点的铅垂线与水平面相交于 a,b,c,这些点便代表地面点在水平面上的相应位置。

由此可见,地面点的空间位置可以用点在一定坐标系下的三维坐标,或该点在水准面或水平面上的二维平面坐标及点到大地水准面的铅垂距离来确定,即点的平面位置和高程。其中点的平面位置就是点在水准面或水平面上的平面坐标。

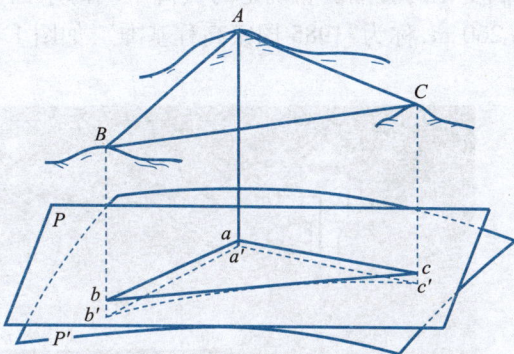

图 1.4　地面点在水准面上的投影

1.1.4　地面点的高程及水准点

1. 地面点的高程

(1)绝对高程。地面点到大地水准面的铅垂距离称为该点的绝对高程,又称海拔,在工程测量中习惯称为高程,简称高程,用 H 表示。如图 1.5 所示,H_A、H_B 分别表示 A 点和 B 点的高程。

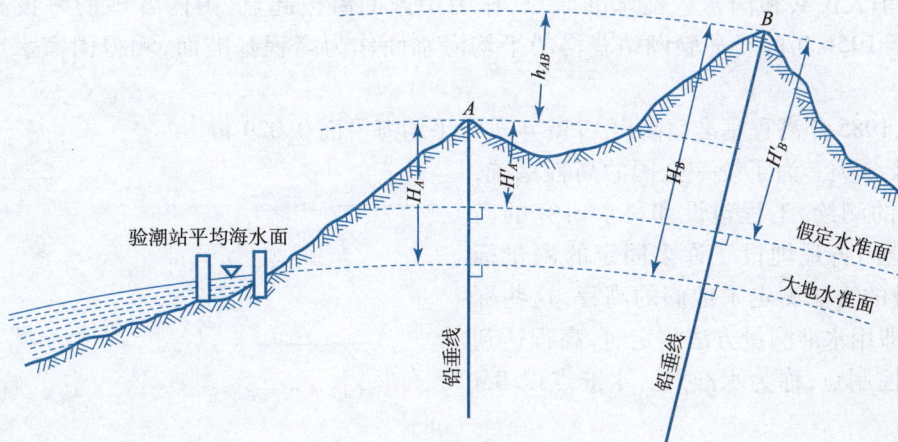

图 1.5　高程及高差

（2）相对高程。局部地区采用国家高程基准有困难时，也可以假定一个水准面作为高程起算面，地面点到假定水准面的铅垂距离称为该点的相对高程。如图1.5所示，H'_A、H'_B分别表示A、B两点的相对高程。

（3）高差。地面两点之间的高程差称为高差，用h表示。A、B两点之间的高差为

$$h_{AB} = H_B - H_A \tag{1.1}$$

或

$$h_{AB} = H'_B - H'_A \tag{1.2}$$

B，A两点之间的高差为

$$h_{BA} = H_A - H_B \tag{1.3}$$

或

$$h_{BA} = H'_A - H'_B \tag{1.4}$$

可见

$$h_{AB} = -h_{BA} \tag{1.5}$$

2. 水准点

（1）水准原点。我国的高程是以山东省青岛市验潮站自1953年至1979年长期观测和记录黄海海水面的高低变化的验潮资料确定的黄海平均海水面为基准（其高程为零），并在青岛建立国家水准原点，其高程为72.260 m，称为"1985国家高程基准"，如图1.6及图1.7所示。

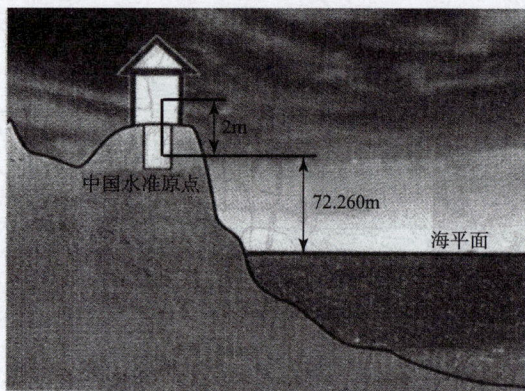

图1.6 国家水准原点及验潮站

图1.7 中华人民共和国水准原点地址

曾经使用过的"1956年黄海高程基准"是指：在1954年，由中国人民解放军总参测绘局在青岛观象山山顶处建成了中华人民共和国永久性水准原点，作为中国的海拔起点，国内各地的海拔高度都是由此起算。以1950年至1956年间青岛验潮站获得的平均海水面作为高程基准面，测得国家水准原点的高程为72.289 m。

由以上可知，1985年高程基准面高出1956年黄海平均海平面0.029 m。

（2）水准点及分类。为了统一全国的高程系统，满足各种地形图的测绘、工程建设和科学研究的需要，测绘部分在全国各地埋设了许多固定的测量标志，并用水准测量的方法测定了他们的高程，这些标志称为水准点。即用水准测量方法测定时，高程达到一定精度的高程控制点，称为水准点。水准点以BM为代号。

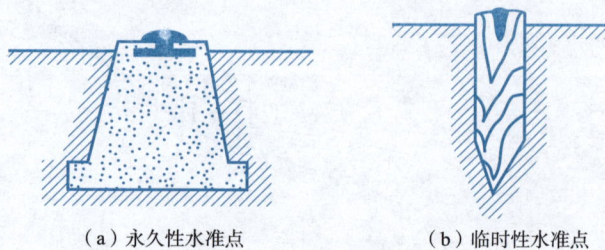

（a）永久性水准点　　（b）临时性水准点

图1.8 水准点示意

水准点分为永久性和临时性两种。永久性水准点的标石一般用混凝土预制而成，顶面嵌入半球形的金属标志，如图1.8（a）所示，表示该水准点的点

位。临时性水准点可选在地面突出的坚硬岩石或房屋勒脚、台阶上,用红漆做标记,也可用大木桩打入地下,桩顶上钉一半球形钉子作为标志,如图1.8(b)所示。临时性水准点一般都为等外水准测量的水准点。

(3)水准网。国家水准网是指在全国范围内由国家专门的测量机构建立的高程控制网,用于全国各种测绘和工程建设以及施工的基本控制工作,为了方便工程建设人员引用这一国家水准原点的高程,开展测量工作,国家测绘部门在全国范围内,从国家水准原点出发,逐级建立起国家高程控制网,将水准原点的高程数据通过该网引测到全国各地。

国家高程控制网按其精度分为一、二、三、四等高程控制网。图1.9所示为国家一、二等高程控制网布设示意图。

国家一等水准网
埋设水准标石2万多座,形成289条路线,总长9.336万km
南海诸岛资料暂缺。

图1.9　国家一、二等高程控制网布设示意图

一等水准网是国家最高级的高程控制的骨干,沿地质构造稳定和坡度平缓的交通线布满全国,构成网状。一等水准网路线全长为93 000多千米,包括100个闭合环,环的周长为800～1 500 km。

二等水准网是国家高程控制网的全面基础,一般沿铁路、公路和河流布设。二等水准网环线布设在一等水准网环内,每个环的周长为300～700 km,全长为137 000多千米,包括822个闭合环。

三、四等水准网在二等水准网的基础上进一步加密,直接为测绘地形图和各项工程建设提供必要的高程控制。三等水准网环不超过300 km;四等水准网一般布设为附合在高等级水准点上的附合路线,其长度不超过80 km,如图1.10所示。

(4)水准点的设置。为了满足公路在勘测设计阶段和施工阶段工程建设的需要,施工测量人员要在公路沿线适当的位置,在国家高程控制网的基础上,进行水准点的设置和加密。

①水准点位置选定要求。

a. 水准点应选在能长期保存,便于施测,坚实、稳固的地方;

b. 水准路线应尽可能沿坡度小的道路布设,尽量避免跨越河流、湖泊、沼泽等障碍物;

c. 在选择水准点时,应考虑到高程控制网的进一步加密;

d. 应考虑到便于与国家水准点进行联测;

e. 水准网应布设成附合路线、闭合网和支线网。

②公路水准点设置要求。

a. 水准点间的距离。对于公路工程专用水准点,应选择公路路线两侧距中线 50~100 m 的范围内,水准点间距一般 1~1.5 km,山岭重丘区可适当加密;大桥两岸、隧道两端、垭口及其他大型构造物附近亦应增设水准点。

b. 水准点埋设基本要求。水准点应埋设在不易损毁的坚实土质内。在冻土地带,水准点基石底部应埋设在冻深线以下 0.5 m,称为地下水准点。水准点的高程可向当地测量主管部门索要,作为地形图的测绘、工程建设和科学研究引测高程的依据。

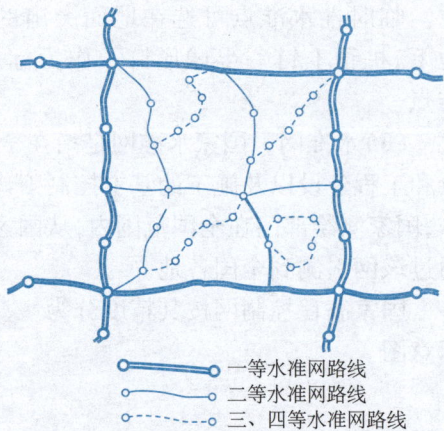

一等水准网路线
二等水准网路线
三、四等水准网路线

图 1.10　水准网的布设示意图

为方便以后的寻找和使用,埋设水准点后,应绘出能标记水准点位置的草图(称为点之记),图上要注明水准点的编号、定位尺寸及高程。

1.1.5　地面上点的坐标及坐标系

地面点的平面位置可用大地坐标(亦称大地地理坐标)、平面直角坐标及空间直角坐标来表示。

1. 大地坐标(大地地理坐标)

地面点在球面上的位置常采用经度(λ)和纬度(ϕ)来表示,称为大地坐标(亦称大地地理坐标)。1884 年在美国华盛顿召开的国际经度会议上,正式将经过格林尼治天文台的经线确定为 0°经线,分别向东西半球推算;以经过赤道的纬线确定为 0°纬线,分别向南北半球推算。

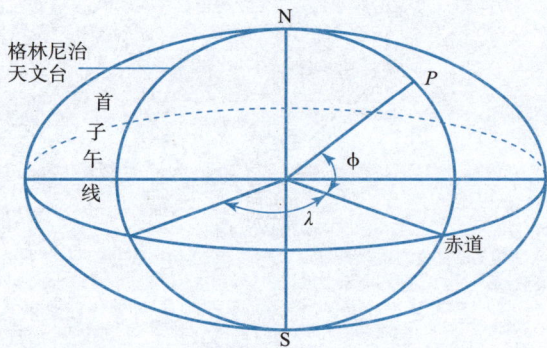

格林尼治天文台

首子午线

赤道

图 1.11　大地坐标(亦称大地地理坐标)

如图 1.11 所示,N,S 分别是地球的北极和南极,NS 称为地轴。包含地轴的平面称为子午面。子午面与地球的交线称为子午线。通过原格林尼治天文台的子午面称为首子午面,是计算精度起算面。过地面上任意一点 P 的子午面与首子午面的夹角 λ 称为 P 点的经度。由首子午面向东量称为东经,向西量称为西经,其取值范围为 0°~180°。

通过地心且垂直于地轴的平面称为赤道面。过 P 点的铅垂线与赤道面的夹角 ϕ 称为 P 点的纬度。由赤道面向北量称为北纬,向南量称为南纬,其取值范围为 0°~90°。

我国位于东半球和北半球,所以各地的地理坐标都是东经和北纬,例如北京的地理坐标为东经 116°28′,北纬 39°54′。

新中国成立初期,我国采用的大地坐标系为"1954 北京坐标系",亦称为"北京 54 坐标系",简称 P_{54}。

目前我国采用的大地坐标为"1980 国家大地坐标系",亦称"西安 80 坐标系",简称 P_{80}。地面点的大地坐标是根据大地测量数据由大地原点推算而得到的。大地原点设在我国中西部的陕西省西安市泾阳县永乐镇境内的一点。

2. 平面直角坐标

地理坐标是球面坐标,若直接用于工程建设规划、设计、施工,会带来很多计算和测量不便。为此,须将球面坐标按一定数学法则归算到平面上,即测量工作中所称的投影。我国采用的是高斯投影法。

(1)高斯平面直角坐标。高斯投影法是将地球按 6°的经差分成 60 个带,从首子午线开始自西向东编号,东经 0°～6° 为第 1 带，6°～12° 为第 2 带，依此类推，如图 1.12 所示。

　　位于每一带中央的子午线称为中央子午线，第 1 带中央子午线的经度为 3°，各带中央子午线的经度 λ_0 与带号 N 的关系为：

$$\lambda_0 = 6N - 3 \tag{1.6}$$

　　为便于说明，将地球当成圆球。设想将一平面卷成横圆柱套在地球外面。如图 1.13（a）所示，使圆柱的轴心通过圆球的中心，将地球上某 6° 带的中央子午线与圆柱面相切。在球面图形与柱面图形保持等角的条件下将球面图形投影到圆柱面上，然后将圆柱体沿着通过南北极的母线切开、展平。投影后如图 1.13（b）所示，中央子午线与赤道成为相互垂直的直线，其他子午线和纬线成为曲线。取中央子午线为坐标纵轴 x，取赤道为坐标横轴 y，两轴的交点为坐标原点 O，组成高斯平面直角坐标系，规定 x 轴向北为正，y 轴向东为正，坐标象限按顺时针编号。

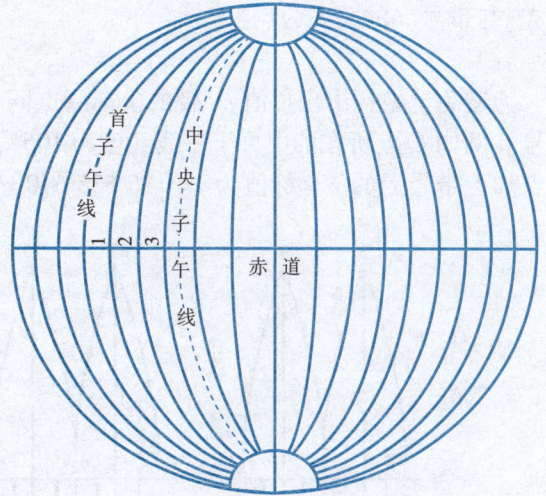

图 1.12　分带示意

　　我国位于北半球，x 坐标均为正值，y 坐标则有正有负。如图 1.14（a）所示，设 $y_A = +136\ 780$ m，$y_B = -272\ 440$ m，为了避免出现负值，将每带的坐标原点向西移 500 km，如图 1.14（b）所示，纵轴西移后，$y_A = 500\ 000 + 136\ 780 = 636\ 780$ m，$y_B = 500\ 000 - 272\ 440 = 227\ 560$ m。为了确定某点所在的带号，规定在横坐标之前均冠以带号。设 A，B 点均位于 20 带，则 $y_A = 20\ 636\ 780$ m，$y_B = 20\ 227\ 560$ m。

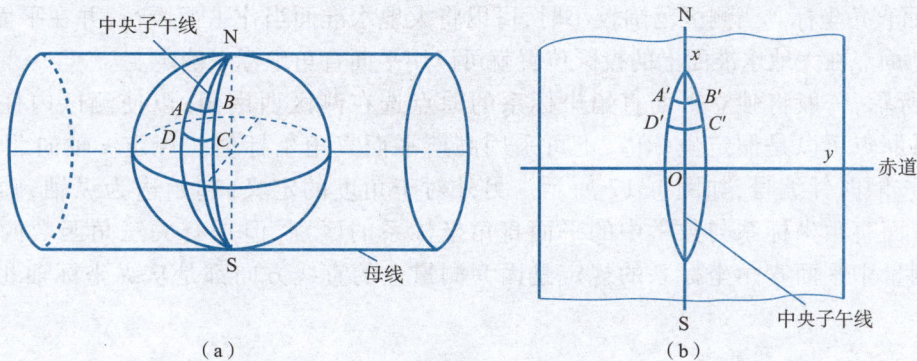

（a）　　　　　　　　　　　　　　　　（b）

图 1.13　高斯平面直角坐标

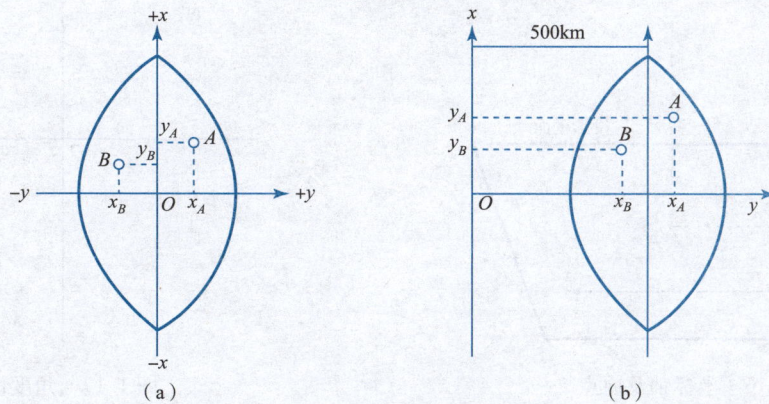

（a）　　　　　　　　　　　　　　　　（b）

图 1.14　我国的坐标原点

　　在高斯投影中，离中央子午线愈远，长度变形愈大，当要求投影变形更小时，可采用 3° 带投影。

　　如图 1.15 所示，3° 带是从东经 1°30′ 开始，按经差 3° 划分一个带，全球共分为 120 带。每带中央子午线经

度 λ'_0 与带号 n 的关系为

$$\lambda'_0 = 3n \tag{1.7}$$

为避免 y 坐标出现负值,3°带的坐标原点同6°带一样向西移动500 km,但加在 y 坐标前的带号应是3°的带号。例如 C 点所在的中央子午线经度为105°,$y_C = 538\ 640$ m,该点所在3°带的带号为 $n = 105°/3 = 35°$,则该点加上带号后的 y 坐标值为 $y_C = 35\ 538\ 640$ m。

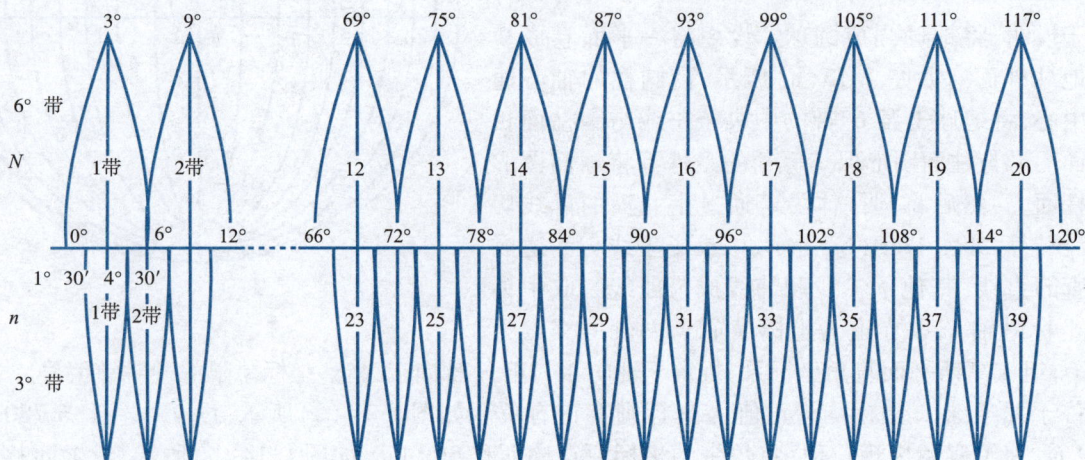

图 1.15 6°带与3°带

(2)独立平面直角坐标。当测区范围较小时,可以将大地水准面当作平面看待,并在平面上建立独立平面直角坐标系,地面点在大地水准面上的投影位置就可以用平面直角坐标来确定。

如图1.16所示,一般将独立平面直角坐标系的原点选在测区西南角,以使测区内任意点的坐标均为正值。坐标系原点可以是假定坐标值,也可采用高斯平面直角坐标值。规定 x 轴向北为正,y 轴向东为正,坐标象限按顺时针编号,如图1.17所示。另外对于角度的定义,起始边为纵轴,顺时针方向。这也是测量中的平面直角坐标系与数学中的平面直角坐标系的区别,但是有关三角函数的使用和计算符号没有改变。测量中平面直角坐标系的规定是因为测量上的直线方向都是从纵坐标轴北端顺时针方向度量的。

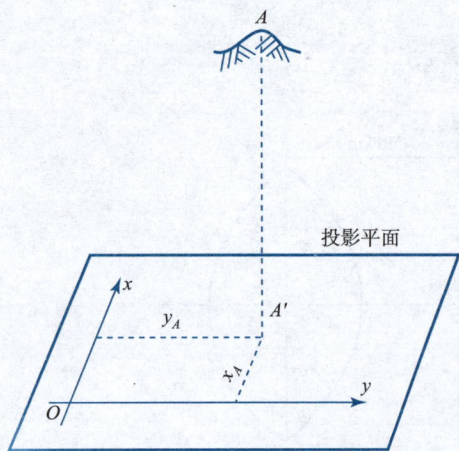

图 1.16 坐标轴及原点

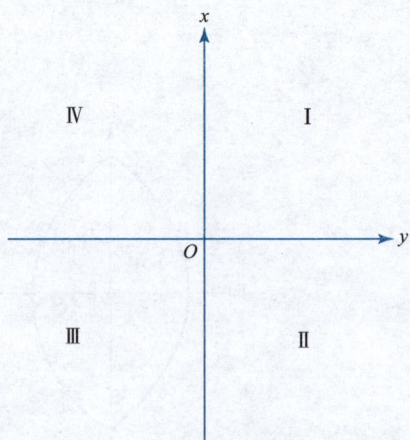

图 1.17 角度设置

3. 空间直角坐标

随着卫星定位技术的发展,采用空间直角坐标来表示空间一点的位置,已在各个领域越来越多地得到应用。空间直角坐标系是以地球的质心为原点 O,z 轴指向地球北极,x 轴指向格林尼治子午面与地球赤道的交

点 E,过 O 点与 xOz 面垂直,按右手规则确定 y 轴方向,如图1.18所示。

1.1.6　用水平面代替水准面的限度

大地水准面是一个近似的椭球面,测量中用水平面代替大地水准面必然对距离、高程的测量产生影响。当测区范围小,用水平面代替水准面所产生的误差不超过测量误差的容许范围时,可以用水平面代替水准面。但是在多大面积范围才容许这种代替,有必要加以讨论。为讨论方便,假定大地水准面为圆球面。

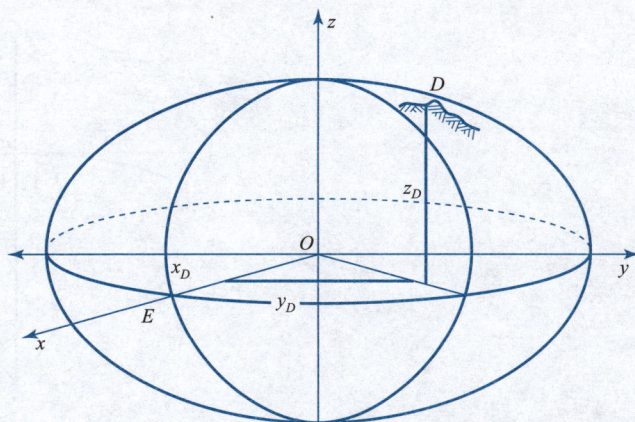

图1.18　空间直角坐标

1. 对距离的影响

如图1.19所示,设地面上 A、B、C 三个点在大地水准面上的投影点是 a、b、c,用过 a 点的切平面代替大地水准面,则地面点在水平面上的投影点是 a'、b'、c'。设 ab 的弧长为 D,ab' 的长度为 D',球面半径为 R,D 所对的圆心角为 θ,则用水平长度 D' 代替弧长 D 所产生的误差为

$$\Delta D = D' - D \tag{1.8}$$

将 $D = R\theta$,$D' = R\tan\theta$ 代入式(1.8),整理后得

$$\Delta D = R(\tan\theta - \theta) \tag{1.9}$$

将 $\tan\theta$ 展开为级数式,

$$\tan\theta = \theta + \frac{1}{3}\theta^3 + \frac{5}{12}\theta^5 + \cdots$$

因 D 比 R 小得多,θ 角很小,只取级数式前两项代入式(1.9),得

$$\Delta D = R\left(\theta + \frac{1}{3}\theta^3 - \theta\right) \tag{1.10}$$

将 $\theta = D/R$ 代入式(1.10),得

$$\frac{\Delta D}{D} = \frac{D^2}{3R^2} \tag{1.11}$$

取 R = 6 371 km,将不同的 D 值代入式(1.11)得到表1.1的结果。当两点相距10 km时,用水平面代替大地水准面产生的长度误差为0.8 cm,相对误差为1/1 220 000,相当于精密测距精度的1/1 000 000。所以在半径为10 km测区内进行距离测量时,可以用水平面代替大地水准面。

表1.1　水平面代替水准面引起的距离误差

D(km)	5	10	20	50
ΔD(cm)	0.1	0.8	6.6	102.7
$\Delta D/D$	1/4 870 000	1/1 220 000	1/304 000	1/48 700

2. 对高程的影响

在图1.19中,以大地水准面为基准的 B 点绝对高程 $H_B = Bb$,用水平面代替大地水准面时,B 点的高程 $H'_B = B'b$,两者之差 Δh 就是对高程的影响,也称为地球曲率的影响。在 $\Delta Oab'$ 中

$$(R + \Delta h)^2 = R^2 + D'^2$$

$$\Delta h = \frac{D'^2}{2R + \Delta h}$$

D 与 D' 相差很小,可用 D 代替 D',Δh 与 $2R$ 相比可忽略不计,则

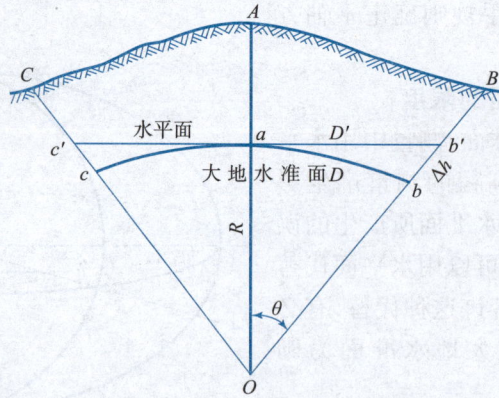

图 1.19 用水平面代替水准面

$$\Delta h = \frac{D^2}{2R} \tag{1.12}$$

对于不同 D 值,产生的高程影响如表 1.2 所示。

表 1.2 水平面代替水准面引起的高程误差

$D(\text{km})$	0.05	0.1	0.2	1	10
$\Delta h(\text{mm})$	0.2	0.8	3.1	78.5	7 850

计算表明,地球曲率对高程的影响较大,进行高程测量时,应考虑地球曲率对高程的影响。

1.2 路桥工程的定点测量知识及平面定位

1.2.1 路桥工程的定点测量知识

施工测量中有不少内容与测量学科相关,即使是公路勘测设计,其勘测的一半工作量归根结底是一个实地点位准确标定问题,涉及测量学科领域。下面简要回顾一下与勘测设计和施工放样有关测量学知识,以便对与此有关联的后续内容叙述作一铺垫。

任何物体不外乎由点、线、面构成,故测量的基本工作实质上是确定空间两点的相对位置(相对平面位置与相对高差)。可以概括地讲,普通测量学是解决确定点位所用仪具构造、测量原理及正确使用方法和确保点位最大限度地准确所涉及的测量误差分析及运用测量仪器进行工程测量的原理和方法。

点间的相对平面位置,可用相对方向和相对角度来表征。而相对方向即直线夹角,可用经纬仪等来测定。必须指出,用经纬仪测出的水平角为空间夹角在水平面上的投影角而非空间夹角。经纬仪实际上是一个高级实地量角器,但其功能不仅能够测角,而且能间接地测定高差和水平距离,还可以标定直线。

相对距离一般系指水平距离,它可以直接丈量或间接测定。直接丈量可用钢尺、皮尺、测绳借助经纬仪定线或花杆定线来进行。至于用什么样的尺子量距和用什么方法完成,这要根据测量所要求的精度来选择。

间接测距可用视距仪、经纬仪、平板仪等测定。用何种仪器测距同样也要视测量对象所要求的精度具体选用。对于不易或难以丈量的距离,可以以包含此距离为边构设一个几何图形,通过测定这个图形的某些边角并借助几何公式来推算欲求距离。这种办法亦称间接测距,如跨河测量布置的四边形锁等。

点间的相对高差可用水准仪等测定,水准仪测高差是目前工程上最常用亦是较精密的方法之一。此外,还可用经纬仪、平板仪测高差,但其测设精度不及水准仪,故仅限于精度较低的工程测量,如地形碎部点测定等。

应该指出,运用新型测量仪器——全站仪可一次完成相对距离、高差、相对方向的高精度测量,并可快速完成输入、运算、打印测量成果等。它是目前工程建设部门已经普及和推广的仪器之一。

由于测量时受仪器、观测者、外界条件等影响,不可避免地存在测量误差,因而对某一施测对象进行测量而得出的数值并非是其真值。尽管如此,我们总希望取得最接近真值的值(即最或是值)。为减小或尽量消除某些误差,测量时除了掌握仪器的构造原理、操作要领和使用维护及进行必要的检验和校正外,还应采取一定的技术措施。例如为消除仪器本身误差而引起的测量误差,经纬仪在测角时用正、倒镜测回法,这样做是为了消除横轴不垂直于竖轴及横轴不垂直于视准轴对水平角观测结果的影响。又如在使用微倾水准仪进行水准测量时,应尽量使前后视距离大致相等,这可以消除或大大减小由于仪器视准轴不平行于水准管轴对测量结果的影响。再如用钢尺量距就可用已用钢尺鉴定的尺长改正数经过计算加以消除。当用钢尺丈量基线(如矿井、隧道、大桥等),必要时还要进行尺长、拉力、垂曲、倾斜、温度五项改正。

鉴于对同一被测对象进行不只一次测量,各次测量的值并不完全相等,故在测量时,为进一步取得较为准确的值往往有时要进行若干次测量(复测)。测量次数视具体工程要求不同而不同。此外,还要对测量成果进行分析和平差计算,以求得满意结果。

用简单的测量工具(钢尺、皮尺、花杆、测钎等)不仅可以量距,而且可以放样几何图形,如精度不很高的八字墙、锥坡及基础等。

以上介绍的是作为公路勘测基础道路施工测量的相关知识要点,主要是针对使用常规测量仪器而言。随着红外、激光、超声波、计算机等现代技术的进一步应用和发展,测设技术已进一步现代化,如 GPS 测量技术等。

1.2.2　路桥工程的平面定位

1. 道路工程的定位

道路工程的定位是依据道路中心线上的桩点来完成的。道路中心线包括直线、圆曲线和缓和曲线等,直线段只需要相邻两点即可定位,例如图 1.20 中 A—ZY 段为道路直线段定位点;圆曲线需要至少三个主点,即起点、曲中点和终点定位,例如图 1.20 中 ZY—QZ—YZ 为一圆曲线定位点;缓和曲线需要至少五个主点,即直缓点、缓圆点、曲中点、圆缓点、缓直点定位,例如图 1.21 所示。

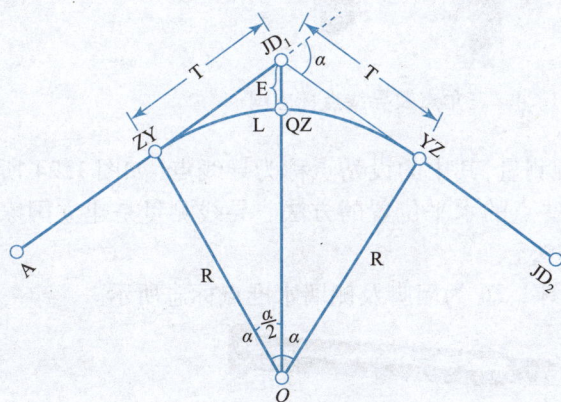

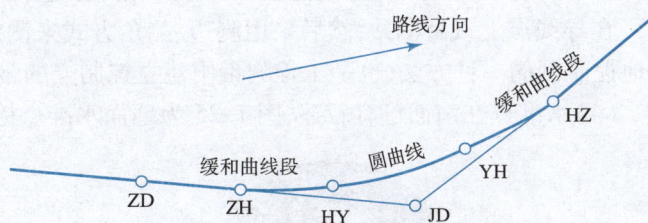

图 1.20　直线段加圆曲线道路线形的定位　　　图 1.21　缓和曲线道路线形的定位

2. 桥梁工程的定位

桥梁工程的定位是依据桥梁的纵横轴线来完成的。每一墩台位置由纵横轴线相交得到墩台中心点,即定位,如图 1.22 所示。然后按照图纸上设计的墩台结构尺寸放样,作为施工的依据。

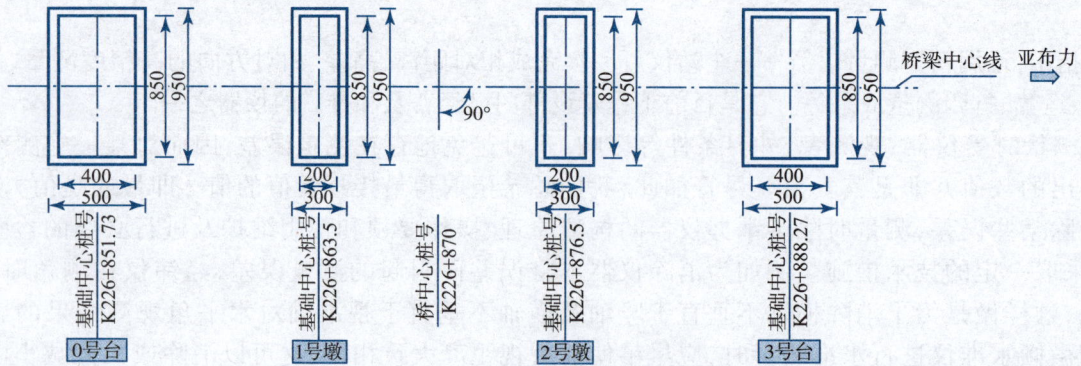

图 1.22   桥梁定位图示(单位:cm)

1.3   交接的桩点与点之记

1.3.1   交接桩点分类

路桥工程项目在开工之前,由建设单位组织设计单位对监理单位、施工单位进行测量桩点的交接工作,交接的桩点包括测量控制桩和路线控制桩。

1. 测量控制桩点

测量控制桩点包括用于控制测量的 GPS 点、三角点、导线点、水准点以及特大型桥隧控制桩等。

(1)GPS 点是指利用卫星坐标定位,接受卫星信号,接受完毕后,经过数据处理,得到观测点的 WGS - 84 坐标。如图 1.23 所示。

(2)三角点是指三角测量中组成三角锁(网)的各三角形的顶点。点位宜设置在通视良好、易于扩展低等网的制高点上。点上埋设有标石,以示点位;点的地面上架设有觇标,以供观测,如图 1.24 所示。

图 1.23   GPS 点标志图

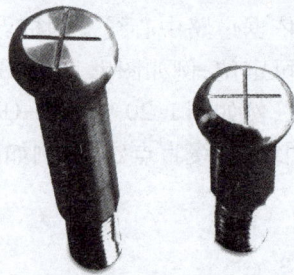

图 1.24   三角点及导线点标志图

(3)导线点是指在导线测量过程中由设站点连成导线进行测量,其中的设站点称为导线点(如图 1.24 所示),在导线点上设置测站,然后采用测边、测角方式来测定这些点的水平位置的方法。导线测量是建立国家大地控制网的一种方法,也是工程测量中建立控制点的常用方法。

(4)水准点在前面已有叙述,图 1.25 为地面水准点标志,图 1.26 为墙脚及侧墙水准点标志所示。

图 1.25   地面水准点标志

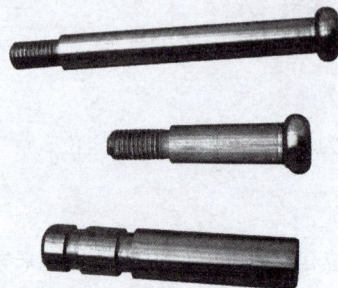

图 1.26   墙脚及侧墙水准点标志

2. 路线控制桩点

路线控制桩点是指路线起终点桩、交点桩、转点桩、断链桩等,如图 1.27 所示。

(1)路线起点桩:对于某一连续路线或某一标段的开始桩点,通常用"起点(汉字)+桩号"或"QD"表示;

(2)路线终点桩:对于某一连续路线或某一标段的结束桩点,通常用"终点(汉字)+桩号"或"ZD"表示;

(3)交点桩:是指路线改变方向时,两相邻直线段延长线的交点,通常以 JD_i(取"交点"两字汉语拼音的第一个字母,i 为编号)表示,它是中线测量的控制点。

(4)转点桩:是指当相邻两交点之间距离较长或互不通视时,需要在其连线或延长线上定出一点或数点以供交点、测角、量距或延长直线时瞄准之用。这种在公路中线测量中起传递方向作用的点称为转点,通常以 ZD_i(取"转点"两字汉语拼音的第一个字母,i 为编号)表示。

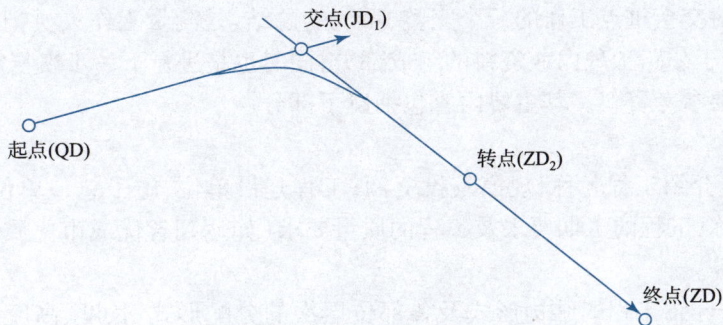

图 1.27　桩点示意图

(5)断链加桩:由于局部改线或事后发现距离错误或分段测量中由于假设起点里程等原因,致使路线的里程不连续,桩号与路线的实际里程不一致,这种现象称为"断链",为说明该情况而设置的桩,称为断链加桩。

1.3.2　点之记

为方便以后的寻找和使用,埋设水准点或导线点后,应绘出能标记该点位置的草图,称为点之记,图上要注明水准点或导线点的编号、定位尺寸及数据。如图 1.28 所示。

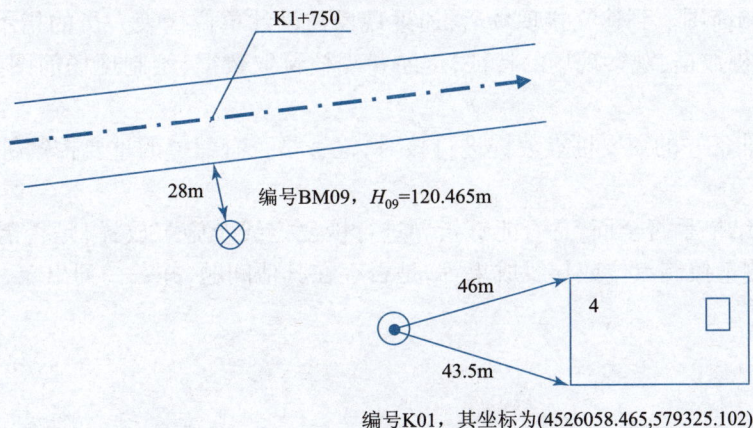

编号BM09,H_{09}=120.465m

编号K01,其坐标为(4526058.465,579325.102)

图 1.28　点之记示意图

1.4　交接桩工作程序与报告

1.4.1　交接桩工作程序

1. 准备工作

了解并熟悉工程施工图纸,掌握设计意图后,提前准备并携带工程施工图纸、路线平面图或简图、拟需要交接的控制桩的名称,以及笔、本、相机等。

2. 记录并现场绘制简图

到达交接现场后,通过现场与设计单位代表人员的指示、交流,仔细记录交桩的点号、数据、护桩或拴桩数据,观察现场的特征,定向并复核量取数据、绘制现场简图,留下桩点附近的特征照片,以备查找。

3. 核对工作

与准备好的需要桩点数据进行核对,检查是否有漏掉的重要控制桩点。

4. 整理资料

把交接桩的具体时间、地点、参加人员、点位照片、数据、护桩或拴桩形成的点之记整理完整,形成报告存档。

1.4.2 交接桩工作报告

交接桩工作报告是对交接桩点工作的一个完整、系统的总结,是测量工作人员记录并确定该项工作完成情况的一个重要文件,属于公路工程内业资料的组成部分,同时也是进行下一步恢复定线工作的书面依据,是进行工程施工放样的重要参考资料。其主要内容包括以下部分。

1. 工程概况介绍

(1)工程建设概况。介绍工程名称、规模及投资额;工程建设单位、施工总包单位、分包单位、监理单位、设计院及质量监督站名称;工程的工期要求及工程的质量要求(如达到省优或市优质量要求);施工图纸情况及施工合同的签订情况等。

(2)工程设计情况。介绍工程的结构形式及各部位层次的分配形式,长度、高度、宽度等,水准点及控制点的分布情况、保护情况。

(3)工程自然条件。主要介绍工程所处位置及工程的地理、地形、地质、不同深度的土质分析、冰冻期和冰冻层厚度、地下水位、水质情况、气温及冬(冬期施工)雨期的起止时间、主导风向、风力及地震烈度等。

2. 交接桩前的准备情况介绍

工程施工图纸中的控制点介绍(导线成果表)、所施工路段的路线平面图、拟需要交接的控制桩的名称以及大致位置介绍。

3. 现场交接情况记录

(1)交接桩的具体时间、地点、参加人员。

(2)记录并现场绘制简图。到达交接现场后,通过现场与设计单位代表人员的指示、交流,仔细记录交桩的点号、数据、护桩或拴桩数据,观察现场的特征,定向并复核量取数据、绘制现场简图,留下桩点附近的特征照片,以备查找。

(3)核对工作。与准备好的需要桩点数据进行核对,检查是否有漏掉的重要控制桩点。

4. 总结

主要描述交接桩的结果是否全面,是否能够指导进行恢复定线及施工放样,是否需要与设计单位进行进一步沟通,得到更多的测量控制点位或导线成果等,是否存在其他问题,并一一列出。

计　划　单

学习领域	路桥工程测量技术			
学习情境	交接桩和测量数据的审核	工作任务		交接测量桩点
计划方式	小组讨论、团结协作共同制订计划	计划学时		0.5
序　号	实施步骤	具体工作内容描述		
制订计划说明	（写出制订计划时为完成任务提出的主要建议或可以借鉴的建议,需要解释的某一方面）			
计划评价	班　级		第　组	组长签字	
	教师签字		日　期	
	评语：			

决 策 单

学习领域		路桥工程测量技术			
学习情境	交接桩和测量数据的审核		工作任务		交接测量桩点
决策学时			0.5		
方案对比	序号	方案的可行性	方案的先进性	实施难度	综合评价
	1				
	2				
	3				
	4				
	5				
	6				
	7				
	8				
	9				
	10				
决策评价	班　　级		第　　组	组长签字	
	教师签字			日　　期	
	评语：				

材料工具清单

学习领域	路桥工程施工技术		
学习情境	交接桩和测量数据的审核	**工作任务**	交接测量桩点
清单要求	请根据完成的工作任务列出所需的材料工具名称,其作用、型号及数量,标明使用前后的状况,并在说明中写明材料工具之间的相对联系或关系		

序 号	名 称	作 用	型 号	数 量	使用前状况	使用后状况
1						
2						
3						
4						
5						
6						
7						
8						
9						
10						

说明:(请简要说明各材料工具之间的相对联系或关系)

班 级		第 组	组长签字	
教师签字			日 期	
评 语				

实 施 单

学习领域	路桥工程施工技术		
学习情境	交接桩和测量数据的审核	工作任务	交接测量桩点
实施方式	小组成员合作共同研讨确定动手实践的实施步骤，每人均需填写实施单	实施学时	1

序 号	实施步骤	使用资源
1		
2		
3		
4		
5		
6		
7		
8		

实施说明：

班 级		第 组	组长签字	
教师签字			日 期	
评 语				

作 业 单

学习领域	路桥工程测量技术		
学习情境	交接桩和测量数据的审核	**工作任务**	交接测量桩点
实施方式	小组成员动手实践,学生自己记录、计算、绘制点之记		

（在此绘制点之记,不够请加附页）

班　　级		第　　组	组长签字	
教师签字			日　　期	
评　　语				

检 查 单

学习领域	路桥工程施工技术			
学习情境	交接桩和测量数据的审核	工作任务		交接测量桩点
检查学时		0.5		

序　号	检查项目	检查标准	组内互查	教师检查
1	工作程序	是否正确		
2	完成的报告的点位数据	是否完整、正确		
3	绘制的点之记	是否正确、整洁		
4	报告记录	是否完整、清晰		
5	描述工作过程	是否完整、正确		

检查评价	班　级		第　　组	组长签字	
	教师签字		日　期		
	评语： 				

评 价 单

学习领域	路桥工程施工技术		
学习情境	交接桩和测量数据的审核	工作任务	交接测量桩点
评价学时	0.5		

考核项目	考核内容及要求	分值	学生自评（10%）	小组评分（20%）	教师评分（70%）	实得分
计划编制（25）	工作程序的完整性	10				
	步骤内容描述	10				
	计划的规范性	5				
工作过程（50）	记录清晰、正确	10				
	照片标示正确	10				
	点之记完整性	30				
完成时间（15）	能够在要求的 90 分钟内完成，每超时 5 分钟扣 1 分	15				
合作性（10）	独立完成任务得满分	10				
	在组内成员帮助下得 6 分					
总分（∑）		100				

班　级		姓　名		学号		总评	
教师签字		第　组	组长签字			日期	

评价评语	评语：

教学反馈表

学习领域		路桥工程测量技术		
学习情境	交接桩和测量数据的审核	工作任务		交接测量桩点
学时		4		

序号	调查内容	是	否	理由陈述
1	你是否喜欢这种上课方式？			
2	与传统教学方式比较你认为哪种方式学到的知识更适用？			
3	针对每个学习任务你是否学会了如何进行资讯？			
4	计划和决策感到困难吗？			
5	你认为学习任务对你将来的工作有帮助吗？			
6	通过本任务的学习,你学会如何进行交接桩点工作了吗？今后遇到实际问题时你可以解决吗？			
7	你能在工程施工图纸中顺利找到有关交接桩测量数据吗？			
8	学会绘制点之记了吗？			
9	通过几天的工作和学习,你对自己的表现是否满意？			
10	你对小组成员之间的合作是否满意？			
11	你认为本情境还应学习哪些方面的内容？（请在下面空白处填写）			

你的意见对改进教学非常重要,请写出你的建议和意见。

被调查人签名		调查时间	

任务 2　审核测量数据

任 务 单

学习领域	路桥工程测量技术		
学习情境	交接桩和测量数据的审核	**工作任务**	审核测量数据
任务学时	4		
布置任务			

工作目标	1. 能够借助设计文件及资料找到完成任务所需的工具、材料、方法 2. 能够熟练找到工程施工图纸中有关测量方面的内容 3. 做到能够根据工程施工图纸及交接的桩点资料画出施工放样所需的草图 4. 要求在完成任务过程中锻炼职业素质，做到"严谨认真、吃苦耐劳、诚实守信" 5. 能够完成"读取测量数据"工作报告
任务描述	根据给定的路桥工程施工图纸，需要在整套施工图纸中选取一段道路或某一桥梁工程进行测量数据的审核和读取。其具体工作内容如下： 　1. 道路工程需要审核的测量数据 　(1)中线放样 　(2)高程放样 　2. 桥梁工程需要审核的测量数据 　(1)桥梁总体布置(桥梁纵横轴线定位关系) 　(2)基础平面定位数据及构造尺寸 　(3)墩台身平面定位数据及构造尺寸 　(4)盖梁台帽平面定位数据及构造尺寸 　(5)主梁平面布置数据 　(6)桥面铺装平面布置图、构造尺寸 　(7)附属工程平面布置图、构造尺寸

学时安排	资讯	计划	决策或分工	实施	检查	评价
	1 学时	0.5 学时	0.5 学时	1 学时	0.5 学时	0.5 学时

提供资料	1. 路桥施工图纸 2. 工程测量规范 3. 参考测设略图 4. 测量员岗位工作技术标准
对学生的 要求	1. 具备路桥工程识图与绘图的基础知识 2. 具备路桥工程构造的知识 3. 具备几何方面的基础知识 4. 具备一定的自学能力、数据计算能力、一定的沟通协调能力、语言表达能力和团队意识 5. 严格遵守课堂纪律，不迟到、不早退；学习态度认真、端正 6. 每位同学必须积极参与小组讨论 7. 每组均完成"审核测量数据"工作的报告单

资　讯　单

学习领域	路桥工程测量技术		
学习情境	交接桩和测量数据的审核	工作任务	审核测量数据
资讯学时		1	
资讯方式	在图书馆、期刊、教材、互联网及信息单上查询问题;咨询任课教师		
资讯问题	1. 路桥工程的基本组成有哪些?		
	2. 公路实体在设计图纸中如何表述?		
	3. 道路的形成过程及其定位如何描述?		
	4. 图纸会审工作的内容有哪些?		
	5. 施工图纸中测量人员读取哪些名称的图纸?		
	6. 现场施工放样需要哪些数据?		
	学生需要单独资讯的问题……		
资讯引导	[1]王剑英,王天成. 土建工程测量. 北京:中国计量出版社,2009. [2]21 世纪路桥施工技术研究中心. 路桥施工现场十大员技术操作标准规范:测量员. 北京:当代中国音像出版社,2004.		

信　息　单

2.1　路桥工程的基本组成

2.1.1　道路工程组成

道路工程包括路基工程、路面工程及附属工程。

其中路基工程包括基底处理、填土、挖方、小桥涵洞等,路基形式分为路堤、路堑和填挖结合路基;路面工程分为垫层、基层、面层,又称为路面结构层;附属工程包括边沟、截水沟、盲沟、渗井、护栏、分隔带、绿化、标志牌、隔离栅、通信设施等。

2.1.2　桥梁工程组成

桥梁工程分为下部结构、上部结构和附属工程。

下部结构包括基础、承台、墩台身盖梁台帽;上部结构包括支座、主梁、桥面铺装、桥面连续、伸缩缝;附属工程包括护栏、搭板、锥坡、泄水管及导流设施等。

2.1.3　市政公用设施

1. 城市道路及其设施

城市机动车道、非机动车道、人行道、公共停车场、广场、管线走廊和安全通道、路肩、护栏、街路标牌、道路建设及道路绿化控制的用地及道路的其他附属设施。

2. 城市桥涵及其设施

城市桥梁、隧道、涵洞、立交桥、过街人行桥、地下通道及其他附属设施。

3. 城市排水设施

城市雨水管道、污水管道、雨水污水合流管道、排水河道及沟渠、泵站、污水处理厂及其他附属设施。

4. 城市防洪设施

城市防洪堤岸、河坝、防洪墙、排涝泵站、排洪道及其他附属设施。

5. 城市道路照明设施

城市道路、桥梁、地下通道、广场、公共绿地、景点等处的照明设施。

6. 城市建设公用设施

城市供水、供气(煤气、天然气、石油液化气)、集中供热的管网、城市公共交通的供电线路及其他附属设施。

2.2　公路实体在设计图纸中的表述

2.2.1　道路平面图

道路平面图是实地上布置的路线表现在图上的一种方式。道路这种带状构筑物是在具有高低起伏的原地面上,通过填挖和修筑构筑物形成的,但是勘测中是在原地面上布置道路中线,这就需要将道路中线连同其周围的地形、地貌一并反映到图上。因为工程上描述自然地形、地物是用地形图来描述的(地形用等高线表示,地物用地物符号表示),所以用地形图就可表达道路周围的地形地貌,如图 2.1 所示平面投影部分($A'B'C'D'$ 所在平面)。需要指出的是,对于道路中线的表达,在原地面上进行的道路中心线的布置不像画"运动场跑道"那样用白灰直接画出,而是要用一个个间距相等或不等的木桩把它标定出来。这一个个木桩相当于实地的点,从始到终的各个木桩的连线就构成了道路中心线。如图 2.2 所示道路总体平面布置图。

在道路详细测量中,这些桩的位置很重要,因为它不但要表示出道路中心线的实地位置,而且还要反映出线路纵和横的地形、占地、拆迁、道路交叉、地质不良地段的起终点等所在的位置,并且为土石方计算等设计提供依据。布置时必须知道每个桩的具体位置,因为路线的走向已由选线确定,因此,只要知道每个桩沿路线相对位置即可确定每个桩地实地位置,专业上是用"桩号"表示的。某个桩的桩号是指这个桩从路线起点沿路线前进方向到这个桩位（沿路线走向）的水平距离，它表明路线上某点在路线中的位置。在内业设计文件中，道路的中心线是由直线和曲线构成的光滑连续线条表示的。将这样的线条叠画在具一定宽度的带状地形图上，即在地形图上将道路中心线位置表示出来，就是道路的平面图。在平面图上，不但有道路中心线，而且还应有表示曲线位置的曲线表、水准点位置、桥涵隧位置、指北方向等一些数据和图符，如图 2.3 所示道路平面图。

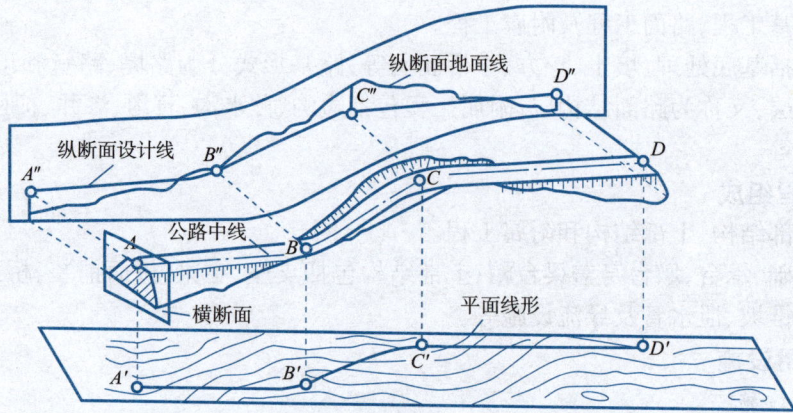

图 2.1　公路实体示意图

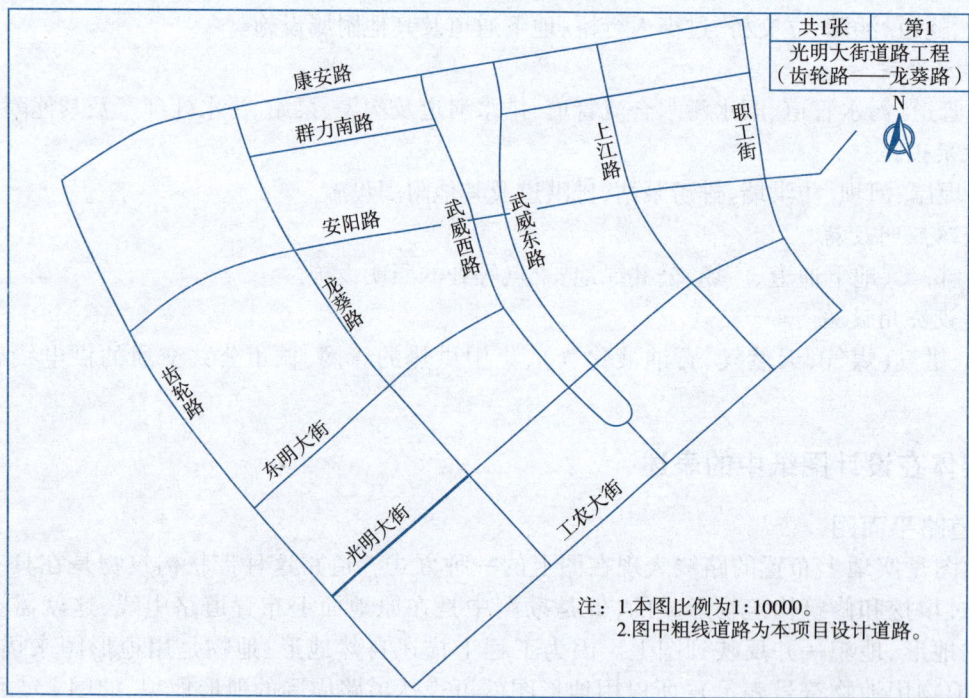

图 2.2　道路总体平面布置图

2.2.2　道路纵断面图

道路纵断面也是道路纵面设计的主要技术文件之一。它是沿尚未形成道路几何实体的原地面上布置的道路中心线作竖向剖切面，将这个剖切面拉直后，剖切面与地面的交线便是道路纵断面地面线，如图 2.1 所示侧剖面投影部分（A″B″C″D″所在平面）。在地面线基础上，考虑技术标准、安全顺适、自然条件、工程经济、平纵组合和高程配合等因素可拉出设计线，也就是路基顶面的大致位置线，它由坡度线和竖曲线构成。

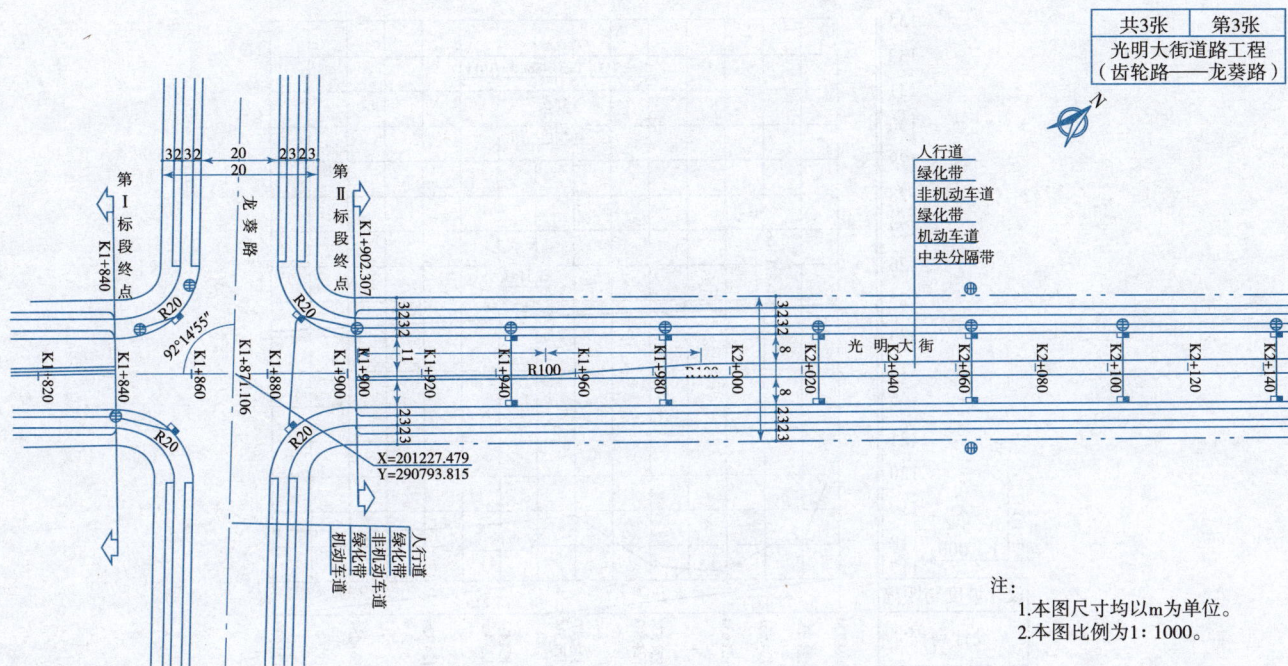

图 2.3　道路平面图

纵断面图上一般有八栏（包括：里程桩号、地质说明、坡度坡长、设计高程、地面高程、平曲线、填方高度和挖方高度）二线（纵断面地面线和设计线）。如图 2.4 和图 2.5 所示。

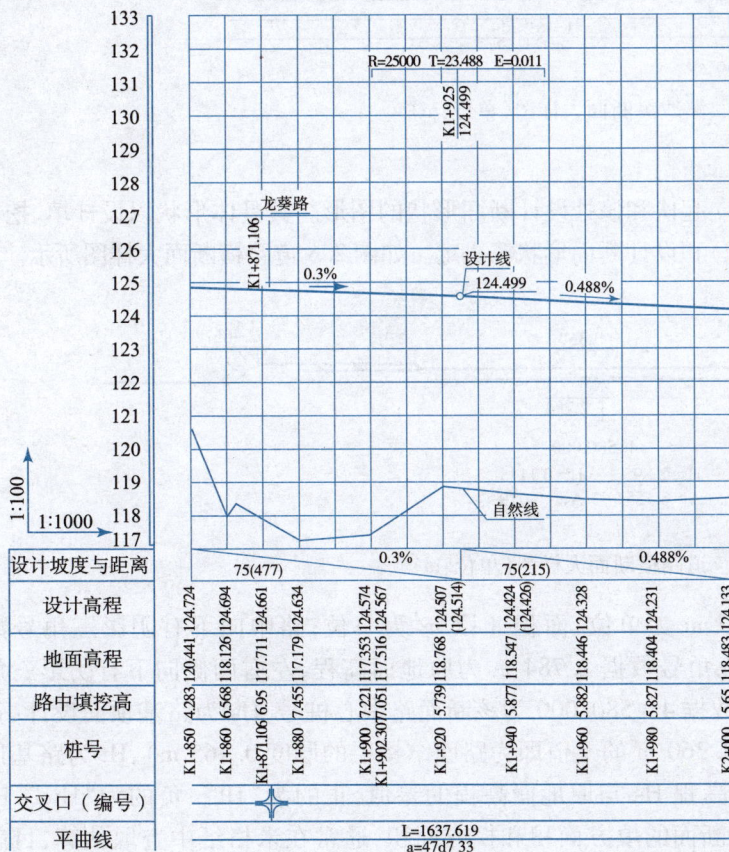

图 2.4　路线纵断面图

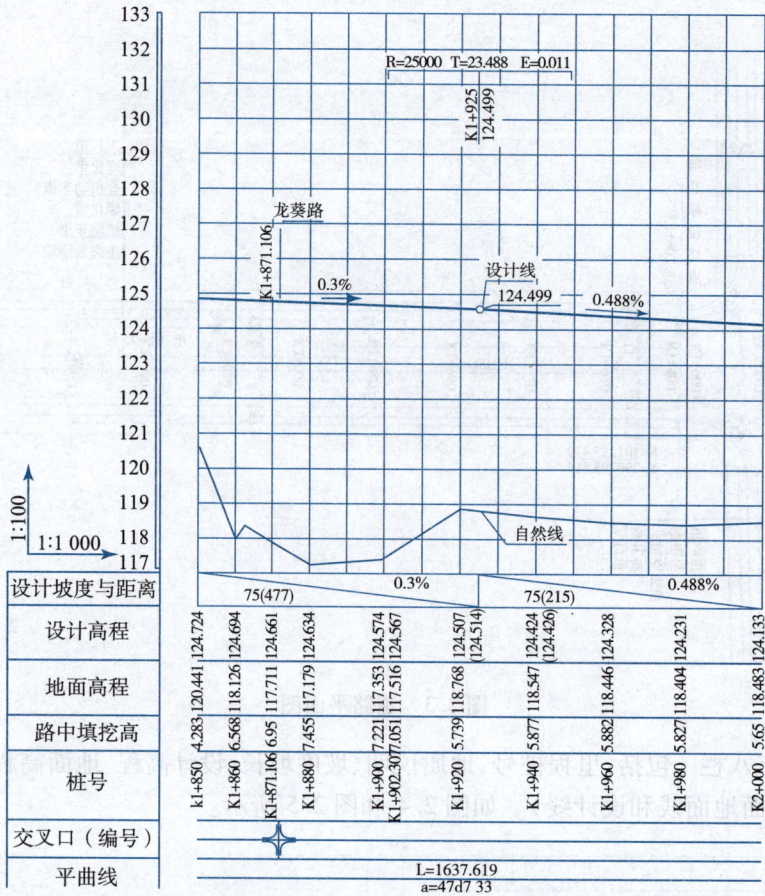

图中纵断面数据：

R=25000 T=23.488 E=0.011
K1+925 124.499
龙葵路 K1+871.106
0.3% 设计线 124.499 0.488%
自然线
1:100 / 1:1 000

项目	数据
设计坡度与距离	75(477) 0.3% 75(215) 0.488%
设计高程	124.724 124.694 124.661 124.634 124.574 124.567 124.507(124.514) 124.424(124.426) 124.328 124.231 124.133
地面高程	120.441 118.126 117.711 117.179 117.353 117.516 118.768 118.547 118.446 118.404 118.483
路中填挖高	4.283 6.568 6.95 7.455 7.221/7.051 5.739 5.877 5.882 5.827 5.65
桩号	K1+850 K1+860 K1+871.106 K1+880 K1+900 K1+902.307 K1+920 K1+940 K1+960 K1+980 K2+000
交叉口（编号）	
平曲线	L=1637.619 a=47d7 33

图 2.5 路线纵断面大样图（单位：m）

2.2.3 道路横断面图

道路的横断面图是表示该桩位的地面横向起伏和该处设计断面形状的图形。其具体形状以设计填、挖（纵断面图上地面线和设计线的差值，称设计填挖）和设计断面形状等决定。如图 2.6 道路横断面大样图所示。

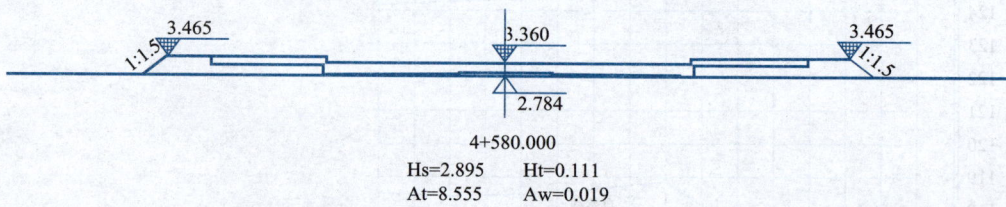

3.465 1:1.5   3.360   3.465 1:1.5
2.784
4+580.000
Hs=2.895 Ht=0.111
At=8.555 Aw=0.019

图 2.6 道路横断面大样图（单位：m）

图中所示数据解读：图中数据高程 H 以 m 为单位，面积 A 以 m² 为单位；路中向下有阴影三角号数据 3.360 m 为设计路面顶面高程，向上无阴影三角号数据 2.784 m 为原地面高程，左右两侧向下有阴影三角号数据 3.465 m 为路肩顶面设计高程；图下方数据 4 + 580.000 为该断面路中心桩号，Hs 为路基顶面设计高程，其数值为 2.895 m（其与设计路面顶面高程 3.360 m 的差值即为路面结构层的厚度 0.465 m），Ht 为路基顶面至原地面的填方高度，即 Ht = 路基顶面设计高程 Hs 与原地面高程的差值，正的为"Ht"、负的为"Hw"，Ht = 2.895 - 2.784 = 0.111 m；At 及 Aw 分别为该断面的填方面积和挖方面积，通常在米格纸中查取估算，目前为精确计算采用 CAD 计算面积。

公路的平、纵、横断面图及其图，文、表资料，是道路施工放样的主要依据之一。公路的平面图、纵断面图和横断面图相结合，表达了公路带状几何实体的设计形状。

2.3　道路的形成过程及其定位描述

道路是通过勘测设计后，经过施工形成的。道路并非孤立地存在，它是位于自然界供汽车运行的结构物，其位置受社会经济、自然地理和技术条件等因素制约。如将道路设计成一条能体现安全、迅速、经济、美观要求的道路，这与驾驶者的判断和反映、乘客的感觉、汽车的性能、行车对道路要求、道路本身状况、道路所处的处境等密切相关。所以道路勘测设计的任务就是在调查研究、掌握大量资料的基础上，设计出有一定技术标准、满足行车要求、工程费用最省的道路。而取得资料的过程便是勘测工作者的首要任务。因此，公路勘测设计是一项系统工程，所涉及学科较多，如工程测量、岩土工程、建筑材料、水力水文、路基路面、工程造价、桥涵工程、结构设计等学科。但就其工作内容而言，目前普遍公认将其划分为野外定点技术测量和野外调查与勘探两项主要工作。我们主要介绍野外定点技术及其相关知识。

勘测设计中是按点、线、面、体顺序研究，而其中线定点技术主要解决中心线的布设问题（其实是其平面投影）。

公路中线设计成果最终要在实地上布置中线。因此，无论对于道路勘测设计者还是从事施工测量的技术人员都必须了解道路中心线的形成过程。从勘测设计的角度，布置道路中线可有两种做法：其一，先在航测或采用其他方法测定的高精度大比例尺地形图上作纸上定线，然后按图上与实地路线的比例关系放到实地上，这种做法，一般用于高等级公路的勘测和设计；其二，直接在实地布置导线（称选线），然后布置中线，进而完成整个路线的布置。但不论是纸上定线还是实地定线，本质是一回事，只是前者从操作上多了一道手续。道路布线是按"先控制，后碎部"的原则进行。

公路常规勘测是指用普通测量仪器（经纬仪、水准仪等）从事的路线勘测，即现场选定路线交点和转点，然后布置中线，进而完成整个路线勘测工作。这种做法一般用于测区范围较小、不考虑地球曲率影响且工程简单或者测设单位受仪器所限的公路部分路段和低等级公路的测设。

高级公路一般采用两阶段或三阶段勘测，而且用纸上定线法。即先在大比例尺航测地形图上定出路线，在图上量取各交点和路线起终点坐标，定出中线上直线和曲线段（包括曲线段半径、缓和曲线长度等），然后用全站仪置于实地布设的导线点上，利用中桩的坐标将其放样到实地上。现代公路勘测一般用于测区较大且考虑地球曲率影响时的公路测设。这种测量一般为两条导线，即沿路中线导线和沿路线附近专设的控制导线，然后根据控制导线与中线的关系放出中线。控制导线大致与中线走向一致，个别处可横穿中线。导线点布置在相互通视、便于测区控制、易于保存之处，与中线间横向距离一般为 $100 \sim 500$ m，纵向间距可达 1 km以上。导线点应进行严密平差。可专门编制平差程序或使用专业软件进行平差。

公路常规勘测程序和内容应先从公路形成过程分析。如前所述，道路是通过外业勘测与内业设计形成的。外业勘测一般由选线、测角、中桩、水平、横断、地形、桥涵、调查、地质、综查（含随队内业）十个作业组别组成的勘测队，通过大量工作取得设计资料的过程。据外业资料在室内进行设计的工作称内业设计。

上列前五个外业作业组工作完成后，即可确定道路中心线的平面位置和沿中心线及两侧一定范围的原地面高低起伏状况，据此，设计人员可给出路线纵断面图中的地面线（此地面线相当于沿道路中心线竖剖切面与原地面交线拉直后的图形）和沿中线每隔一定距离（每个桩位）一定范围的地面高低起伏状况图，称横断面地面线；然后考虑一系列技术和经济上的要求可画得（拉坡）设计纵坡线，在转坡点处设置竖曲线后得到将来路基顶面（准确地说为路肩边缘）位置；再以中心设计线高度按道路横向各处设计断面形状（即设计标准断面），向两侧拓宽（称戴帽子）形成路基。

公路是一个位于自然界中的结构物，在设计施工中涉及的因素很多，故仅做以上工作还不能完成整条公路设计，尚应考虑路面、桥梁、隧道、涵洞、排水、防护、支挡等工程结构物的设计。另外，还得计算其工程造价（概、预算），为此而做的相应外业工作便是后面五个作业组的勘测与调查内容。

公路常规勘测与现代公路勘测的主要区别在于外业勘测中所采取的措施上，重点体现在中线测设中导线和曲线放线方法。由于道路是一个空间带状线型构筑物，故道路中心线由直线和曲线构成（而曲线不论其组合如何复杂，它均是由回旋线和圆曲线这两种基本线形所组成）。通常，曲线都是设在路线的转弯处，即在沿路线中线的导线的转折处（即 JD 处）设置曲线。曲线的形状和大小与地形条件、道路本身的技术标准、导线布置方式、特殊地段要求等有关。另外，要使曲线与导线有机地结合，则曲线应和沿路中线的导线有密切的关系。在公路常规勘测中，曲线的布设不像我们用圆规在图纸上画圆那样，只要找到圆心就可画出。因为路线所经地带往往不是一望无际的平川，常常是高山陡崖、沟壑深谷，各种障碍交相呼应，即使是地形很好，能够找到圆心也无法"绘"出。一般原始的做法是设法将布置的曲线与导线发生联系，从导线上量出支距确定桩点位置，这样一来，在围绕导线左右摆动不大范围的情况下就能把曲线布设出来，从而克服了地形障碍。如通常所用的切线支距法、偏角法、延长弦线法、中央纵距法等均基于这样的思路，这也是"沿导测设法"的由来。后来，随着测距仪、全站仪的问世和使用，从很远的地方就可布设中线桩点，从此这个坐标系统"升值"为采用以大地坐标系统为主的长测区坐标控制系统。但值得一提的是，"万变不离其宗"，大小控制系统的区别是后者只要运用有关坐标转换公式进行转换即可。

2.4   测量人员在图纸会审中的工作内容

公路工程施工是严格按照设计单位提供的设计图纸进行施工的，但是经过多年的施工发现，设计单位提供的设计图纸在施工过程中有许多地方会与实际情况不一致，这就要求在进行施工前要对设计单位的设计图纸进行全面细致的审核，对施工图中存在的问题及不合理情况及时提交设计院进行处理修改，另外还要由监理单位、建设单位进行认可并相应增减工程量和造价。

2.4.1   图纸会审的意义

通过图纸会审可以熟悉设计图纸、领会设计意图、掌握工程特点及难点，找出需要解决的技术难题并拟定解决方案，从而将因设计缺陷存在的问题消灭在施工之前。因此，施工图纸会审是工程施工前一项必不可少的重要工作。图纸会审的深度和全面性将在一定程度上影响工程施工的质量、进度、成本、安全和工程施工的难易程度。只要认真做好了此项工作，图纸中存在的问题一般都可以在图纸会审时被发现并尽早得到处理，从而可以提高施工质量、节约施工成本、缩短施工工期、提高效益。

2.4.2   图纸会审内容

（1）设计文件的编制必须是有资质的设计单位进行的，在图纸会审时首先要看是否无证设计或越级设计；图纸是否经设计单位正式签署。

（2）地质勘探资料是否齐全。

（3）近年来由于设计任务比较多，部分设计单位不经过仔细调查，而是摘录抄袭以前旧的资料进行说明，甚至有些直接调用以前旧地图等资料在办公室闭门造车直接纸上定线，与实际地形相差很大，为此在图纸会审时要看设计图纸与说明是否符合当地实际。

（4）设计地震烈度是否符合当地要求。

（5）施工图纸的会查。

（6）材料来源有无保证，能否代换；图中所要求的条件能否满足；新材料、新技术的应用是否有问题。

（7）施工安全、环境卫生有无保证。

2.4.3   施工图纸会查

在公路工程施工中，除完成上述图纸会审的内容外，还要核对图纸目录，检查图纸页数是否够，是否有缺页现象。在进行路桥施工图纸审查时，要先熟读说明，以便对整个工程有一个初步的了解。审查施工图设计是否符合国家有关技术、经济政策和有关规定。下面就针对各种图纸审查的要点逐一进行介绍。

1. 路线平纵横断面图的审查

（1）审查施工路线平纵横断面图标注桩号单位是否对应。查看是否有错位标注的现象，是否有不同里程相同桩号的部位标注不一致，特别要注意不同里程桩号变化引起的平面位置的改变，弄清里程变化后的桩号是否对应。

（2）审查路线平纵横断面图中桥涵位置与实际地形是否一致。对那些有疑问的桥涵构造物分析是否应该在实际位置进行布设，一定要仔细核对是否与该处纵断面图相符，如发现平面图与纵断面图不一致，就要在会审当中及时提出,必要的时候要到实地核实。在实际施工中,经常会有该修涵洞的地方没有修,在不需要修涵洞的地方又修了涵洞,这就是在图纸会审时没有发现图纸问题引起的。

(3)审查路线平纵横断面图中的尺寸、高程是否标注准确、齐全、清晰。主要审查细部尺寸是否与比例相符、分项尺寸是否与总体尺寸相符,尺寸单位是否一致。

(4)审查施工放样资料是否齐全,并进行计算校核。

2. 桥涵结构图的审查

(1)桥涵基础结构图的审查。审查施工图的基础工程设计与地基处理有无问题,是否符合现场实际地质情况;审查基础图的轴线编号、位置是否与上部结构图、建筑图相符;基础、承台的布置、断面尺寸、高程是否与上部结构图统一;各种结构的编号及配筋标注是否齐全、准确无误,受力结构配筋是否合理、不足。还需根据基础结构的特点、开挖方式和可能遇到的其他不利因素,并综合考虑施工单位的施工技术条件、设备条件以及以往的施工经验等评估施工的可能性及难易程度。

(2)桥涵上部结构图的审查。重点审查上下部结构图轴线是否错位,尺寸标注、高程标注是否齐全、无误;各种钢筋配筋标注是否编写齐全,有无漏注、漏配;桥涵平面图是否与桥涵各剖面详图一致;梁板构造图,特别是比较复杂的梁板配筋图,看图纸是否全面、准确、清晰地反映钢筋配置;如发现图纸不能清楚表达,应要求设计补详图表达清楚。

(3)审查桥涵结构图上预留孔洞、预埋钢筋、结构施工缝的留设是否有注明及特殊要求,这些部位是否有加强构造做法,如:预留孔洞设置止水环、加强配筋等。预埋管位置、数量、洞口尺寸等是否满足相应的专业图纸要求。图纸会审中若能及时发现和解决这类问题,就能避免施工后由于上述原因造成的缺陷。

(4)审查建设项目坐标、高程与总平面图中标注是否一致,与相关建设项目之间的几何尺寸关系以及轴线关系和方向等有无矛盾和差错。审查桥涵结构图的时候,根据图示尺寸对工程量进行计算复核,对于计算工程量与设计工程量不符的地方要进行专门研究,查找原因,上报监理和建设单位,对桥涵上下部尺寸和高程进行推算。实践证明,由于设计单位在设计过程中出现的人为失误和计算机程序原因造成的失误,使图纸上的高程与各部尺寸不一致,造成的图纸错误是很多的,及时发现就能够避免许多由图纸原因造成的返工浪费现象。

(5)桥涵施工放样资料是否齐全,并进行计算校核。

2.4.4　图纸会审的成果

会审时,由项目专业技术人员提出自审时的统一意见并作记录,会审后整理好图纸会审纪要,由各参加会审单位盖章后生效。从总体来说,施工单位应着重于图纸自身的问题并结合实际需要进行审阅,建设单位则应对使用功能提出合理的要求。图纸会审后,由施工单位对会审中的问题进行归纳整理,建设、设计、施工及其他与会单位进行会签,形成正式会审纪要,作为施工文件的组成部分。在图纸会审纪要中要有:会议时间与地点;参加会议的单位和人员;建设单位、施工单位和有关单位对设计上提出的要求及需修改的内容;为便于施工,施工单位要求修改的施工图纸,其商讨的结果与解决的办法;在会审中尚未解决或需进一步商讨的问题;其他需要在纪要中说明的问题等。

图纸会审阶段作为有经验的承包商应该大胆对设计虽可行,但施工费工、效果又差的工艺做一些更有利的变更,这样可以缩短工期,减少成本,对建设方业主也很有利。在施工前期工作中做好图纸会审工作,并且把这项工作以制度的形式加以完善,对公路工程的施工是非常有利的。

2.5　测量人员需审核施工图纸中的图表及测量数据

2.5.1　测量人员施工放样需读取施工图纸中的图表

通常情况下,路桥施工测量人员为施工放样的需要应收集的设计文件图表主要有:

(1)公路平面总体设计图,即路线平面图或桥梁平面布置图。

(2)路线纵断面图。

(3)路基横断面图。

（4）路面横断面结构图，也叫路面结构图。

（5）路基设计表。

（6）直线、曲线及转角一览表。

（7）桥梁工程分项工程平面布置图、构造图。包括基础平面布置图、构造图，墩台身平面布置、构造图，盖梁台帽构造图，主梁平面布置图、构造图，桥面铺装平面布置图、构造图，附属工程平面布置图、构造图等。

（8）埋石点成果表。包括导线点成果表、水准点成果表。

（9）逐桩坐标表。

（10）路基标准横断面图。

2.5.2 需要审核的测量数据

1. 道路工程需要审核的测量数据

（1）中线放样。

①该路段的平面图及中桩里程桩号。

②该路段的中桩逐桩坐标（包括直线、圆曲线及缓和曲线路段）。

（2）高程放样。

①读取纵断面图（该路段的原地面高程和路基设计高程）。

②该路段的路基标准横断面图（边桩位置及高差）。

③该路段路基设计边坡度。

④路面结构尺寸（宽度、厚度）。

2. 桥梁工程需要审核的测量数据

（1）桥梁总体布置（桥梁纵横轴线定位关系）。

（2）基础平面定位数据及构造尺寸。

（3）墩台身平面定位数据及构造尺寸。

（4）盖梁台帽平面定位数据及构造尺寸。

（5）主梁平面布置数据。

（6）桥面铺装平面布置图、构造尺寸。

（7）附属工程平面布置图、构造尺寸。

计 划 单

学习领域	路桥工程测量技术			
学习情境	交接桩和测量数据的审核	工作任务		审核测量数据
计划方式	小组讨论、团结协作共同制订计划	计划学时		0.5
序　号	实施步骤	具体工作内容描述		
制订计划说明	（写出制订计划时为完成任务提出的主要建议或可以借鉴的建议，需要解释的某一方面）			
计划评价	班　　级		第　　组	组长签字
	教师签字		日　　期	
	评语：			

决 策 单

学习领域	路桥工程测量技术			
学习情境	交接桩和测量数据的审核	工作任务		审核测量数据
决策学时	0.5			

	序号	方案的可行性	方案的先进性	实施难度	综合评价
方案对比	1				
	2				
	3				
	4				
	5				
	6				
	7				
	8				
	9				
	10				

	班　　级		第　　组	组长签字	
	教师签字			日　　期	
决策评价	评语：				

材料工具清单

学习领域	路桥工程施工技术					
学习情境	交接桩和测量数据的审核		**工作任务**	审核测量数据		
清单要求	请根据完成的工作任务列出所需的材料工具名称,其作用、型号及数量,标明使用前后的状况,并在说明中写明材料工具之间的相对联系或关系					
序号	名称	作用	型号	数量	使用前状况	使用后状况
1						
2						
3						
4						
5						
6						
7						
8						
9						
10						

说明:(请简要说明各材料工具之间的相对联系或关系)

班　　级			第　　组	组长签字	
教师签字				日　　期	
评语					

实 施 单

学习领域	路桥工程施工技术			
学习情境	交接桩和测量数据的审核	工作任务		审核测量数据
实施方式	小组成员合作共同研讨确定动手实践的实施步骤,每人均需填写实施单	实施学时		1
序号	实施步骤			使用资源
1				
2				
3				
4				
5				
6				
7				
8				

实施说明:

班　级		第　组	组长签字	
教师签字			日　期	
评　语				

作 业 单

学习领域	路桥工程测量技术		
学习情境	交接桩和测量数据的审核	**工作任务**	审核测量数据
实施方式	小组成员动手实践,学生自己查询图纸,记录、计算、审核相关测量数据		

（在此记录审核过程）

班　　级		第　　组	组长签字	
教师签字			日　　期	
评　　语				

检 查 单

学习领域	路桥工程施工技术		
学习情境	交接桩和测量数据的审核	工作任务	审核测量数据
检查学时		0.5	

序 号	检查项目	检查标准	组内互查	教师检查
1	学生读取数据的程序	是否正确		
2	完成的报告的点位数据	是否完整、正确		
3	绘制的施工放样简图	是否正确、整洁		
4	报告记录	是否完整、清晰		
5	描述放样过程	是否完整、正确		

	班 级		第 组	组长签字	
	教师签字		日 期		
检查评价	评语：				

评 价 单

学习领域	路桥工程施工技术			
学习情境	交接桩和测量数据的审核	工作任务		审核测量数据
评价学时		0.5		

考核项目	考核内容及要求	分值	学生自评 （10%）	小组评分 （20%）	教师评分 （70%）	实得分
计划编制 （25）	工作程序的完整性	10				
	步骤内容描述	10				
	计划的规范性	5				
工作过程 （50）	读取数据程序正确	10				
	点位数据正确	10				
	施工放样草图正确、完整性	30				
完成时间 （15）	能够在要求的90分钟内完成,每超时5分钟扣1分	15				
合作性 （10）	独立完成任务得满分	10				
	在组内成员帮助下得6分					
	总分(∑)	100				

班　　级		姓　　名		学号		总评	
教师签字		第　　组	组长签字			日期	

评价评语

评语：

教学反馈表

学习领域		路桥工程测量技术				
学习情境	交接桩和测量数据的审核		工作任务		审核测量数据	
学时				4		

序号	调查内容	是	否	理由陈述
1	你是否喜欢这种上课方式？			
2	与传统教学方式比较你认为哪种方式学到的知识更适用？			
3	针对每个学习任务你是否学会了如何进行资讯？			
4	计划和决策感到困难吗？			
5	你认为学习任务对你将来的工作有帮助吗？			
6	通过本学习情境的学习,你学会如何识读路桥工程施工图纸了吗？今后遇到实际问题时你可以解决吗？			
7	你能在工程施工图纸中顺利找到有关测量数据吗？			
8	学会绘制测设略图了吗？			
9	通过几天的工作和学习,你对自己的表现是否满意？			
10	你对小组成员之间的合作是否满意？			
11	你认为本情境还应学习哪些方面的内容？（请在下面空白处填写）			

你的意见对改进教学非常重要,请写出你的建议和意见。

被调查人签名		调查时间	

学习情境 二

道路的恢复定线

学习指南

学习目标

学生在教师的讲解和引导下,明确工作任务目的和实施中的关键要素,通过学习掌握角度测量、距离测量、点的平面位置的测量方法、导线点加密与导线控制测量、直线段中桩测设、曲线测设等知识,达到根据交接桩给定的导线点和工程图纸能够完成导线网的布设、路线中线测设及里程桩测设的工作任务,使学生在学习的工作中锻炼专业能力、方法能力和社会能力等综合职业能力。

工作任务

1. 导线网的布设。
2. 路线中线测设及里程桩测设。

学习情境的描述

选取"导线网的布设"、"路线中线测设及里程桩测设"等学习性工作任务作为载体。学习的内容与组织如下:首先学习道路的恢复定线与导线测量的相关知识,通过"角度测量"的学习使学生掌握放线的方向性,然后通过学习"距离测量"掌握各种测量距离的工具、方法,并对各种经纬仪、测距仪、全站仪进行系统的练习,然后进行"导线点加密与导线控制测量"的学习,完成"导线网的布设——自由导线与顺路导线复测与布设"的工作任务;接着讲解"点的平面位置的测量方法",然后针对工程交接桩给定的线路控制点进行"直线段中桩测设"、"曲线测设"的学习,熟练方向和距离配合放样的工作,完成道路的恢复定线工作。

任务3 布设导线网

任务单

学习领域	路桥工程测量技术		
学习情境	道路的恢复定线	工作任务	布设导线网
任务学时	18 学时		
布置任务			
工作目标	1. 掌握恢复定线、控制测量的意义和内容 2. 掌握测量角度的方法,学会操作经纬仪 3. 掌握测量距离的方法,学会钢尺量距、视距测量、全站仪操作 4. 掌握使用全站仪进行导线测量的方法 5. 能够根据交接桩给定的导线点和工程图纸完成"导线网的布设"工作任务 6. 能够在学习工作中锻炼专业能力、方法能力和社会能力等职业能力		

任务描述	根据交接桩给定的高级控制点及指定的项目场地及施工图纸,测量技术人员根据设计图纸拟定的构造物形状要求布设能够指导施工放样的控制点,由该控制点形成的自由导线和顺路导线的复测和布设工作,根据使用的测量仪器不同可分为两种:
	  1. 利用经纬仪配合钢尺或测距仪进行工作的方法
	  (1)外业工作。踏勘选点及建立标志、测量转折角及边长、与高级控制点的连接测量。
	  (2)内业计算工作。根据已知的起算数据和外业的观测成果,经过误差调整,推算各导线点的平面坐标。
	  (3)编制导线点成果表。
	  2. 利用全站仪进行导线测量		

学时安排	资讯	计划	决策或分工	实施	检查	评价
	8 学时	1 学时	1 学时	6 学时	1 学时	1 学时

提供资料	1. 路桥施工图纸 2. 工程测量规范 3. 测量员岗位工作技术标准
对学生的要求	1. 具备路桥工程识图与绘图的基础知识 2. 具备路桥工程构造的知识 3. 具备几何方面的基础知识 4. 具备一定的自学能力、数据计算能力、一定的沟通协调能力、语言表达能力和团队意识 5. 严格遵守课堂纪律,不迟到、不早退;学习态度认真、端正 6. 每位同学必须积极参与小组讨论 7. 每组均完成"布设导线网"工作的报告单

资 讯 单

学习领域	路桥工程测量技术		
学习情境	道路的恢复定线	**工作任务**	布设导线网
资讯学时	8		
资讯方式	在图书、期刊、教材、互联网及信息单上查询问题;咨询任课教师		
资讯问题	1. 什么是道路的恢复定线？其任务和工作程序有哪些？ 2. 什么是控制测量？其意义和分类有哪些？ 3. 什么是平面控制测量？其分类和分级是如何描述的？ 4. 什么是导线测量？导线的布设形式和等级有哪些？ 5. 道路的导线布设形式及工作方法、工作步骤有哪些？ 6. 踏勘选点及建立标志应该注意哪些问题？ 7. 角度测量的原理是什么？角度测量仪器及测量方法有哪些？ 8. 距离测量的方法及所使用的测量仪器和工具有哪些？ 9. 直线定向的相关知识有哪些？ 10. 导线测量的内业计算包括哪些内容？ 11. 编制导线点成果的要素有哪些？ 12. 全站仪的基本操作及使用规则有哪些？ 13. 全站仪导线测量的全过程操作是如何的？ 学生需要单独资讯的问题……		
资讯引导	[1]王剑英,王天成. 土建工程测量. 北京:中国计量出版社,2009. [2]21 世纪路桥施工技术研究中心. 路桥施工现场十大员技术操作标准规范:测量员. 北京:当代中国音像出版社,2004.		

信 息 单

3.1 道路恢复定线及导线测量的基本知识

3.1.1 道路的恢复定线及其任务、工作程序

从勘测到施工间隔时间少则几个月多则一两年。勘测时,在沿线设置的各种控制桩,因人为的或自然的因素影响,部分桩可能丢失或偏位,必须进行实地查找、补遗、校正、加密和固定等工作,这项工作通常称为恢复定线。

恢复定线的任务包括对控制导线和中心线桩进行复测与加密,对路线高程进行复测,增设水准点,对横断面进行检验与补测。本学习情境只完成第一部分,即对控制导线和中心线桩进行复测与加密,纵横断面的测量在下一学习情境中讲述。恢复定线之前,要详细审核设计图纸,并将图纸中存在的问题或搞不清楚的问题认真记录下来,以便在实地查验或组织会审时证实问题的真实性,同时对设计问题提出改进方案。

恢复定线的工作程序:查验原有控制桩的存在情况→现场验证原有控制桩的位置是否正确→改正原有控制桩存在的错误或修正误差→加密控制桩→固定正确的线位控制桩。

3.1.2 控制测量概念

无论工程规划设计前的地形图测绘,还是建筑物的施工放样和施工后的变形观测等工作,都必须遵循"从整体到局部,从高级到低级,先控制后碎部"的原则。即首先要在测区内选择若干有控制意义的控制点,按一定的规律和要求组成网状几何图形,称之为控制网。控制网有国家控制网、城市控制网和小地区控制网。为建立测量控制网而进行的测量工作称控制测量。控制测量是其他各种测量工作的基础,具有控制全局和限制测量误差传播及累积的重要作用。

控制测量包括平面控制测量、高程控制测量和三维控制测量。

3.1.3 平面控制测量及控制网

确定控制点平面位置的工作,称为平面控制测量。平面控制测量的常规方法是三角测量和导线测量。三角测量,即在地面上选定一系列的点,构成连续三角形,测定三角形各顶点水平角,并根据起始边长、方位角和起始点坐标,经数据处理,确定各顶点平面位置的测量方法。导线测量,即在地面上按一定要求选定一系列的点依相邻次序连成折线,并测量各线段的边长和转折角,再根据起始数据确定各点平面位置的测量方法。

在全国范围内建立的平面控制网,称为国家平面控制网。它是全国各种比例尺测图的基本控制和工程建设的基本依据,并为确定地球的形状和大小及其他科学研究提供资料。国家平面控制网精度从高到低分为一等、二等、三等、四等4个等级,逐级控制。一等精度最高,是国家控制网的骨干,二等是国家控制网的全面基础,三、四等是二等控制网的进一步加密。国家平面控制网主要采用三角测量的方法布设成三角网(锁),如图3.1所示,也可布设成三边网、边角网和导线网。

平面控制网的建立,除了三角测量和导线测量这些常规测量方法之外,还可应用 GPS 测量(即全球定位系统)。GPS 测量能测定地面点的三维坐标,具有全天候、高精度、自动化、高效益等显著特点。

为城市和工程建设需要而建立的平面控制网称为城市平面控制网,它一般是以国家控制网点为基础,布设成不同等级的控

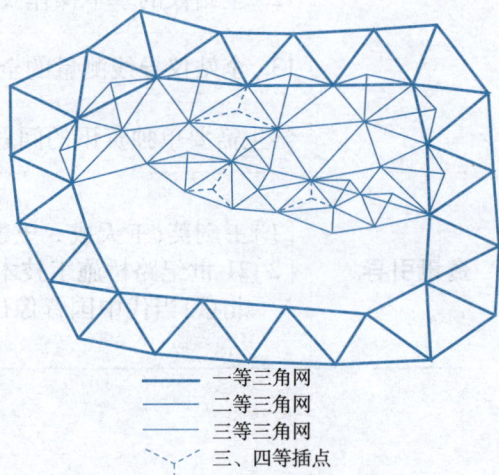

——— 一等三角网
——— 二等三角网
——— 三等三角网
——— 三、四等插点

图3.1 三角网

制网。国家控制网和城市控制网的测量工作,由测绘部门完成,成果资料可向有关测绘部门索取。

在小地区内即一般面积在 15 km² 以下范围内建立的平面控制网,称为小地区平面控制网。小地区控制网测量应与国家控制网或城市控制网联测,以便建立统一坐标系统,如果无条件与之联测时,可在测区内建立独立控制网。小地区平面控制网应视测区面积的大小按精度要求分级建立,一般采用小三角网或相应等级的导线网。在测区范围内建立的精度最高的控制网称首级控制网。直接为测图需要建立的控制网称为图根控制网。其关系列于表 3.1 中。

表 3.1　小地区平面控制网的建立关系表

测区面积(km²)	首级控制	图根控制
1 ~ 15	一级小三角或一级导线	两级图根
0.5 ~ 2	二级小三角或一级导线	两级图根
0.5 以下	图根三角或图根导线	

3.1.4　导线测量

1. 导线测量概念

导线测量是平面控制测量的一种方法,主要用于带状地区、隐蔽地区、城建密集区、地下工程、公路、铁路等控制点的测量。

导线就是将测区内相邻控制点连成直线后构成的连续折线。构成导线的控制点称为导线点,折线边称为导线边。导线测量,即在地面上按一定要求选定一系列的点依相邻次序连成折线,并测量各线段的边长和转折角,再根据起始数据确定各点平面位置的测量方法。

由于导线测量外业需要测量边长和转折角,导线的布设形式比较灵活,受场地范围影响较小,一般只要导线点间通视、地势较为平坦即可,因此在小地区进行大比例尺地形图测量时常采用导线测量进行平面控制。

2. 导线的布设形式

根据测区的地形条件、工程要求以及已知高级控制点的分布情况,导线可布设成以下三种形式。

(1)附合导线。附合导线是布设在两已知点间的导线。如图 3.2 所示,从一高级控制点出发,最后附合到另一高级控制点上。如果测得各边长及各角度,就可以根据已知点的坐标和已知方向计算出各点的坐标。附合导线多用在带状地区做测图控制。此外,也广泛用于公路、铁路、管线、河道等工程的勘测与施工。

(2)闭合导线。闭合导线起止同一已知点。如图 3.3 所示,从一已知点出发,经过 1、2、3、4 点,最后又回到已知点,组成一闭合多边形。如果测得各边长及各角度,就可以根据已知点的坐标和已知方向计算出各点的坐标。闭合导线本身具有严密的几何条件,具有检核作用。导线附近若有高级控制点(三角点或导线点),应尽量使导线与高级控制点连接。连接的目的,是为了获得起算数据,使之与高级控制点连成统一的整体。闭合导线多用在面积较宽阔的独立地区作测图控制。

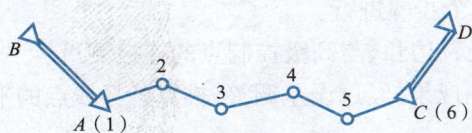

图 3.2　附合导线

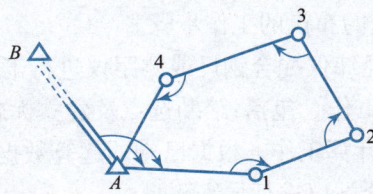

图 3.3　闭合导线

（3）支导线。如图 3.4 所示，从一已知点出发，既不闭合到原起始点，也不附合于另一已知点上，这种导线称为支导线。支导线缺乏检核条件，其边数一般不得超过 4 条，适用于图根控制加密。

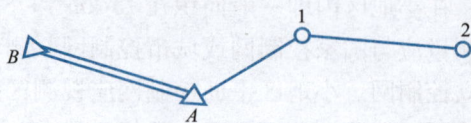

图 3.4　支导线

3. 导线的等级

用导线测量的方法进行小地区平面控制测量，根据测区范围及精度要求，分为一级导线、二级导线、三级导线和图根导线四个等级。它们可作为国家四等控制点或国家 E 级 GPS 点的加密，也可以作为独立地区的首级控制。

3.1.5　道路的导线

1. 道路导线的布设形式

道路布设的导线是指在勘测设计时为控制线路的线形而布设的控制网，是施工放样的前提保障，在施工之前布设。高等级公路一般采用两套导线作为控制网：一套是由与国家高级控制网连测并经严格平差计算的，且坐标值取自高斯平面直角坐标的公路"自由导线"或称"专控导线"；另一套是由交点（JD）和转点（ZD）构成的公路"顺路导线"控制系统，如图 3.5 所示。

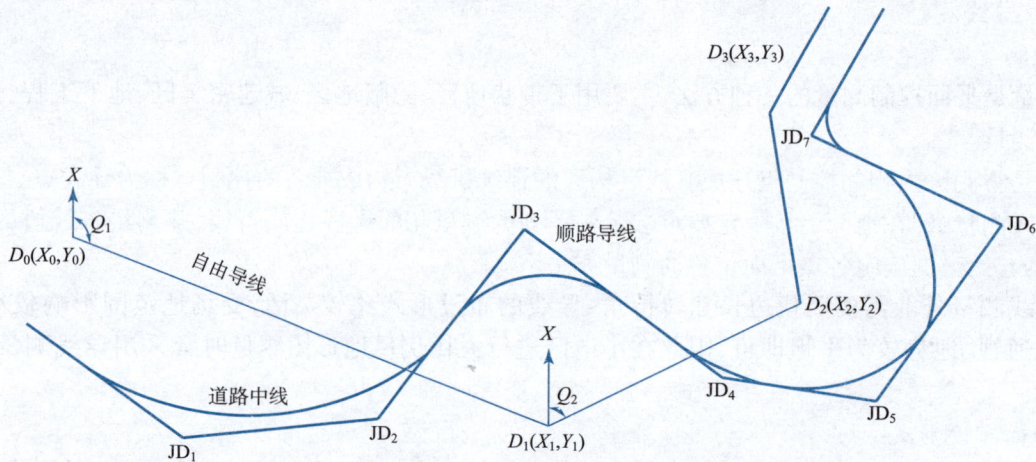

图 3.5　自由导线和顺路导线构成的公路控制网及道路中线

2. 道路导线布设的工作方法和工作步骤

"顺路导线"与公路路线线形保持一致，在勘测阶段已经完成，故在施工前不需要自行设定，是下一个任务的测设中桩的基础，只需要将其交点及转点恢复即可。这里的导线的布设是指布设"自由导线"，是根据工程施工需要在给定的导线点进行加密或单独设置导线点的工作。

（1）导线布设的工作方法。根据交接桩给定的高级控制点及指定的项目场地及施工图纸，测量技术人员根据设计图纸拟定的构造物形状要求布设能够指导施工放样的控制点，由该控制点形成的自由导线和顺路导线的复测和布设工作根据使用的测量仪器不同可分为两种：其一，利用经纬仪配合钢尺或测距仪；其二，利用全站仪。

（2）导线的布设的工作步骤。

①利用经纬仪配合钢尺或测距仪进行工作的方法分两个步骤进行。

a. 外业工作。包括：踏勘选点及建立标志、测量转折角及边长、与高级控制点的连接测量。

b. 内业计算工作。根据已知的起算数据和外业的观测成果，经过误差调整，推算各导线点的平面坐标。

②利用全站仪进行导线测量。

a. 外业工作。包括：踏勘选点及建立标志、程序测量工作。

b. 内业计算工作。根据已知的起算数据和外业的观测成果，经过全站仪内部误差计算调整，推算出各导线点的平面坐标。

3.2 踏勘选点及建立标志

踏勘选点之前,应调查收集公路施工平面图所示测区内已有的控制点数据资料,先在图上规划导线和布设方案,然后到实地踏勘、核对、修改,选定导线点位并建立标志。选定点位时,应注意以下几点:

(1)相邻导线点间应通视良好,以便于测角和测边(如用钢尺量距,地势应平坦)。

(2)点位应选择在土质坚实,便于保存标志和安置仪器的地方。

(3)视野开阔,便于碎部测量和加密。

(4)各导线边长应大致相等,尽量避免相邻边长相差悬殊,图根导线平均边长应满足表3.2规定。

(5)导线点应分布均匀,有足够密度,以便能控制整个测区。

表 3.2 各级导线测量的主要技术要求参考表

等级	导线长度(km)	平均边长(km)	测角中误差(″)	测回数 DJ$_6$	测回数 DJ$_2$	角度闭合差(″)	相对中误差
一级	4	0.5	±5	4	2	±10$\sqrt{n}$	1/15 000
二级	2.4	0.25	±8	3	1	±16$\sqrt{n}$	1/10 000
三级	1.2	0.1	±12	2	1	±24$\sqrt{n}$	1/5 000
图根	≤1.0M	≤1.5测图最大视距	首级 ±20 一般 ±30	1	—	首级 ±40$\sqrt{n}$ 一般 ±60$\sqrt{n}$	1/2 000

注:表中 n 为测站数,M 为测图比例尺的分母。

导线点位置选定后,要用标志将点位在地面上固定下来。导线点若需要长期保存,或者在不易保管的地方及等级较高的点,应埋设混凝土桩或石桩,桩顶刻"+"字,以示导线点位(图3.6)。对于临时性导线点、一般的图根点,要在每一个点位上打下一个大木桩,桩顶钉一小钉,作为导线点标志(图3.7)。导线点设置好后应统一编号。为了便于以后寻找,应对导线点位绘制"点之记",即测出与附近明显地物位置关系,绘制草图,注明尺寸(图3.8)。

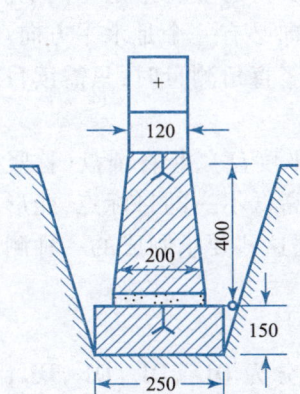

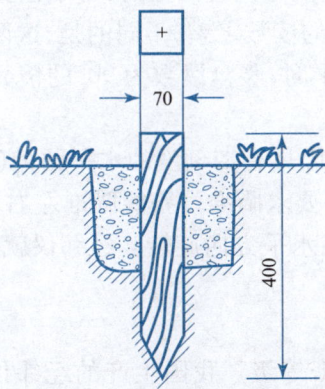

图 3.6 永久导线点(单位:mm)　　　图 3.7 临时导线点(单位:mm)　　　图 3.8 点之记(单位:m)

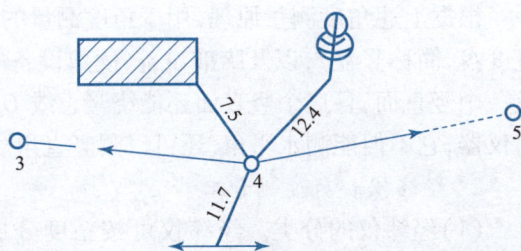

3.3 测量转折角

导线转折角测量一般采用测回法测量,两个以上方向组成的角也可用方向法。导线转折角有左角和右角之分,导线前进方向右侧的角称为右角,反之称为左角。在闭合导线中均测多边形的内角,支导线应分别观测左角和右角,以资检核。不同等级的导线测角技术要求分别列入表3.2中。导线转折角一般用J$_6$型经纬仪观测一测回,对中误差应小于3 mm,上下两半测回较差不超过±40″时,取其平均值;导线转折角目前采用J$_2$型经纬仪观测一测回,对中误差应小于3 mm,上下两半测回较差不超过±25″时,取其平均值。

3.3.1 角度测量原理与工具

1. 角度测量原理

（1）水平角测量原理。水平角测量用于确定点的平面位置和定线。

水平角是一点到两目标的方向线垂直投影在同一水平面上所夹的角度，或指分别过两条直线所作的竖直面间所夹的二面角。如图3.9所示，设 A、B、O 为地面上任意三点。O 为测站点，A、B 为目标点，则从 O 点观测 A、B 的水平角为 OA、OB 两方向线垂直投影 $O'A'$，$O'B'$，在水平面上所成的 $\angle A'O'B'$，或为过 OA、OB 的竖直面间的二面角。

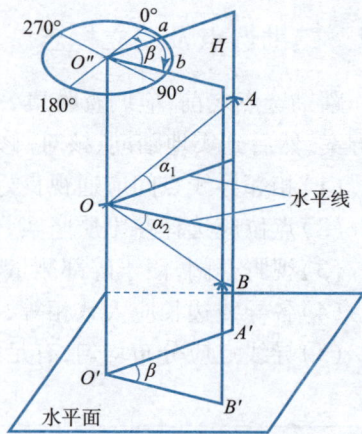

图3.9 水平角和竖直角测量原理

在图3.9中，为了获得水平角 β 的大小，假想有一个能安置成水平的刻度圆盘，且圆盘中心可以处在过 O 点的铅垂线上的任意位置 O''；另有一个瞄准设备，能分别瞄准 A 点和 B 点，且能在刻度圆盘上获得相应的读数 a 和 b，则水平角为

$$\beta = b - a \tag{3.1}$$

角值范围为 $0° \sim 360°$。这就是水平角的测量原理。

（2）竖直角测量原理

竖直角测量用于确定两点间的高差或将倾斜距离转化成水平距离。

竖直角是指在同一竖直面内某一直线与水平线之间的夹角，测量上又称为倾斜角，或简称为竖角，用 α 表示。竖直角有仰角和俯角之分。夹角在水平线以上，称为仰角，取正号，角值为 $0° \sim +90°$，如图3.9中的 α_1。夹角在水平线以下，称为俯角，取负号，角值为 $-90° \sim 0°$，如图3.9中的 α_2。

如图3.9中，假想在过 O 点的铅垂面上，安置一个垂直圆盘，并令其中心过 O 点，该盘称为竖直度盘，通过瞄准设备和读数装置可分别获得目标视线的读数和水平视线的读数，则竖直角 α 可以写成

$$\alpha = 目标视线的读数 - 水平视线的读数 \tag{3.2}$$

这就是竖直角测量的原理。

要注意的是，在过 O 点的铅垂线上不同的位置设置竖直圆盘时，每个位置观测所得的竖直角是不同的。竖直角与水平角一样，其角值也是度盘上两个方向的读数之差，不同的是，这两个方向必有一个是水平方向。经纬仪设计时，将提供这一固定方向。即：视线水平时，竖盘读数为 $90°$ 的倍数。在竖直角测量时，只需读目标点一个方向值，即可算出竖直角。

根据上述角度测量原理，用于角度测量的仪器应具有带刻度的水平圆盘（称水平度盘）、竖直圆盘（称竖直度盘，简称竖盘），以及瞄准设备、读数设备等，并要求瞄准设备能瞄准左右不同、高低不一的目标点，能形成一个竖直面，且这个竖直面还能绕竖直线 $O'O''$ 在水平方向旋转。经纬仪就是根据这些要求制成的一种测角仪器，它不但能测水平角，还可以测竖直角。

2. 经纬仪和角度测量工具

（1）经纬仪的分类。经纬仪可按精度分成几个等级。我国生产的经纬仪可以分为 DJ_{07}，DJ_1，DJ_2，DJ_6，DJ_{15} 和 DJ_{60} 等型号，其中"D"、"J"分别为"大地测量"、"经纬仪"的汉语拼音第一个字母。后面的数字表示仪器的精度等级，即"一测回方向观测中误差"，单位为″。"DJ"通常简写为"J"。国外生产的经纬仪依其所能达到的精度纳入相应级别，如 Theo010，T2，DKM2 等同于 DJ_2 精度级别，T1，DLM1，Theo030 等可视为 DJ_6 精度级别。

按读数可分为光学经纬仪和电子经纬仪。电子经纬仪作为近代电子技术高度发展的产物之一，正日益得到广泛应用。另外还有为了避免对点误差及满足夜间施工可视的需求而生产的激光经纬仪，其使用日益增多。目前在建筑测量中使用较多的是光学经纬仪，其中在工程上最常用的是 DJ_6 及 DJ_2 光学经纬仪。

（2）测钎、标杆和觇牌。测钎、标杆和觇牌均为经纬仪瞄准目标时所使用的照准工具，如图3.10所示。

通常将测钎、标杆的尖端对准目标点的标志,并竖直立好作为瞄准的依据。测钎适于距测站较近的目标,标杆适于距测站较远的目标。觇牌一般连接在基座上并通过连接螺旋固定在三脚架上使用,远近皆可。觇牌一般为红白或黑白相间且常与棱镜结合,用于电子经纬仪或全站仪。有时也可悬挂垂球,用垂球线作为瞄准标志。

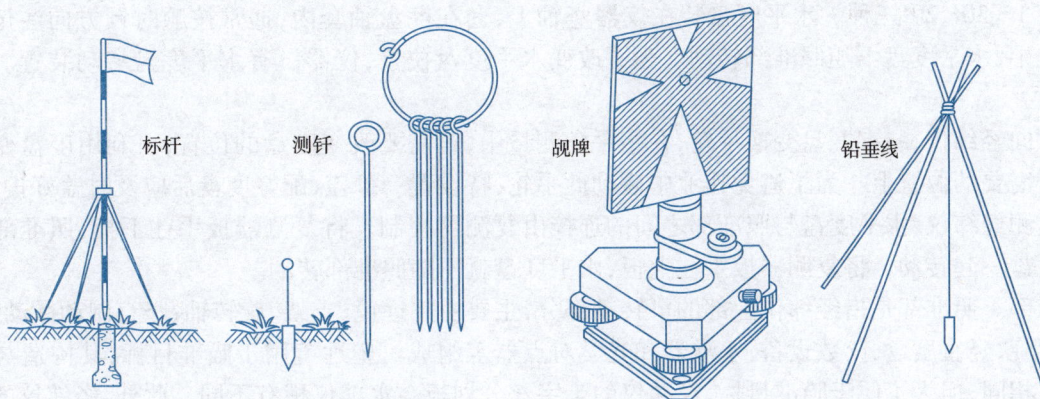

图 3.10　经纬仪附属工具

3. DJ₆经纬仪

(1)DJ₆光学经纬仪的构造。图3.11(a)、(b)为北京光学仪器厂生产的DJ₆型光学经纬仪。国内外不同厂家生产的同一级别的仪器,或同一厂家生产的不同级别的仪器其外形和各螺旋的形状、位置虽不尽相同,但作用基本一致。

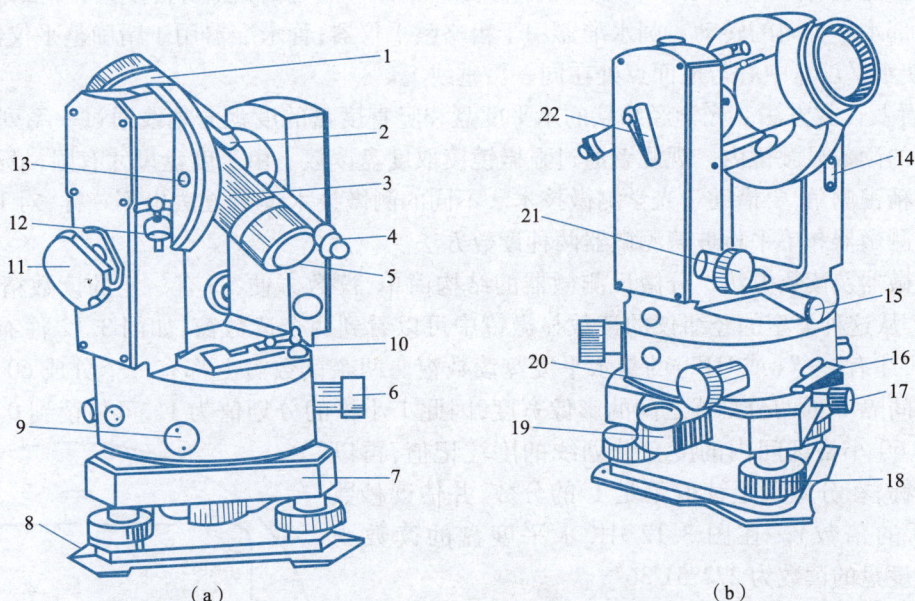

(a)　　　　　　(b)

1—望远镜物镜;2—粗瞄器;3—对光螺旋;4—读数目镜;5—望远镜目镜;6—水平读盘变换手轮;
7—基座;8—导向板;9—堵盖;10—管水准器;11—反光镜;12—竖盘自动归零旋钮;13—堵盖;
14—调指标差盖板;15—光学对点器;16—水平制动扳钮;17—固定螺旋;18—脚螺旋;
19—圆水准器;20—水平微动螺旋;21—望远镜微动螺旋;22—望远镜制动扳钮

图 3.11　DJ₆光学经纬仪构造

DJ₆光学经纬仪包括基座、度盘和照准部三大部分。

①基座。经纬仪基座包括轴座、脚螺旋、底板、三角压板等。利用中心连接螺旋将经纬仪与角架连接起来。在经纬仪基座上还固连一个竖轴轴套和轴座固定螺旋,用于控制照准部和基座之间的衔接。中心螺旋下有一个挂钩,用于挂垂球。

51

为了提高对中精度和对中时不受风力的影响,光学经纬仪一般都装有光学对点器,如图3.11(b)。它是由目镜、分划板、物镜等组成的小型折式望远镜。一般装在仪器的基座上。使用时先将仪器整平,再移动基座使对中器的十字丝或者小圆圈中心对准地面标志的中心。

②水平度盘。光学经纬仪有水平度盘和竖直度盘,都是由光学玻璃制成,度盘边缘全圆周刻划0°~360°,最小间隔有1°、30′、20′三种。水平度盘装在仪器竖轴上,套在度盘轴套内,通常按顺时针方向注记。在水平角测角过程中,水平度盘不随照准部转动。为了改变水平度盘位置,仪器设有水平度盘转动装置。包括两种结构:

对于方向经纬仪,装有度盘变换手轮,在水平角测量中,若需要改变度盘的位置,可利用度盘变换手轮将度盘转到所需要的位置上。为了避免作业中碰动此手轮,特设置一护盖,配好度盘后应及时盖好护盖。

对于复测经纬仪,水平度盘与照准部之间的连接由复测器控制。将复测器扳手往下扳,照准部转动时就带动水平度盘一起转动。将复测器扳手往上扳,水平度盘就不随照准部转动。

③照准部。照准部是指经纬仪上部的可转动部分,主要由望远镜、支架、旋转轴、竖直制动微动螺旋、水平制动微动螺旋、竖直度盘、读数设备、水准器和光学对点器等组成。望远镜用于瞄准目标,其构造与水准仪的望远镜基本相同,但为了便于瞄准目标,经纬仪的十字丝分划板与水准仪稍有不同。此外,经纬仪的望远镜与横轴固连在一起,安放在支架上,望远镜可绕仪器横轴转动,俯视或仰视,望远镜视准轴所扫过的面为竖直面。为了控制望远镜的上下转动,设有望远镜制动螺旋(制紧扳钮)和望远镜微动螺旋。竖直度盘固定在望远镜横轴的一端,随同望远镜一起转动。竖盘读数指标与竖盘指标水准管固连在一起,不随望远镜转动。竖盘指标水准管用于安置竖盘读数指标的正确位置,并借助支架上的竖盘指标水准管微动螺旋(度盘零位手轮)来调节。读数设备包括读数显微镜、测微器以及光路中一系列光学棱镜和透镜。仪器的竖轴处在管状竖轴轴套内,可使整个照准部绕仪器竖轴作水平转动,设有照准部(水平)制动螺旋(制紧扳钮)和照准部(水平)微动螺旋以控制照准部水平方向的转动。圆水准器用于粗略整平仪器;管水准器用于精确整平仪器。光学对点器用于调节仪器,使水平度盘中心与地面点处在同一铅垂线上。

(2)读数装置及读数方法。光学经纬仪的水平度盘和竖直度盘的度盘分划线通过一系列的棱镜和透镜,成像于望远镜旁的读数显微镜内。观测者通过显微镜读取度盘读数。由于度盘尺寸有限,最小分划难以直接到秒。为了实现精密测角,要借助于光学测微技术。不同的测微技术读数方法也不一样,对DJ₆光学经纬仪,常用的有分微尺测微器和单平板玻璃测微器两种读数方法。

①分微尺测微器及读数方法。分微尺测微器的结构简单,读数方便,具有一定的读数精度,故广泛用于DJ₆光学经纬仪。从这种类型的经纬仪的读数显微镜中可以看到两个读数窗,如图3.12注有"⊥"(或"V")的是竖盘读数窗,注有"—"(或"H")的是水平度盘读数窗。两个读数窗上都有一个分成60小格的分微尺,其长度等于度盘间隔1°的两分划线之间的影像宽度,因此1小格的分划值为1′,可估读到0.1′。读数时,先读出位于分微尺60小格区间内的度盘分划线的度注记值,再以度盘分划线为指标,在分微尺上读取不足1°的分数,并估读秒数(秒数只能是6的倍数)。在图3.12中,水平度盘的读数为145°03′30″,竖直度盘的读数为272°51′36″。

②单平板玻璃测微器及读数方法。单平板玻璃测微器主要由平板玻璃、测微尺、连接机构和测微轮组成。转动测微轮,单平板玻璃与测微尺绕轴同步转动。当平板玻璃底面垂直于光线时,如图3.13(a)所示,读数窗中双指标线的读数是92°+a,测微尺上单指标线读数为15′。转动测微轮,使平板玻璃倾斜一个角度,光线通过平板玻璃后发生平移,如图3.13(b)所示,当92°分划线移到正好被夹在双指标线中间时,可以从测微尺上读出移动a之后的读数为23′28″。

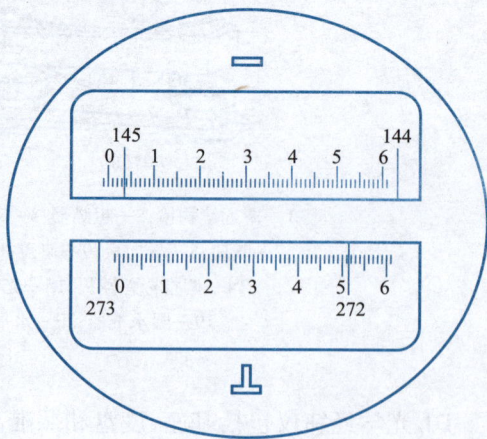

图3.12 分微尺测微器读数方法

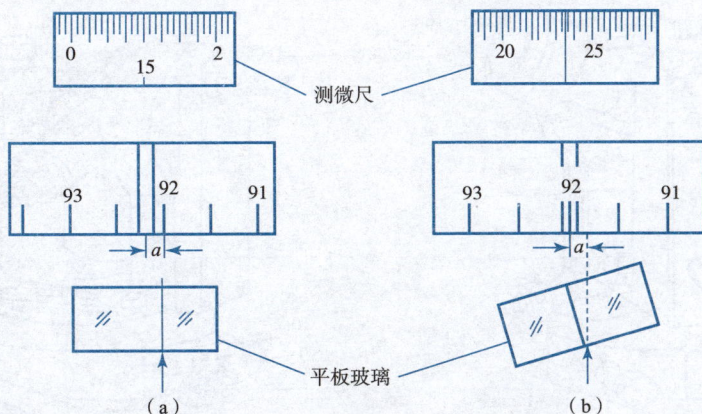

图 3.13　单平板玻璃测微器读数窗操作

图 3.14 为单平板玻璃测微器读数窗的影像,下面的窗格为水平度盘影像,中间的窗格为竖直度盘影像,上面的窗格为测微尺影像。度盘最小分划值为 30′,测微尺也为 30′,将其分为 30 大格,1 大格又分为 3 小格。因此测微尺上每一大格为 1′,每小格为 20″,可估读至 0.1 小格(2″)。读数时,转动测微轮,使度盘某一分划线精确地夹在双指标线中央,先读出度盘分划线上的读数,再在测微尺上依指标线读出不足一分划值的余数,两者相加即为读数结果。图 3.14(a)中,竖盘读数为 92°＋17′40″＝92°17′40″。图 3.14(b)中,水平读数为 4°30′＋11′30″＝4°41′30″。

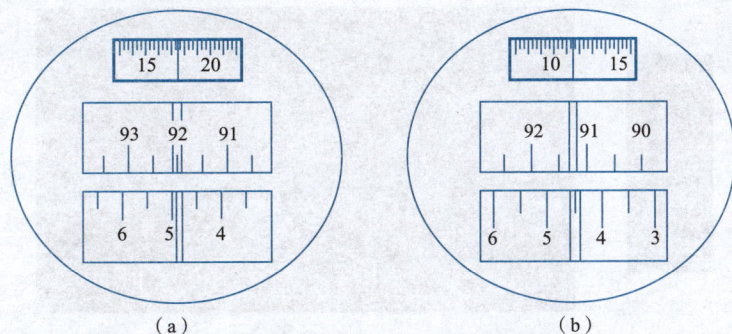

图 3.14　单平板玻璃测微器读数方法

4. DJ₂光学经纬仪

DJ$_2$光学经纬仪照准部水准管的灵敏度高,度盘格值较小,图 3.15 是 DJ$_2$光学经纬仪的外形。其构造与 DJ$_6$经纬仪基本相同,只是制动的扳手变化为旋钮以及读数装置发生变化。

国内外不同厂家生产的同一级别的仪器,或同一厂家生产的不同级别的仪器其外形和各螺旋的形状、位置虽不尽相同,但作用基本一致。目前 DJ$_2$光学经纬仪采用的是对径符合的读数装置,即取度盘对径(直径两端)相差 180°处的两个读数的平均值,由此可以消除照准部偏心误差的影响,从而提高读数的精度。为使读数更加方便和不易出错,近几年 DJ$_2$光学经纬仪又开发采用半数字化读数方法。

(1)对径符合的读数方法。DJ$_2$光学经纬仪设置双光楔测微器,在度盘对径两端分划线的光路中各安装一个固定光楔和一个移动光楔,移动光楔与测微尺相连,入射光线经过一系列棱镜和透镜后,将度盘某一直径两端的分划影像同时反映到读数显微镜内,并被横线分隔开为正像和倒像,如图 3.16 所示,为读数显微镜中的度盘对径分划像(右边)和测微器分划像(左边),度盘的数字注记为"度"数,测微器分划左边注记为"分"数,右边注记为"十秒"数。

图 3.16 所示为从 DJ$_2$光学经纬仪的读数显微镜中看到的影像,可按下述规则读数:

①转动测微手轮,在读数显微镜中可以看到度盘对径分划线的影像(正像与倒像)在相对移动,直至精确对齐为止。

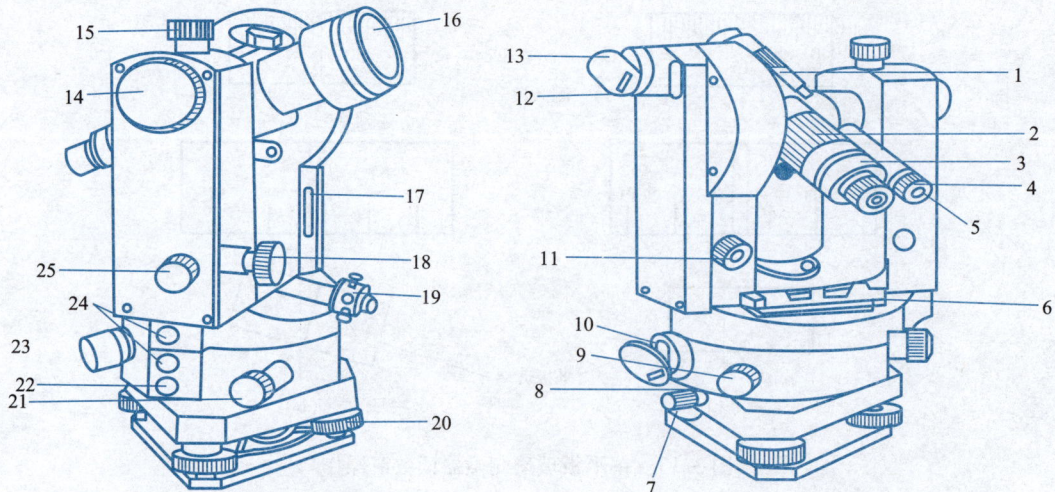

1—光学粗瞄器；2—望远镜调焦筒；3—分划板保护盖；4—望远目镜；5—读数目镜；6—照准部水准器；
7—仪器锁定钮；8—圆水准器堵盖；9—水平制动把；10—水平进光反光镜；11—补偿器锁紧手轮；
12—指标差盖板；13—垂直进光反光镜；14—测微器手轮；15—垂直制动手轮；16—望远镜物镜；
17—长条盖板；18—垂直微动手轮；19—光学对点器；20—安平螺旋；21—水平微动手轮；22—堵盖；
23—换盘手轮；24—堵盖；25—换像手轮

图 3.15　DJ₂ 光学经纬仪

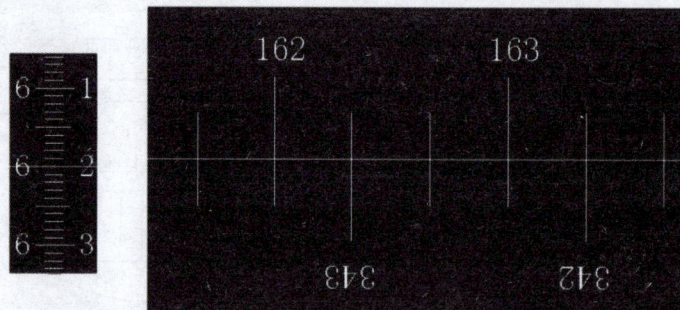

图 3.16　DJ₂ 光学经纬仪对径符合视窗

②找出正像与倒像相差 180°的分划线（正像分划线在左，倒像分划线在右），读出正像注记的数为"度"数，图中应为 162°。

③正像读出的"度"数分划线（162°线）与相差 180°的倒像分划线（342°线）之间的格数（图中为 4 格）乘以 10′即为整"十分"数，图中为 $4 \times 10' = 40'$。

④在左边的测微尺上按指标线读出不足 10′的"分"数和"秒"数，测微尺上左侧为"分"数，右侧为"秒"数，图中为 6′20″。

⑤将以上两个窗口所读取的三个读数相加，即得完整的度盘读数，图中为 $162° + 40' + 6'20'' = 162°46'20''$。

（2）半数字化读数方法。

①半数字化视窗 1 读数方法。如图 3.17 所示，视窗中设有左中右三个部分，被两条竖直线分割。中间为对径符合窗口，一条竖线两侧各有三条短横线为主副像刻线，通过微动测微器或微动手轮使度盘主副像刻线精确符合时才可以读数，图 3.17（a）为未符合视窗，图 3.17（b）为已经符合视窗；视窗的左侧为"度"数和整"十分"数，在度盘度数右侧的 0～5 六个数字中必须显示其中一个数字，这样才可以读出度数来，也就是说"度"数和整"十分"数是一起完成的，图 3.17（b）可以读出 113°和 50′；视窗的右侧为测微器分划像，在测微尺上按指标线读出不足 10′的"分"数和"秒"数，测微尺上左侧为"分"数和整"十秒"数，右侧为不足 10″的"秒"数，图中为 8′50″及 4″。

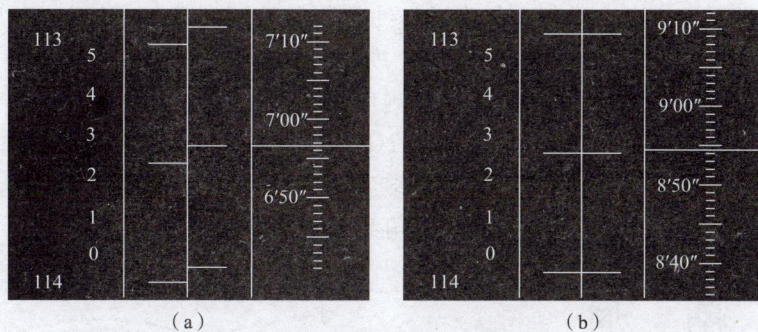

图 3.17　DJ₂光学经纬仪对径符合半数字化视窗 1

图中完整的度盘读数为

113° + 50′ + 8′50″ + 4″ = 113°58′54″

②半数字化视窗 2 读数方法。视窗中设有上中下三个窗口。光学经纬仪对径符合数字化视窗如图 3.18 所示。上面口的下边窗有一个凹槽,次窗口负责显示度盘的整度数和整 10′数。中间的窗口是度盘主副像刻线符合窗,此窗口负责显示度盘主像和副像刻线,通过微动测微器或微动手轮可使度盘主副像刻线精确符合。此时上窗口内不但显示出度盘的完整度数,其凹槽内还正好扣住刻在度盘度数下面的 0~5 六个数字中的一个数字。例如上窗口显示 90°,而凹槽扣住 2 字,则上窗口内度数为 90°20′。视场下面的窗口是秒窗,此窗负责显示秒盘上的刻画和数字。秒窗的下边显示秒盘的刻线,秒盘共刻有 600 个格,每格为 1″,共 600″,为 10′。在秒盘刻线的上方均匀的刻有 0、10、20、30、40、50 的数字,并连续刻如图 3.14 读数窗 10 次,表示 10 位秒数,即 0″、10″、20″、30″、40″、50″。秒盘的最上边一排刻有 0~9 的数字,每个数字又连续出现 6 次,每个

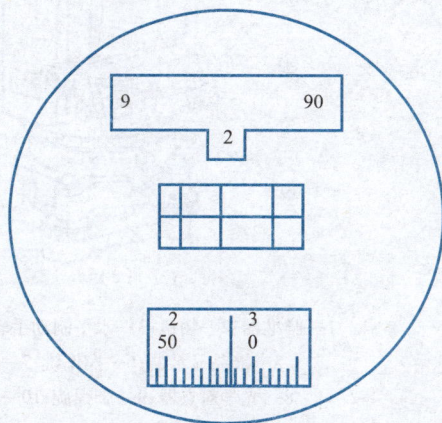

图 3.18　DJ₂光学经纬仪对径符合数字化视窗 2

数字即为个位分数。通过上面两排数字可以读出几分几十秒。个位的秒数则靠指标线数格数,1 格为 1″,不足 1 格的用指标线估读,可估读 0.1 格,即 0.1″。秒窗上刻有一条指标线,用来进行读数。以指标线左侧最近的数字和长刻线来读数字和数小格数。如指标线左侧上排数为 2 即 2′,下排数为 50,即 50″。从 50 下面的长刻线到指标线共有 7.5 个小格,即为 7.5″。垂直角的读数方法与水平角读数相同。图 3.18 所示的读数应为

度盘上度数	90°(注:度数完整出现时方可读之)
度盘上整 10′数(2×10′)	20′(该处数字为 0、1、2、3、4 或 5)
测微尺分秒细数	2′57.5″(估读到 0.1″)
全读数	90°22′57.5″

5. 电子经纬仪

电子经纬仪是一种运用光电元件实现测角自动化、数字化的新一代电子测角仪器,由于它是在光学经纬仪的基础上发展起来的,所以整体结构与光学经纬仪有许多相似的地方。其主要特点是:

(1)采用电子测角系统,能自动显示测量结果,提高了工作效率,减轻了劳动强度;

(2)采用积木式结构,可与光电测距仪组成全站型电子速测仪,配合适当的接口,可将电子手簿记录的数据输入计算机,从而实现数据处理和绘图自动化。

电子测角系统仍然是采用度盘来进行。与光学经纬仪测角不同的是,电子测角先从度盘上取得电信号,再把电信号转换成角度,以数字方式显示在显示器上,并记入存储器。根据取得信号的方式不同,电子测角度盘又可分为光栅度盘测角、编码度盘测角和电栅度盘测角等。

图 3.19 为北京博飞仪器有限公司推出的 DJD2 - 1GC 电子经纬仪,该仪器采用光栅度盘测角,水平、竖直角度显示读数分辨率为 1″,测角精度可达 2″。该仪器装有液晶显示窗和操作键盘。键盘上有 6 个键,可发出不同指令。液晶显示窗中可同时显示提示内容、竖直角和水平角。

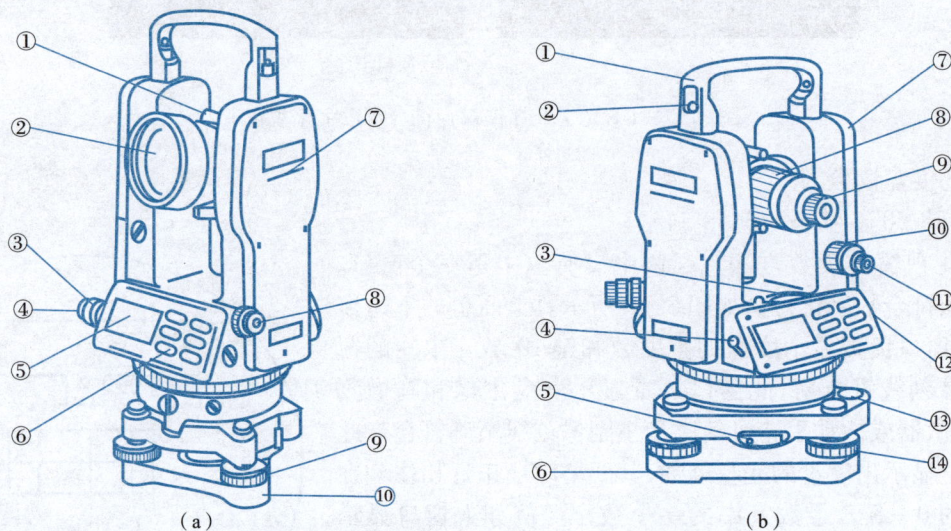

(a)	(b)
1—瞄准器;2—物镜;3—水平制动手轮;4—水平微动手轮;	1—提把;2—提把螺丝;3—长水准器;4—通信接口;
5—液晶显示器;6—操作键;7—仪器中心标记;	5—基座固定钮;6—三角座;7—电池盒;8—调焦手轮;
8—光学对点器;9—脚螺旋;10—三角基座	9—目镜;10—垂直固定螺旋;11—垂直微动螺旋;
	12—通信接口;13—圆水准器;14—角螺旋

图 3.19　电子经纬仪

DJD2 - 1GC 装有倾斜传感器,当仪器竖轴倾斜时,仪器会自动测量并显示其数值,同时显示对水平角和竖直角误差的自动校正。仪器的自动补偿范围为 ±3′。

在 DJD2 - 1GC 仪器支架上可以加装红外测距仪组成组合式电子全站仪,再连接电子手簿或掌上电脑,就能同时显示和记录水平角、竖直角、水平距离、斜距、高差和计算点的坐标和高程等。

6. 激光经纬仪

激光经纬仪主要应用于各种施工测量中,它是在经纬仪上安装激光装置,将激光器发出的激光束导入经纬仪望远镜内,使之沿着视准轴(视线)方向射出一条可见的红色激光束。

激光经纬仪提供的红色激光束可传播很远,而光束的直径不会有显著变化,是理想的定位基准线。既可用于一般准直测量,又可用于竖向准直测量,特别适合于高层建筑、大型塔架、港口、桥梁等工程的施工。随着科学的进步,测绘仪器的不断更新,电子激光经纬仪也进入了建筑市场。

(1)普通光学激光经纬仪。图 3.20 为北京博飞光学仪器厂生产的 DJJ2 - 2 激光经纬仪。它是在 TDJ2 光学经纬仪的基础上,装上氦—氖激光器及激光电源箱等部件组成。利用遥控器控制开关激光束,可发射橙红色单色光,有效射程白天 180 m,晚上 800 m,仪器的操作与 TDJ2 型光学经纬仪相同。

(2)电子激光经纬仪。图 3.21 为北京博飞仪器公司生产的激光电子经纬仪,DJD2 - JC 激光电子经纬仪是采用了先进的数字经纬仪与现代半导体激光器相结合的新型测量仪器,在使用该仪器时,应特别注意以下事项:

①电源线的连接要正确,特别要注意正负极不要接反。使用前要预热半小时,

图 3.20　激光经纬仪

以改善激光束的漂移。

②使用完毕,先关上电源开关,待指示灯熄灭,激光器停止工作后,再拉开电源。

③长期不使用仪器时,应每月通电一次,使激光器点亮半小时。仪器若发生故障,须由熟悉仪器结构者修理或送修理部门修复,不要轻易拆卸仪器零件。

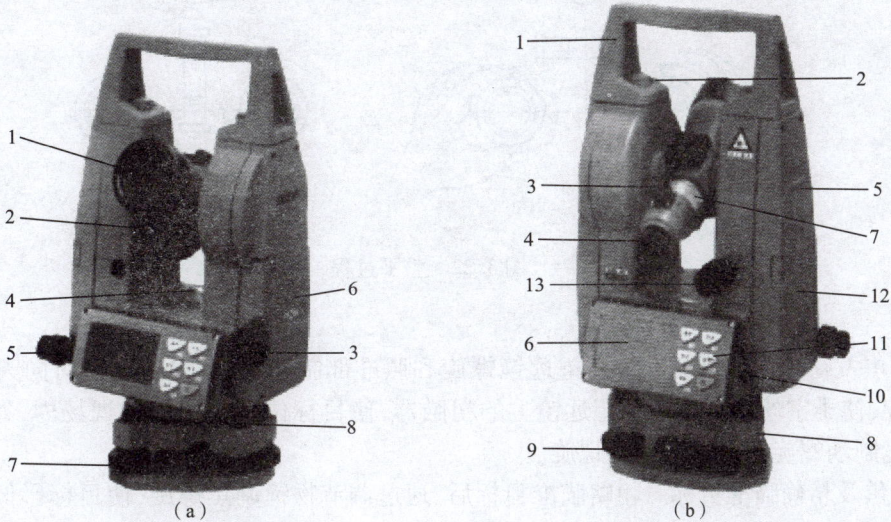

（a）　　　　　　　　　　　　　　（b）

1—物镜;2—粗瞄准器;3—光学对中器;4—管水准器; 1—提把;2—提把螺丝;3—激光器;4—目镜;5—仪器中心标;
5—水平制微动螺旋;6—圆水准器;7—角螺旋;   6—显示器;7—调焦手轮;8—三角基座;9—基座固定钮;
8—圆水准器。   10—通信口;11—操作键;12—充电电池;13—垂直制微动螺旋

图 3.21　激光电子经纬仪

3.3.2　经纬仪的使用方法

当进行角度测量时,要将经纬仪正确安置在测站点上,对中整平,然后进行观测。经纬仪的使用包括对中、整平、瞄准和读数四项基本操作。对中和整平是仪器的安置工作,瞄准和读数是观测工作。对中的目的是使仪器中心与测站点的标志中心在同一铅垂线上。整平的目的是使仪器的竖轴垂直,即水平度盘处于水平位置。

1. 安置仪器

对中整平前,先将经纬仪安装在三脚架顶面上,旋紧连接螺旋。

（1）用垂球初步对中。

①将三脚架三条腿的长度调节至大致等长,调节时先不要分开架腿且架腿不要拉到底,以便留有调节的余地。

②将三脚架的三个脚大致呈等边三角形的三个角顶,分别放在测站点的周围,使三个脚到测站点的距离大致相等。在垂球挂钩处挂上垂球。

③两只手分别拿住三脚架的一条腿,并略抬起作前后推拉和以第三个脚为圆心作左右旋转,使垂球尖对准测站点。

（2）初步整平。若上述操作后,三脚架的顶面倾斜较大,可将两手拿住的两条腿作张开、回收的动作,使三脚架的顶面大致水平。此项操作不会破坏已完成的对中效果。

当地面松软时,可用脚将三脚架的三支脚踩实。若破坏了上述操作的结果,可调节三脚架腿的伸缩连接部位,使受到破坏的状态复原。

（3）用光学对中器精确对中。初步整平之后,稍微放松连接螺旋,用手轻移仪器,使对中器对准测站点,若对中器分划板和测站点成像不清晰,可分别进行对中器目镜和物镜调焦,待精确对中达到要求后再旋紧连接螺旋。用光学对中器进行经纬仪对中的精度约为 1~2 mm。

（4）精确整平。先使照准部水准管与两个脚螺旋连线平行,相向转动这两个脚螺旋,使水准管气泡居中。

然后将照准部转 90°，使水准管与原先位置垂直，转动第三个脚螺旋使水准管气泡居中。此工作应反复进行，直到照准部旋转到任意位置水准管气泡都居中为止。如图 3.22 所示。

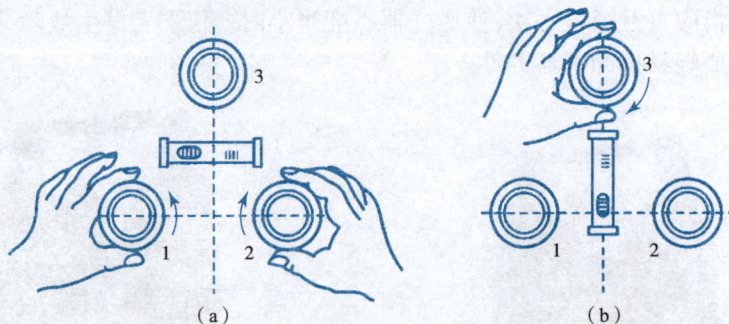

图 3.22　整平过程

2. 观测

（1）目镜调焦及初步瞄准目标。松开望远镜螺旋和照准部制动螺旋，将望远镜对向天空或白色墙壁，调节目镜调焦螺旋，使十字丝清晰。利用望远镜上的粗瞄器，使目标位于望远镜的视场内，如图 3.23（a）所示，然后固定望远镜制动螺旋和照准部制动螺旋。

（2）物镜调焦及精确瞄准目标。粗略瞄准目标后，通过调节物镜调焦螺旋，使目标影像清晰，注意消除视差。调节照准部和望远镜的微动螺旋直到准确对准目标。在水平角观测时，应尽量瞄准目标的底部。目标成像较大时，可用十字丝的单线平分目标。目标成像较小时，可用十字丝的双丝夹准目标。如图 3.23（b）所示。

（3）读数。照准目标后，打开反光镜，使读数窗内进光均匀。然后进行读数显微镜调焦，使读数窗内分划清晰，并注意消除视差，然后按前面所述方法读数。

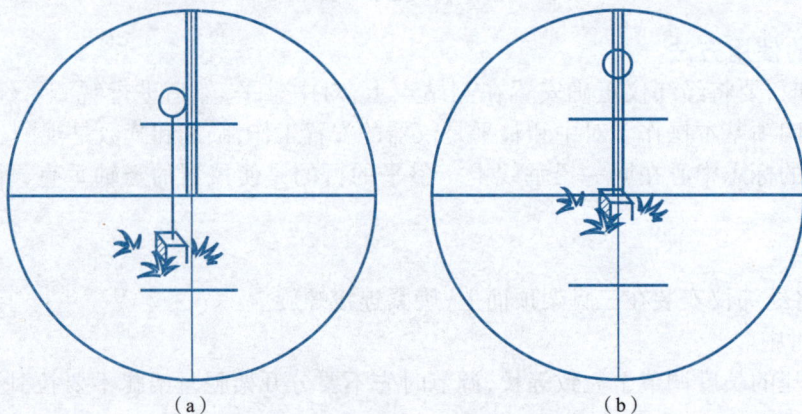

图 3.23　观测水平角瞄准方法

3.3.3　水平角测量

常用的观测方法有测回法和方向观测法两种。水平角的观测方法一般根据目标的多少、测角精度的要求和施测时所用的仪器来确定。

1. 测回法

测回法适用于观测只有两个方向的单个水平角。如图 3.24 所示，M,O,N 分别为地面上的三点，欲测定 OM 与 ON 所构成的水平角，其操作步骤如下：

将经纬仪安置在测站点 O，对中、整平。

使经纬仪置于盘左位置（竖盘在望远镜的左边，又称为正镜），瞄准目标 M，读取读数 $m_左$，顺时针旋转照准部，瞄准目标 N，并读取读数 $n_左$，以上称为上半测回。上半测回的角值 $\beta_左 = n_左 - m_左$。

倒转望远镜成盘右位置（竖盘在望远镜观测方向的右边，又称为倒镜），瞄准目标 N，读得 $n_右$，按顺时针方

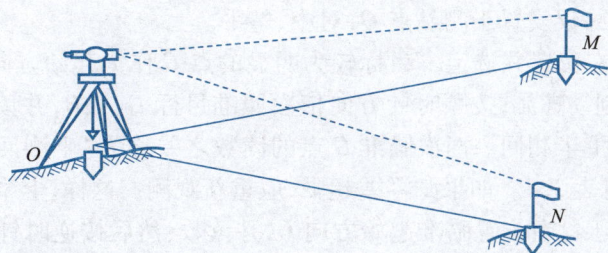

图 3.24　测回法示意

向旋转照准部,瞄准目标 M,读得 $m_右$,以上称为下半测回。下半测回角值 $\beta_右 = n_右 - m_右$。

上下半测回构成一个测回。对 DJ_6 光学经纬仪,若上、下半测回角度之差 $\beta_左 - \beta_右 \leq \pm 40''$,则取 $\beta_左, \beta_右$ 的平均值作为该测回角值,$\beta = \frac{1}{2}(\beta_左 + \beta_右)$。若 $\beta_左 - \beta_右 > \pm 40''$,则应重测。测回法测角的记录和算例见表 3.3。

表 3.3　测回法观测手簿

测站	竖盘位置	目标	水平度盘读数	半测回角值	一测回角值	各测回平均角值	备注
第一测回	左	M	0°12′18″	73°35′48″	73°35′42″	73°35′36″	
		N	73°48′06″				
	右	M	180°13′00″	73°35′36″			
		N	253°48′36″				
第二测回	左	M	90°08′18″	73°35′36″	73°35′30″		
		N	163°43′54″				
	右	M	270°08′36″	73°35′24″			
		N	343°44′00″				

在测回法测角中,仅测一个测回可以不配置度盘起始位置。

为了提高测角精度,可适当增加测回数,但测回数增加到一定次数后,精度的提高逐步缓慢而趋于收敛,在实际工作中应根据规范的规定进行。当测角精度要求较高,需要观测多个测回时,为了减小度盘分划误差的影响,第一测回应将起始目标的读数用度盘变换手轮调至 0°00′稍大一些。其他各测回间应按 $180°/n$ 的差值变换度盘起始位置,n 为测回数。例如,当测回数 $n = 2$ 时,度盘起始方向的读数为 $180°/2 = 90°$,则第一测回与第二测回起始方向的读数应分别等于或略大于 0°与 90°。用 DJ_6 光学经纬仪观测时,各测回角值之差不得超过 $40''$,取各测回平均值为最后成果。

2. 方向观测法

方向观测法适用于在一个测站需要观测三个及三个以上方向,即观测多个角度时应用。该方法以某个方向为起始方向(又称零方向),依次观测其余各个目标相对于起始方向的方向值,则每一角度就组成该角的两个方向值之差。

如图 3.25 所示,O 为测站点,A、B、C、D 为四个目标点,欲测定 O 到各目标方向之间的水平角,操作步骤如下。

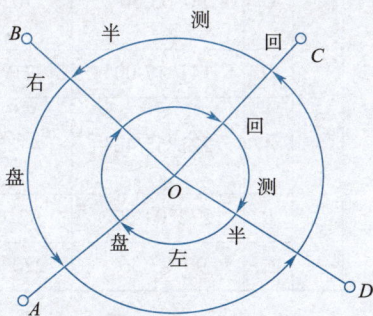

图 3.25　方向观测法示意

（1）测站观测步骤。将经纬仪安置于测站点 O，对中、整平。

盘左位置：将度盘置于盘左位置并选定一目标较为明显的点 C 作为起始方向，将水平度盘读数调至略大于 $0°$，读取此读数；松开水平制动螺旋，按顺时针方向依次照准目标 D、A、B，并读数；最后再次瞄准起始方向 C，称为归零，并读数。以上为上半测回。两次瞄准 C 点的读数之差称为"半测回归零差"。对于不同精度等级的仪器，其限差要求不同，见表3.4。如果归零差超限，应重新观测。这样，上半测回的观测完成。

盘右位置：倒转望远镜置于盘右位置瞄准起始方向 C，并读数；然后按逆时针依次照准目标 B、A、D、C，并将读数记录在手簿中。同样，归零差不应超限。以上称为下半测回。

上、下半测回构成一个测回，在同一测回内不能第二次改变水平度盘的位置。当精度要求较高，需测多个测回时，各测回间应按 $180°/n$ 配置度盘起始方向的读数。规范规定三个方向的方向法可以不归零，超过三个方向必须归零。

（2）记录计算。方向观测法的观测手簿见表3.4。上半测回各方向的读数从上往下记录，下半测回各方向读数按从下往上的顺序记录。

①归零差的计算。对起始方向，应分别计算盘左两次瞄准的读数差和盘右两次瞄准的读数差 Δ，并记入表格。若"归零差"超限，则应及时进行重测。

②两倍视准误差 $2c$ 的计算。

$$2c = 盘左读数 - (盘右读数 \pm 180°) \tag{3.3}$$

各方向的 $2c$ 值分别列入表3.4中第6列。在同一测回内同一台仪器的各方向的 $2c$ 值应为一个定数，若有互差，其变化值不应超过表3.4规定的范围。

表3.4　方向观测法观测手簿

测站	测回数	目标	水平读盘读数		2c	平均读数	归零方向值	各测回归零方向值的平均值	角值
			盘左	盘右					
1	2	3	4	5	6	7	8	9	10
0	1	C	0°02′06″	180°02′00″	+6″	(0°02′06″) 0°02′03″	0°00′00″	0°00′00″	∠COD = 51°13′28″ ∠DOA = 80°38′34″ ∠AOB = 50°08′20″ ∠BOC = 177°59′38″
		D	51°15′42″	231°15′30″	+1″ 2″	51°15′36″	51°13′30″	51°13′28″	
		A	131°54′12″	311°54′00″	+1″ 2″	131°54′06″	131°52′00″	131°52′02″	
		B	182°02′24″	2°02′24″	0″	182°02′24″	182°00′18″	182°00′22″	
		C	0°02′12″	180°02′06″	+6″	0°02′09″			
	2	C	90°03′30″	270°03′24″	+6″	(90°03′32″) 90°03′27″	0°00′00″		
		D	141°17′00″	321°16′54″	+6″	141°16′57″	51°13′25″		
		A	221°55′42″	41°55′30″	+1″ 2″	221°55′36″	131°52′04″		
		B	272°04′00″	92°03′54″	+6″	272°03′57″	182°00′25″		
		C	90°03′36″	270°03′36″	0″	90°03′36″			

③各方向平均读数的计算。

$$平均读数 = \frac{盘左读数 - (盘右读数 \pm 180°)}{2} \tag{3.4}$$

计算时,以盘左读数为准,将盘右读数加或减 180°后和盘左读数取平均,其结果列入表 3.4 中的第 7 列。

④归零后方向值的计算。将各方向的平均读数分别减去起始方向的平均读数,即得归零后的方向值。表 3.4 中起始方向 C 的平均读数为

$$\frac{0°02'03'' + 0°02'09''}{2} = 0°02'06''$$

各方向归零方向值列入第 8 列。

⑤各测回归零后平均方向值的计算。当一个测站观测两个或两个以上测回时,应检查同一方向值各测回的互差。互差要求见表 3.4。若检查结果符合要求,取各测回同一方向归零后的方向值的平均值作为最后结果,列入表 3.4 第 9 列。

⑥水平角的计算。根据各测回归零后方向值的平均值,计算相邻方向值之差,即为两邻方向所夹的水平角,计算结果列入表 3.4 第 10 列。

方向观测法的限差要求见表 3.5。其中任何一项限差超限,均应重测。

表 3.5　水平角观测限差

经纬仪型号	半测回归零值	一测回内 $2c$ 互差	同一方向值各测回互差
DJ_2	8″	13″	9″
DJ_6	18″	30″	24″

3.3.4　经纬仪的检验与校正

经纬仪的检验与校正,就是用一定的方法检查仪器各轴线是否满足所要求的条件,若不满足,则进行校正使其满足。经纬仪检验和校正的项目较多,但通常只进行主要轴线间的几何关系的检校。

1. 经纬仪应满足的几何条件

如图 3.26 所示,经纬仪的主要轴线有:照准部的旋转轴(即竖轴)VV、照准部水准管轴 LL、望远镜的旋转轴(即横轴)HH 及视准轴 CC。根据角度测量原理,经纬仪要准确地测量出水平角和竖直角,各轴线之间应满足的几何条件有:

(1)照准部水准管轴应垂直于仪器竖轴,即 $LL \perp VV$。

(2)望远镜十字丝竖丝应垂直于仪器横轴 HH。

(3)视准轴应垂直于仪器横轴,即 $CC \perp HH$。

(4)仪器横轴应垂直于仪器竖轴,即 $HH \perp VV$。

除此以外,经纬仪一般还应满足竖盘指标差为零,以及光学对点器的光学垂线与仪器竖轴重合等条件。

一般仪器在出厂时,以上各条件都能满足,但在搬运过程中受到碰撞或长时间使用中由于震动以及气温变化等影响也会使各方面条件发生变化。因此,在使用仪器作业前,必须对仪器进行检验与校正,即使新仪器也不例外。

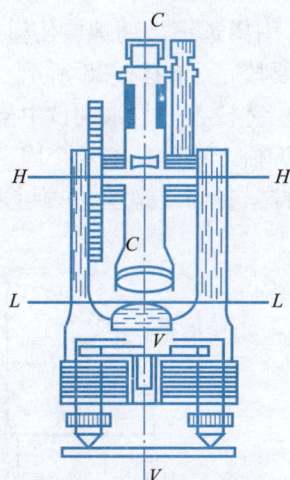

图 3.26　经纬仪主要轴线

2. 检验与校正

在经纬仪检校之前,应先作一般性检验,如三脚架是否稳定完好,仪器与三角架头的连接是否牢固,仪器各部件有无松动,仪器各螺旋是否灵活有效等。确认性能良好后,可继续进行仪器检校;否则,应查明原因并及时处理。

(1)水准管轴垂直于竖轴的检验与校正。

①检验。首先将仪器粗略整平,然后转动照准部使水准管平行于任意两个脚螺旋连线方向,调节这两个脚螺旋使水准管气泡居中,再将仪器旋转 180°,如果气泡仍然居中,表明条件满足,否则,需要校正。

②校正。若竖轴与水准管轴不垂直,则如图 3.27(a)所示,当水管轴水平时,竖轴倾斜,且与铅垂线偏离了 α 角。当仪器绕竖轴旋转 180°后,竖轴不垂直于水准管轴的偏角为 2α,如图 3.27(b)所示。角 2α 的大小可由气泡偏离的格数来度量。

校正时,先用校正针拨动水准管一端的校正螺丝,使气泡返回偏离量的一半,如图3.27(c)所示。再转动角螺旋,使气泡居中,此时水管轴水平并垂直于竖轴,如图3.27(d)所示。此项检校需反复进行,直到仪器旋转到任意方向,气泡仍然居中,或偏离不超过一个分划格。

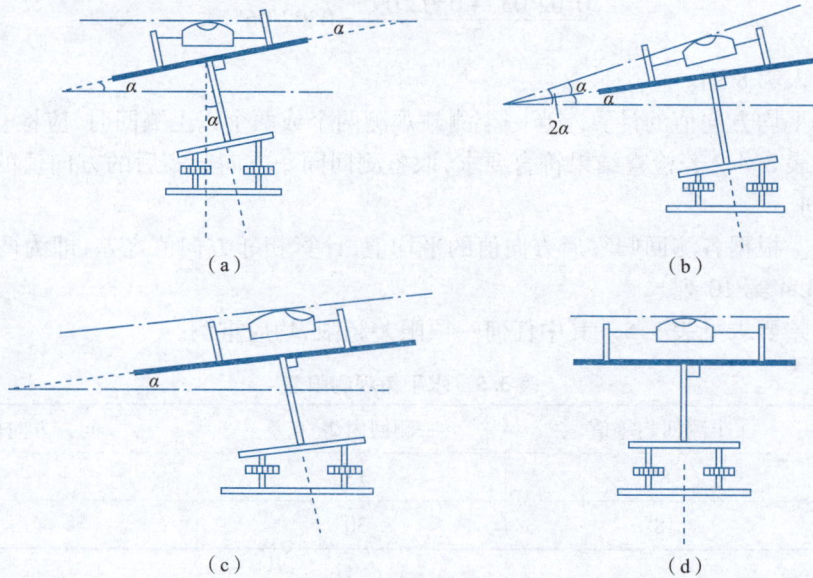

(a)　　　　(b)

(c)　　　　(d)

图3.27　水准管轴垂直于竖轴的检验与校正

(2)十字丝的竖丝垂直于横轴的检验与校正。

①检验。用十字丝竖丝的上端或下端精确对准远处一明显的目标点,固定水平制动螺旋和望远镜制动螺旋,用望远镜微动螺旋使望远镜绕横轴作微小转动,如果目标点始终在竖丝上移动,说明条件满足。否则,就需要校正,如图3.28所示。

②校正。与水准仪中横丝应垂直于竖轴的校正方法相同,只不过此处应使竖丝竖直。如图3.29所示,微微旋松十字丝环的4个固定螺丝,转动十字丝环,直到望远镜上下俯仰时竖丝与点状目标始终重合为止。最后拧紧各固定螺丝,并旋上护盖。此项检校也需反复进行,直到条件满足。

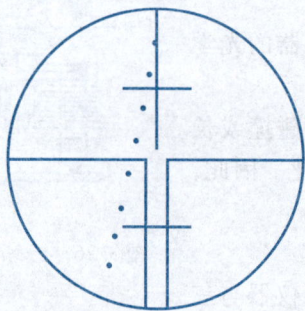

图3.28　十字丝检验　　　　图3.29　十字丝校正

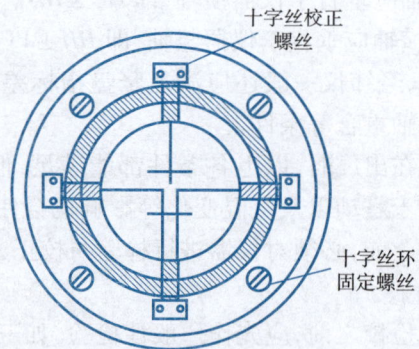

(3)视准轴垂直于横轴的检验与校正。当望远镜绕横轴旋转时,若视准轴与横轴垂直,视准轴所扫过的面为一竖直平面;若视准轴与横轴不垂直,所扫过的面为圆锥面。检校的方法有两种。

①盘左盘右瞄点法。

a. 检验。先在盘左位置瞄准远处水平方向一明显目标点 A,读取水平度盘读数,设为 M_L;然后在盘右位置瞄准同一目标点 A,读取水平度盘读数,设为 M_R。若 $M_L = M_R$,说明条件满足;否则,条件不满足。视准轴不垂直于横轴所偏离的角度称为视准轴误差,用 C 表示,即按式(3.4)计算的结果除以2。对普通经纬仪,当 c

超过 ±1′时,需进行校正。

b. 校正。在盘右位置用水平微动螺旋使水平度盘读数为

$$\overline{M}_R = \frac{1}{2}\left[M_R + (M_L \pm 180°)\right] \tag{3.5}$$

再从望远镜中观察,此时十字丝交点已偏离目标点 A。校正时,取下十字丝环的保护罩,通过调节十字丝环的左右两个校正螺丝(图 3.30),使十字丝交点重新照准目标点 A。此项检校应反复进行,直至 $c \leqslant ±1′$。

这种方法适用于 DJ$_2$ 经纬仪和其他双指标读数的仪器。对于单指标读数的经纬仪(DJ$_6$ 或 DJ$_6$ 以下),只有在度盘偏心差很小时才能见效。否则,$2c$ 中包含了较大的偏心差,校正时将得不到正确结果。因此,对于单指标读数仪器,常用另一种方法检校。

②四分之一法。

a. 检验。在平坦地面上选择 A、B 两点,相距应大于 20m,将经纬仪安置在 A、B 中间的 O 点处,并在 A 点设置一瞄准标志,在 B 点横置一支有毫米刻划的尺子,注意标志和横置的直尺应与仪器同高。以盘左位置瞄准 A 点,固定照准部,倒转望远镜,在 B 点横尺上读得 B_1 点,如图 3.30(a) 所示。再以盘右位置照准 A 点,固定照准部,倒转望远镜,在 B 点横尺上读得 B_2 点(图 3.30(a)),若 B_1,B_2 两点重合,说明条件满足;否则,需要校正。

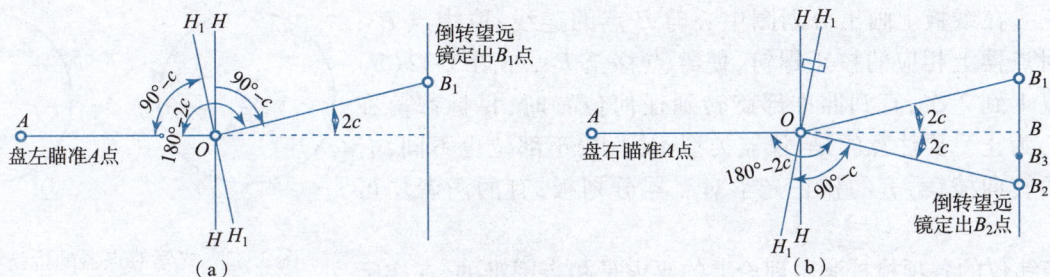

图 3.30 视准轴垂直于横轴的极验与校正

由图 3.30 可以看出,若仪器至横尺的距离为 D,以米为单位。则 c 可写成

$$c = \rho \frac{B_1 B_2}{4D} \tag{3.6}$$

式中:$B_1 B_2$ 为 B_1、B_2 两点连线的长度,m。

b. 校正。校正时,在横尺上定出 B_1、B_2 两点连线中点 B 点的位置,然后定出 B、B_2 两点连线中点 B_3 的位置;此时,与盘左盘右瞄点法的校正方法一样,先取下十字丝环的保护罩,再通过调节十字丝环的校正螺丝,使十字丝交点对准 B_3 点。

(4)横轴垂直竖轴的检验与校正。此项检校的目的是使仪器水平时,望远镜绕横轴旋转所扫过的平面成为竖直状态,而不是倾斜的。

①检验。在距墙壁 30 m 处安置经纬仪,盘左位置瞄准一明显的目标点 P 点(可事先做好贴在墙面上),如图 3.31 所示,要求望远镜瞄准 P 点时的仰角大于 30°。固定照准部,调整竖盘指标水准管气泡居中后,读取竖盘读数 L,然后放平望远镜,在墙上标出十字丝中点所对位置 P_1。盘右位置同样瞄准 P 点,读得竖盘读数 R,放平望远镜后在墙上得出另一点 P_2,P_1、P_2 放在同一高度。若 P_1、P_2 两点重合,说明条件满足。若 P_1、P_2 两点不重合,则需要校正。

②校正。如图 3.31 所示,在墙上定出 $P_1 P_2$ 的中点 P_M,调节水平微动螺旋使望远镜瞄准 P_M 点,再将望远

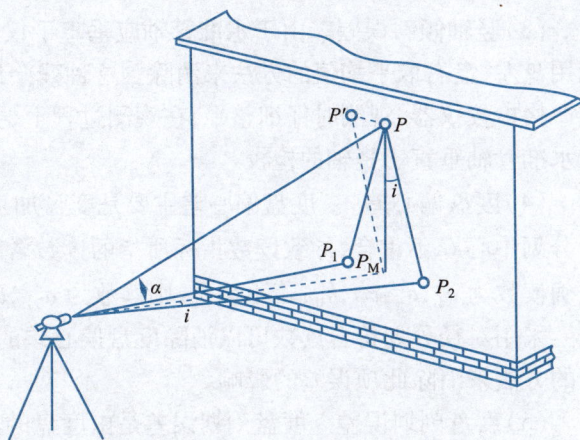

图 3.31 横轴垂直竖轴的检验与校正

镜往上仰,此时,十字丝交点必定偏离 P 点而照准 P' 点。校正横轴一端支架上的偏心环,使横轴的一端升高或降低,移动十字丝交点位置,并精确照准 P 点。横轴不垂直于竖轴所构成的倾斜角 i 可通过式(3.7)计算

$$i = \frac{\Delta \cot \alpha}{2D} \rho \tag{3.7}$$

式中:α 为瞄准 P 点的竖直角,通过瞄准 P 点时所得的 L 和 R 算出;D 为仪器至建筑物的距离;Δ 为 P_1、P_2 的间距。

反复检校,直至 i 角值不大于 $1'$ 为止。

由于近代光学经纬仪将横轴密封在支架内,故使用仪器时,一般只进行检验,如 i 值超过规定的范围,应由专业修理人员进行修理。

(5)光学对点器的检验与校正。检校的目的是使光学对点器的视准轴与仪器旋转轴(竖轴)重合,即仪器对中后,绕竖轴旋转至任何方向仍然对中。

①检验。先安置好仪器,整平后在仪器正下方放置一块白色纸板,将光学对点器分划板中心投影到纸板上,如图 3.32(a)所示,并作一标志点 P。然后,将照准部旋转180°,若 P 点仍在光学对点器分划圈内,说明条件满足;否则,需校正。

②校正。在纸板上画出分划圈中心与 P 点的连线,取中点 P'';通过调节对点器上相应的校正螺钉,使 P 点移至 P'',如图 3.32(b)所示。反复1到2次,直到照准部旋转到任何位置时,目标都落在分划圈中心为止。要注意的是,仪器类型不同,校正部位也不同,有的校正直角转向棱镜,有的校正光学对点器分划板,有的两者均可校正。

要使经纬仪的各项检校满足理论上的要求是相当困难的,在实际检校中,只要求达到实际作业所需要的精度即可。

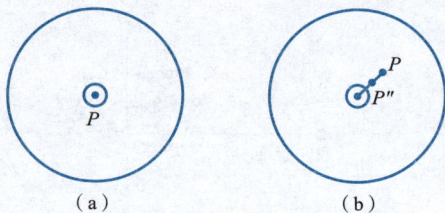

(a)   （b)

图 3.32　光学对点器的检验与校正

3.3.5　角度测量的误差与注意事项

在角度测量中,误差的主要来源有仪器误差、观测误差,以及外界条件的影响。

1. 仪器误差

仪器误差包括两个方面:一方面是仪器检校不完善引起的残余误差,如视准轴不垂直于横轴,以及横轴不垂直于竖轴等;另一方面是由于仪器制造加工不完善引起的误差,如度盘偏心差、度盘刻划误差等。

(1)视准轴不垂直于横轴的误差。视准轴不垂直于横轴的误差,也称视准差,其对水平方向观测值的影响为 $2c$。可以通过盘左、盘右两个位置观测取平均值,来消除视准差的影响。

(2)横轴不垂直于竖轴的误差。横轴不垂直于竖轴的误差,常称为支架差,与视准差一样,也可通过盘左、盘右观测取平均值,来消除支架差的影响。

(3)竖轴倾斜误差。由于水准管轴应垂直于仪器竖轴的校正不完善而引起的竖轴倾斜误差,此项误差不能用盘左、盘右取平均值的方法来消除。这种残余误差的影响与视线竖直角的正切成正比。因此,在观测前应严格检校仪器,观测时仔细整平,在观测过程上,要特别注意仪器的整平。在山区进行测量时,更应特别注意水准管轴垂直于竖轴的检校。

(4)度盘偏心差 c。度盘偏心差主要是度盘加工及安装不完善引起的,造成照准部旋转中心 C_1 与水平度盘分划中心 C 不重合,导致读数指标所指的读数含有误差,如图 3.33 所示。若 C 和 C_1 重合,瞄准目标 A、B 时正确读数为 a_L, b_L, a_R, b_R;若不重合,则读数为 a'_L, b'_L, a'_R, b'_R,比正确读数改变了 x_a, x_b。

采用对径分划符合读数可以消除度盘偏心差的影响。对于单指标读数的仪器,可通过盘左、盘右取平均值的方法来消除此项误差的影响。

(5)度盘刻划误差。度盘刻划误差是由度盘的刻划不完善引起的,这项误差一般较小。在高精度角度测量时,多个测回之间按一定方式变换度盘起始位置的读数,可以有效地削弱度盘刻划误差的影响。

2. 观测误差

（1）仪器对中误差。在测角时，若经纬仪对中有误差，将使仪器中心与测站点不在同一铅垂线上，造成测角误差。如图 3.34 所示，设 O 为测站点，A、B 为两目标点。由于仪器存在对中误差，仪器中心偏至 O'，偏离量 OO' 为 e，β 为无对中误差时的正确角度，β' 为有对中误差时的实测角度。设 $\angle AO'O$ 为 θ，测站 O 至 A、B 的距离分别为 D_1、D_2。由于对中误差所引起的角度偏差为

$$\Delta\beta = \beta - \beta' = \varepsilon_1 + \varepsilon_2 \tag{3.8}$$

$$\varepsilon_1 \approx \frac{\rho}{D_1}e\sin\theta, \quad \varepsilon_2 \approx \frac{\rho}{D_2}e\sin(\beta'-\theta)$$

$$\varepsilon = \varepsilon_1 + \varepsilon_2 = \rho e\left[\frac{\sin\theta}{D_1} + \frac{\sin(\beta'-\theta)}{D_2}\right] \tag{3.9}$$

式中 ρ 以秒计。

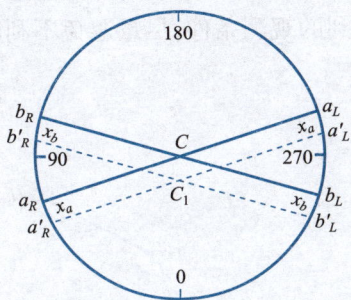

图 3.33　度盘偏心差 c

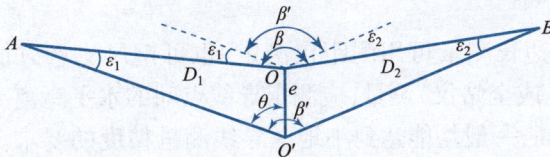

图 3.34　仪器对中误差

从式（3.9）可知，对中误差的影响与偏心距 e 成正比，e 愈大，$\Delta\beta$ 愈大；与边长成反比，边愈短，误差愈大；与水平角的大小有关，θ、$\beta'-\theta$ 愈接近 $90°$，误差愈大。当 $e = 3\text{mm}$，$\theta = 90°$，$\beta' = 180°$，$D_1 = D_2 = 100\text{m}$ 时，由对中误差引起的偏差 ε 为

$$\varepsilon = \varepsilon_1 + \varepsilon_2 = \rho e\left[\frac{1}{D_1} + \frac{1}{D_2}\right] = 12.4'' \tag{3.10}$$

因此，在观测目标较近或水平角接近 $180°$ 时，应特别注意仪器对中。

（2）目标偏心误差。目标偏心误差是由于标杆倾斜引起的。如图 3.35，O 为测站点，A、B 为目标点。若立在 A 点的标杆是倾斜的，在水平角观测中，因瞄准标杆的顶部，则投影位置由 A 偏离至 A'，产生偏心距，所引起的角度误差为

$$\Delta\beta = \beta - \beta' = \frac{\rho e}{s}\sin\theta \tag{3.11}$$

由式（3.11）可知，$\Delta\beta$ 与偏心距 e 成正比，与距离 s 成反比。偏心距的方向直接影响 $\Delta\beta$ 的大小，当 $\theta = 90°$ 时，$\Delta\beta$ 最大。当 $e = 10\text{mm}$，$s = 50\text{m}$，$\theta = 90°$ 时，目标偏心引起的角度误差为

$$\Delta\beta = \beta - \beta' = \frac{\rho e}{s}\sin\theta = 41.3''$$

由以上可知，当目标较近时，目标偏心差对水平角的影响较大。因此，在竖立标杆或其他照准标志时，应立在通过测点的铅垂线上。观测时，望远镜应尽量瞄准目标的底部。

（3）仪器整平误差。角度观测时若气泡不居中，导致竖轴倾斜而引起的角度误差，不能通过改变观测方法来消除。因此，在观测过程中，必须保持水平度盘水平、竖轴竖直。在一测回内，若气泡偏离超过 2 格，应重新整平仪器，并重新观测该测回。

（4）照准误差。测角时人眼通过望远镜瞄准目标而产生的误差称照准误差。照准误差与望远镜的放大率，人眼的分辨能力，目

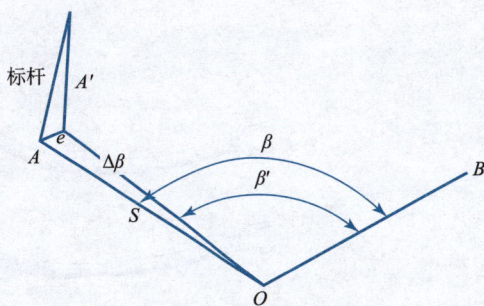

图 3.35　目标偏心误差

标的形状、大小、颜色、亮度和清晰度等因素有关。一般可用下式计算

$$m_v = \pm \frac{60''}{v}$$

(3.12)

式中：v 为望远镜的放大率。

（5）读数误差。读数误差与读数设备、观测者的经验及照明情况有关，其中主要取决于读数设备。对于采用分微尺读数系统的经纬仪，读数中误差为测微器最小分划值的 1/10，因而对 DJ$_6$ 经纬仪一般不超过 ±6″，对 DJ$_2$ 经纬仪一般不超过 ±1″。但如果照明情况不佳，观测者技术不够熟练，或显微镜目镜的焦距未调好，估读误差可能大大超过上述数值。

3. 外界条件影响带来的误差

外界环境对测角精度有直接的影响，且比较复杂，一般难以由人力来控制。如大风、烈日曝晒、松软的土质可影响仪器和标杆的稳定性；雾气会使目标成像模糊；温度变化会引起视准轴位置变化；大气折光变化致使视线产生偏折，等等。这些都会给角度测量带来误差。因此，应选择有利的观测条件，尽量避免不利因素对角度测量的影响。

3.4 测量边长

导线边长测量可用测距仪测定，也可钢尺丈量方法。如果采用测距仪（或全站仪）测量，应测定导线点间的水平距离。测距仪测距精度较高，一般均能达到小地区导线测量精度的要求。如采用钢尺丈量方法测量导线边长，应用检定过的钢尺按用精密丈量方法丈量，往返各一次，全长相对中误差不低于表 3.2 的要求。

当导线边跨越河流或其他障碍，不能直接丈量时，可采用做辅助点间接求距离的方法。如图 3.36 所示，导线边 FG 跨越河流，这时可以沿河一岸较平坦地段选定一个辅助点 P，使基线 FP 便于丈量，且接近等边三角形。丈量基线长度 b，观测内角 α、β、γ，当内角和与 180° 之差不超过 ±60″ 时，可将闭合差反符号分配于三个内角，然后按改正后的内角，根据三角形正弦定理解算 FG 边的边长，

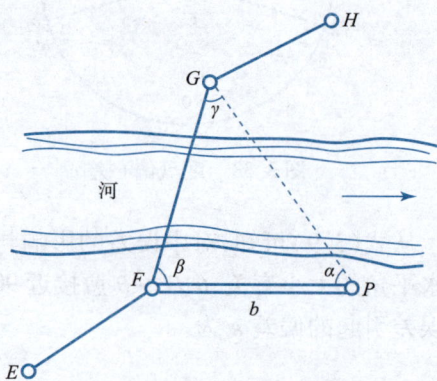

图 3.36　障碍量边示意

$$FG = b \frac{\sin\alpha}{\sin\gamma}$$

(3.13)

距离测量是确定地面点位之间的长度，常用的距离测量方法有钢尺量距、普通视距测量和测距仪测距等。

3.4.1 钢尺量距

1. 钢尺量距的工具

（1）钢尺。在土建工程测量中丈量两点之间的水平距离最常用的工具是钢尺。钢尺也称为钢卷尺，用薄钢片制成。钢尺的长度有 20 m，30 m，50 m 等几种。钢尺可以卷放在圆形的尺壳内，也有的卷放在金属尺架上，如图 3.37 所示。

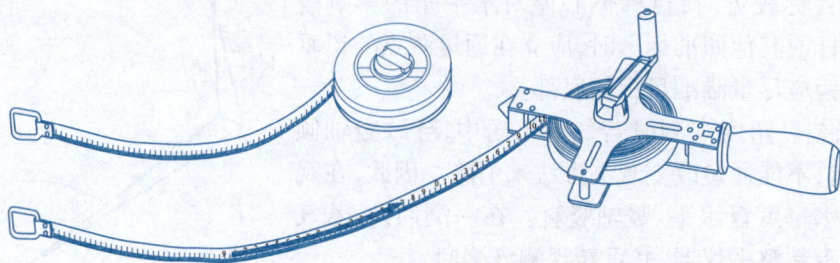

图 3.37　钢尺

　　钢尺的基本分划有厘米和毫米两种,厘米分划的钢尺在起始的 10 cm 内刻有毫米分划,均在整米、整分米和整厘米处注记数字。由于尺上零刻划位置的不同,钢尺有端点和刻线尺之分,如图 3.38 所示。

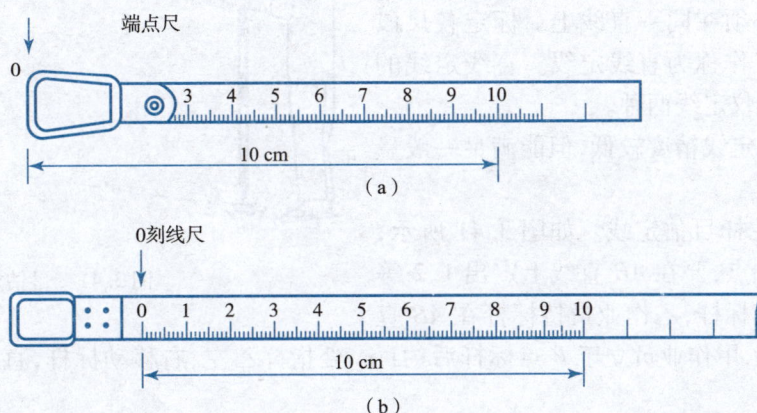

图 3.38　钢尺

　　(2)皮尺。皮尺是用麻线或加入金属丝织成的带状尺。长度有 20 m、30 m、50 m 数种。亦可卷放在圆形的尺壳内。尺上基本分划为厘米,尺面每十厘米和整米有注字,尺端钢环的外端为尺子的零点,如图 3.39 所示。皮尺携带和使用都很方便,但是容易伸缩,量距精度比钢尺低,一般用于低精度的地形细部测量和土方工程的施工放样等。

　　(3)钢尺量距的辅助工具。钢尺量距的辅助工具有测钎、标杆、垂球、弹簧秤和温度计等。测钎,如图 3.40(a),是用直径 3～6 mm 的粗钢丝制成,长约30 cm,上端弯成小圆环,下端磨尖,便于插入土中,用来标志所测尺段的

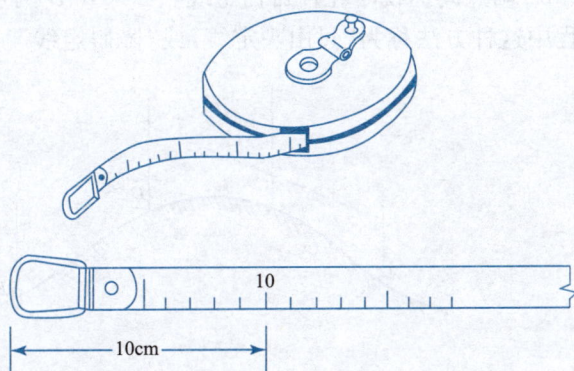

图 3.39　皮尺

起、止点位置。标杆,如图 3.40(b),长 2～3 m,杆上涂以 20 cm 间隔的红、白漆,通常用来进行直线定线。垂球是用金属制成的圆锥形重物,它上大下尖,上端的中心悬吊在细线下端,当自由静止时,细线和垂球尖即在同一垂线上。钢尺量距中,垂球主要用于倾斜地面照准之用。弹簧秤,如图 3.40(c),用以控制施加在钢尺上的拉力。测定温度是为了计算尺长温度改正值。

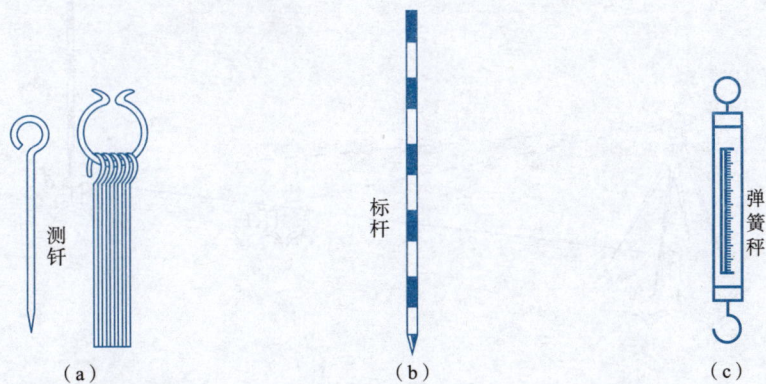

图 3.40　钢尺量距辅助工具

2. 钢尺量距的一般方法

（1）直线定线。如果地面上两点之间的距离超过一个整尺长度时，就要把距离分成若干尺段进行丈量，这时要求各尺段的端点必须在同一直线上。标定各尺段端点在同一直线上的工作称为直线定线。直线定线的方法有目估定线和经纬仪定线两种。

① 目估定线。目估定线精度较低，但能满足一般量距的精度要求。

a. 两点间通视时花杆目估定线。如图 3.41 所示，设 A、B 为直线的两个端点，要在 AB 直线上定出 1、2 等点。先在 A、B 两点插上标杆，乙作业员持标杆在 AB 直线上距 A 点约一尺段处，甲作业员立于 B 点标杆后约 1 m 处指挥乙左、右移动标杆，直到 A、1、B 三根标杆精确处于同一直线上。

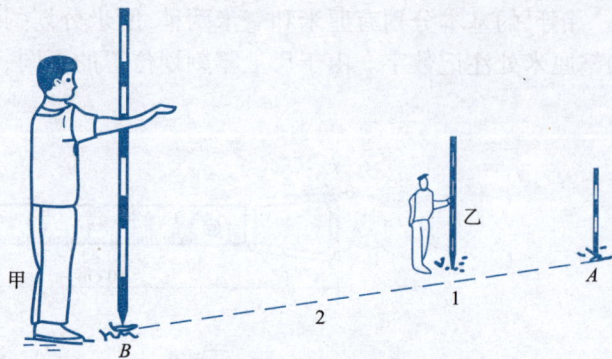

图 3.41　目估定线

其中定线的程序从直线远端 A 走向近端 B 的定线方法称为走进定线，从直线近端 B 走向远端 A 的定线方法称为走远定线。走进定线的精度高于走远定线。

b. 两点间通视时花杆目估定线。如果 A、B 两点互不通视，此时想进行直线定线，可采用逼近法，在实际工程中这种方法称为"过山头定线"或"障碍定线"。如图 3.42 所示。

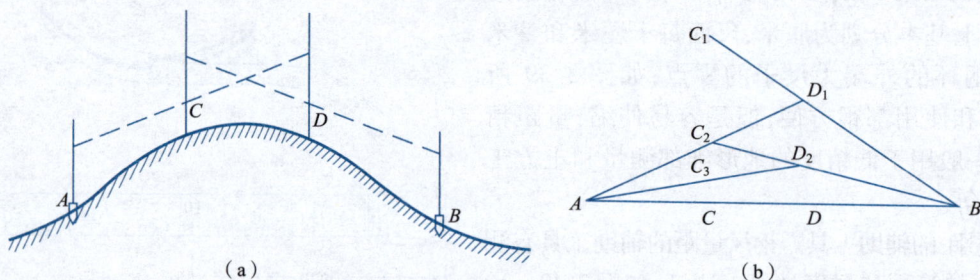

（a）　　　　　　　　　　（b）

图 3.42　过山头定线

② 经纬仪定线。精确量距时为保证丈量的精度，必须用经纬仪定线。

a. 两点间通视时经纬仪定线。如图 3.43 所示，在 A 点安置经纬仪，对中整平后照准 B 点，制动照准部，使望远镜向下俯视，用手指挥另一人移动标杆到与经纬仪十字丝纵丝重合时，在标杆的位置插入测钎准确定出 1 点的位置。依此类推依次定出 2 点、3 点。

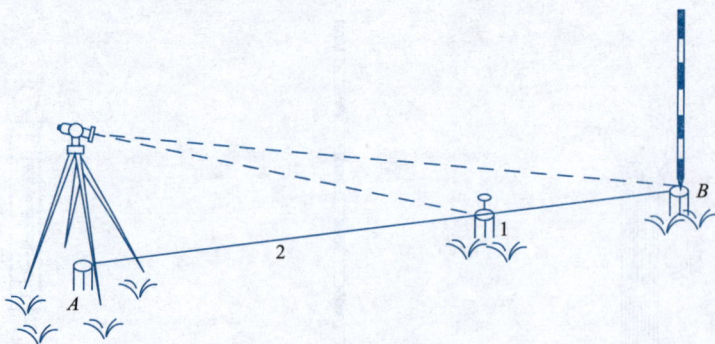

图 3.43　经纬仪定线

b. 两点间不通视时的经纬仪定线。如图 3.44 所示，设 JD₅、JD₆ 为互不通视的相邻两交点，ZD′ 为目估定出的转点位置。将经纬仪置于 ZD′ 上，用正倒镜分中法延长直线 JD₅—ZD′ 至 JD′₆。如果 JD′₆ 与 JD₆ 重合或偏

差 f 在路线容许移动的范围内,则转点位置即为 ZD′,此时应将 JD$_6$ 移至 JD′$_6$,并在桩顶上钉上小钉表示交点位置。

当偏差 f 超过容许范围或 JD$_6$ 为死点,不许移动时,则需重新设置转点。设 e 为 ZD′ 应横向移动的距离,仪器在 ZD′ 处,用视距测量方法测出距离 a、b,则

$$e = \frac{a}{a+b}f \tag{3.14}$$

将 ZD′ 沿偏差 f 的相反方向横移 e 至 ZD。将仪器移至 ZD,延长直线 JD$_5$—ZD 看其是否通过 JD$_6$ 或偏差 f 是否小于容许值;否则应再次设置转点,直至符合要求为止。

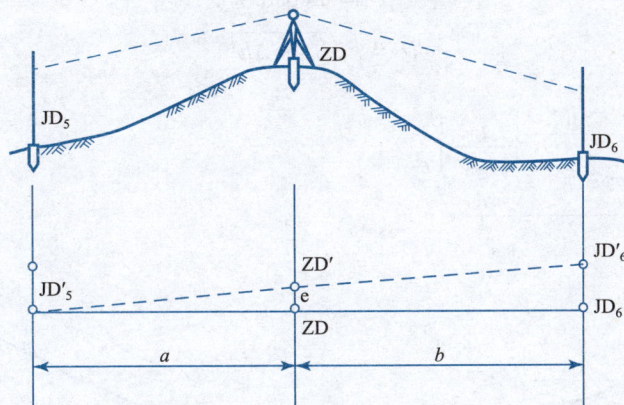

图 3.44 两不通视交点间设置转点

(2)平坦地面量距。如图 3.45 所示,要丈量 A、B 两点间距离,后尺手持尺的零端点位于 A 点,前尺手持尺的末端并携带一束测钎行至一尺段处。后尺手把尺零端点对准 A 点,前、后尺手共同将钢尺拉平、拉紧、拉稳,前尺手将测钎对准钢尺末端刻划垂直插入地面(坚硬地面处可用铅笔划线标记)。量完第一尺段后两个尺手共同提起钢尺前进,同法丈量第二尺段,依此丈量,直到量出最后不足一尺段的余长,于是 A、B 两点间的水平距离为

$$D = nl + q \tag{3.15}$$

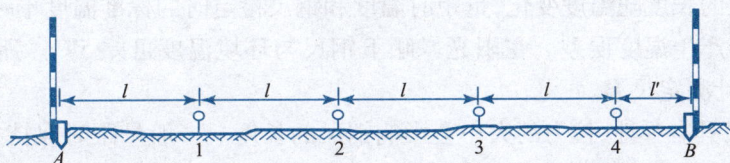

图 3.45 平坦地面量距

式中:n 为尺段数;l 为钢尺的尺长;q 为不足一整尺的余长。

为了校核和提高精度,还要进行返测,用往、返测长度之差 ΔD 与全长平均数 $D_{平均}$ 之比,并化成分子为 1 的分数来衡量距离丈量的精度。这个比值称为相对误差

$$k = \frac{|D_{往} - D_{返}|}{D_{平均}} = \frac{1}{\dfrac{D_{平均}}{|D_{往} - D_{返}|}} \tag{3.16}$$

平坦地区钢尺量距相对误差不应大于 1/3 000,在困难地区相对误差不应大于 1/1 000。如果满足这个要求,则取往测和返测的平均值作为该两点间的水平距离

$$D = D_{平均} = \frac{1}{2}(D_{往} + D_{返}) \tag{3.17}$$

(3)倾斜地面量距。倾斜地面的距离测量可采用平量法或斜量法。

①平量法。当地面坡度较大,不可能将整根钢尺拉平丈量时,可将直线分成若干小段进行丈量,每段的长度视坡度大小、量距的方便而定,如图 3.46 所示。钢尺的水平情况可由第三人在尺子侧旁适当位置目估判定。垂球线可作为量距读数的依据。各测段丈量结果总和即为直线的水平距离。此种方法称为平量法,水平距离计算为

$$D = \sum_{i=1}^{n} l_i \tag{3.18}$$

②斜量法。如果地面上两点的坡度较均匀,可采用斜量法。如图 3.47 所示。先用钢尺量出 A、B 两点间的倾斜距离 L,再测出两点间高差 Δh,则 A、B 两点间的水平距离 D 计算为

$$D = L\cos\alpha \tag{3.19}$$

$$D = \sqrt{L^2 - \Delta h^2} \tag{3.20}$$

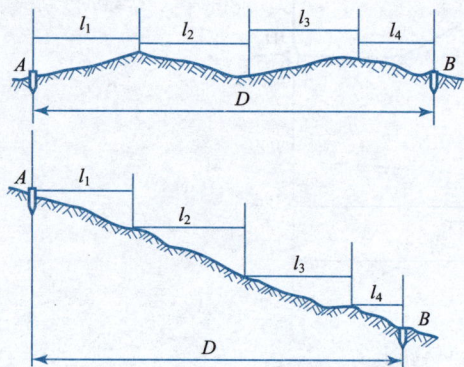

图 3.46　平量法

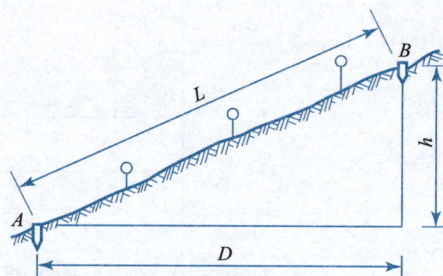

图 3.47　斜量法

3. 钢尺量距误差及注意事项

影响钢尺量距精确的因素很多,下面分析产生误差的主要来源和注意事项。

(1)尺长误差。钢尺的名义长度与实际长度不符,产生尺长误差。尺长误差随所量距离的增长而增长,具有累积性。因此新购的钢尺应经过检验,以便进行尺长改正。

(2)温度误差。钢尺的长度随温度变化,量距时温度和钢尺检定时的标准温度不一致,或测定的空气温度与钢尺温度不一致,都会产生温度误差。在阳光暴晒下钢尺与环境温度可差 5℃。所以量距宜在阴天进行,应尽可能用半导体温度计测定尺温。

(3)拉力误差。钢尺具有弹性,拉力的大小会影响钢尺的长度。一般量距时保持拉力均匀即可。精密量距时应使用弹簧秤,以控制量距时的拉力与钢尺检定时的拉力一致。

(4)钢尺倾斜误差。量距时钢尺不水平或尺段两端点高差测定有误差,都会导致量距误差。一般量距用目估法持平钢尺,统计结果表明对量距产生约 3 mm 误差。从式(3.20)分析,对于 30 m 的钢尺当高差 $h = 1$ m,高差测定误差为 5 mm 时,产生测距误差为 0.17 mm。所以精密量距时应用普通水准仪测定高差。

(5)定线误差。量距时钢尺偏离定线方向,使测线成为折线距离,导致量距结果偏大。当距离较长或量距精度较高时,应利用仪器定线。

(6)丈量误差。钢尺端点对不准、测钎插不准及读数误差都属于丈量误差,这种误差对量距结果的影响有正有负,大小不定。在丈量时应尽量认真操作,以减小丈量误差。

3.4.2　普通视距测量

视距测量是根据几何光学和三角测量原理测距的一种方法。精密视距测量精度可达 1/2 000,目前已被光电测距仪取代。普通视距测量精度一般为 1/200～1/300,但由于操作简便,不受地形起伏限制,可同时测定距离和高差,被广泛用于测距精度要求不高的地形测量中。

1. 普通视距测量原理

经纬仪、水准仪等光学仪器的望远镜中都有与横丝平行、上下等距对称的两根短横丝，称为视距丝。利用视距丝配合标尺就可以进行视距测量。

(1)视准轴水平时的距离与高差公式。如图 3.48 所示，在 A 点安置仪器，并使视准轴水平，在 1 点或 2 点立标尺，视准轴与标尺垂直。对于倒像望远镜，下丝在标尺上读数为 a，上丝在标尺上读数为 b，下上丝读数之差称为视距间隔或尺间隔 $l(l = a - b)$。由于上下丝间距固定，两根丝引出的视线在竖直面内的夹角 φ 是一个固定角度(约为 34′23″)。因此，尺间隔 1 和立尺点到测站的水平距离 D 成正比，即

$$\frac{D_1}{l_1} = \frac{D_2}{l_2} = K \tag{3.21}$$

比例系数 K 称为视距乘常数，由上、下丝的间距来决定。制造仪器时通常使 $K = 100$。因而视准轴水平时的视距公式为

$$D = Kl = 100l \tag{3.22}$$

同时由图 3.48 可知，测站点到立尺点的高差为

$$h = i - v \tag{3.23}$$

式中：i 为仪器高，是桩顶到仪器水平轴的高度；v 为中丝在标尺上的读数。

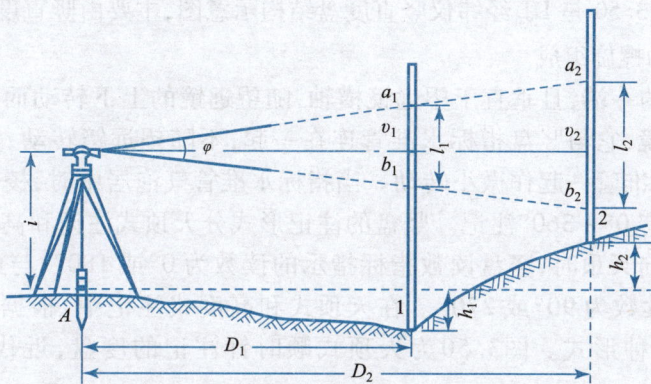

图 3.48　视距测量原理—视线水平

(2)视准轴倾斜时的距离与高差公式。在地面起伏较大的地区测量时，必须使视准轴倾斜才能读取尺的间隔，如图 3.49 所示。由于视准轴不垂直于标尺，不能使用式(3.22)和式(3.23)。如果能将尺间隔 ab 转换成与视准轴垂直的尺间隔 a′b′，就可按式(3.22)计算倾斜距离 L，根据 L 和竖直角 α 算出水平距离 D 和高差 h。

图 3.49 中的 $\angle aoa' = \angle bob' = \alpha$，由于 φ 角很小，可近似认为 $\angle bb'o$ 是直角，设 $l' = a'b'$，$l = ab$，则

$$l' = a'o + ob' = ao\cos\alpha + ob\cos\alpha = l\cos\alpha$$

根据式(3.22)得倾斜距离为

$$L = Kl' = Kl\cos\alpha$$

视准轴倾斜时的视距计算为

$$D = L\cos\alpha = Kl\cos^2\alpha \tag{3.24}$$

由图 3.49 可知，测站到立尺点的高差为

$$h = D\tan\alpha + i - v \tag{3.25}$$

式(3.25)中 D 可用式(3.24)代入，得

$$h = \frac{1}{2}Kl\sin2\alpha + i - v \tag{3.26}$$

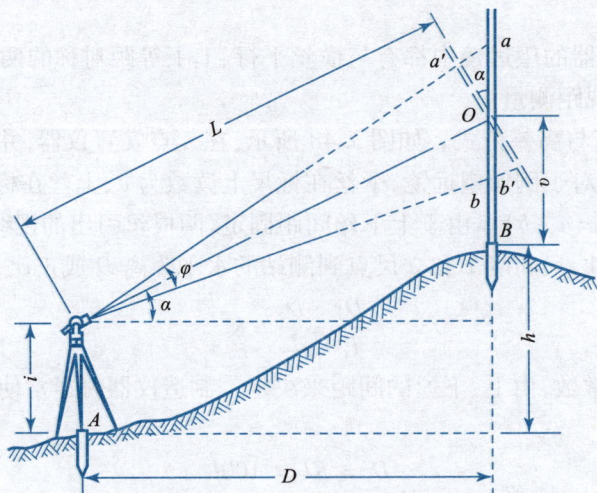

图 3.49　视线倾斜时视距测量

2. 竖直角测量

（1）竖直度盘构造。图 3.50 是 DJ$_6$ 经纬仪竖直度盘结构示意图，主要由竖直度盘、竖盘指标、竖盘指标水准管和竖盘指标水准管微动螺旋组成。

竖直度盘固定在横轴的一端，且垂直于望远镜横轴，随望远镜的上下转动而转动。在竖盘中心的下方装有反映读数指标线的棱镜，它与竖盘指标水准管连在一起，不随望远镜转动，只能通过调节指标水准管微动螺旋，使棱镜和指标水准管一起作微小转动。当指标水准管气泡居中时，棱镜反映的读数指标线处于正确位置。竖直度盘刻划有 0°~360° 注记。竖盘的注记形式分天顶式注记和高度式注记两类。所谓天顶式注记就是假想望远镜指向天顶时，竖盘读数指标指示的读数为 0° 或 180°；与此相对应的高度式注记是假想望远镜指向天顶时，读数为 90° 或 270°。在天顶式和高度式注记中，根据度盘的刻划顺序不同，又可分为顺时针和逆时针两种形式。图 3.50 为天顶式顺时针注记的度盘，近代生产的经纬仪多为此类注记。

（2）竖直角观测与计算。

① 竖直角计算公式。根据前述竖直角测量原理，测定竖直角也就是测出目标方向线与水平线分别在竖直度盘上的读数之差，不论竖盘注记采取什么形式，计算竖直角都是倾斜方向读数与水平方向读数之差。如图 3.51 所示，竖盘构造为天顶式顺时针注记，当望远镜视线水平，竖盘指标水准管气泡居中时，读数指标处于正确位置，竖盘读数正好为一常数 90° 或 270°。

在图 3.51（a）中，将竖盘置于盘左位置，视线水平时竖盘读数为 90°。望远镜往上仰，读数减小，倾斜视线与水平视线所构成的竖直角为 α_L。设视线方向的读数为 L，则盘左位置的竖直角为

$$\alpha_L = 90° - L \tag{3.27}$$

在图 3.51（b）中，盘右位置，视线水平时竖盘读数为 270°。当望远镜往上仰时，读数增大，倾斜视线与水平视线所构成的竖直角为 α_R，设视线方向的读数为 R，则盘右位置的竖直角为

$$\alpha_R = R - 270° \tag{3.28}$$

对于同一目标，由于观测中存在误差，以及仪器本身和外界条件的影响，盘左、盘右所获得的竖直角 α_L 和 α_R 可能不完全相等，则取盘左、盘右的平均值作为竖直角的结果，即

$$\alpha = \frac{\alpha_L + \alpha_R}{2} \tag{3.29}$$

或

$$\alpha = \frac{1}{2}(R - L - 180°) \tag{3.30}$$

根据上述公式的分析，并推广到其他注记形式的竖盘，可得竖直角计算公式的通用判别方法。

当望远镜视线往上仰,竖盘读数逐渐增加时,竖直角的计算公式为

$$\alpha = 瞄准目标时的读数 - 视线水平时的常数 \tag{3.31}$$

当望远镜视线往上仰,竖盘读数逐渐减小时,竖直角的计算公式为

$$\alpha = 视线水平时的常数 - 瞄准目标时的读数 \tag{3.32}$$

在运用式(3.31)和式(3.32)时,对不同注记形式的竖盘,首先应正确判读视线水平时的常数,且同一仪器盘左、盘右的常数差为180°。

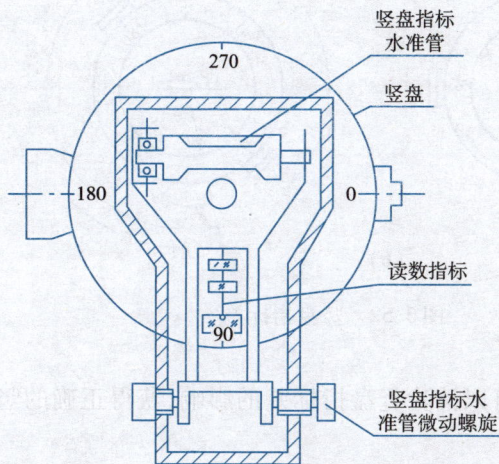

图 3.50　竖直读盘

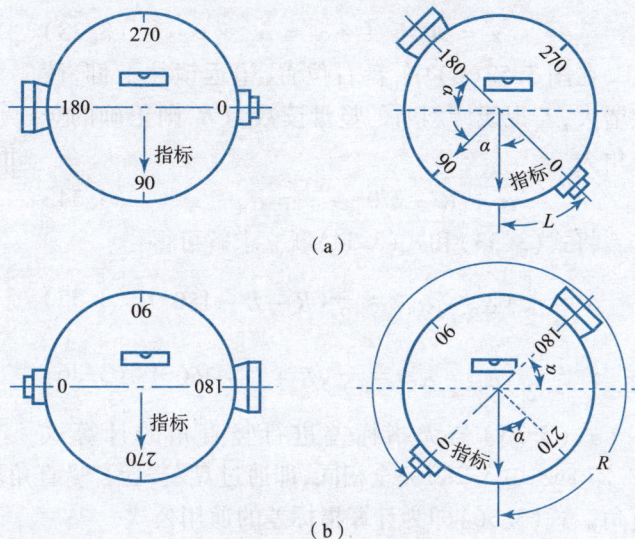

图 3.51　盘左盘右示意

②竖直角观测。

a. 在测站点上安置仪器,并正确判定竖直角的计算公式。

b. 盘左位置瞄准目标,用十字丝横丝切目标于某一位置,调节竖盘指标水准管微动螺旋,使气泡居中,读取竖盘读数 L。

c. 盘右位置瞄准原目标位置,使竖盘指标水准管气泡居中后,读取竖盘读数 R。

以上盘左、盘右观测构成一个竖直角测回。

③记录与计算。

将各观测数据填入表3.6的竖直角观测手簿中,并按式(3.27)和式(3.28)分别计算半测回竖直角,再按式(3.29)式(3.30)计算出一测回竖直角。

表 3.6　竖直角观测手簿

测站	目标	竖盘位置	竖盘读数	指标差	半测回竖直角	一测回竖直角	备注
O	A	左	83°48′18″	+51″	+6°11′42″	+6°12′33″	
		右	276°13′24″		+6°13′24″		
	B	左	95°20′06″	+45″	−5°20′06″	−5°19′21″	
		右	264°41′24″		−5°18′36″		

④竖盘读数指标差。当竖盘指标水准管气泡居中且视线水平时,读数指标处于正确位置,即正好指向90°或270°。事实上,读数指标往往是偏离正确位置,与正确位置相差一小角度 x,这就是竖盘指标差。

如图 3.52（a）所示，当指标偏离方向与注记方向相同时，x 为正；反之，则 x 为负。若仪器存在竖盘指标差，则竖直角的计算公式与式（3.27）和式（3.28）有所不同。

在图 3.52（a）中，盘左位置，望远镜往上仰，读数减小，若视线倾斜时的竖盘读数为 L，则正确的竖直角为

$$\alpha = 90° - L + x = \alpha_L + x \qquad (3.33)$$

在图 3.52（b）中，盘右位置，望远镜往上仰，读数增大，若视线倾斜时的竖盘读数为 R，则正确的竖直角为

$$\alpha = R - 270° - x = \alpha_R - x \qquad (3.34)$$

将式（3.33）和式（3.34）联立求解可得

$$\alpha = \frac{1}{2}(\alpha_L + \alpha_R) = \frac{1}{2}(R - L - 180°) \qquad (3.35)$$

$$x = \frac{1}{2}(\alpha_R - \alpha_L) = \frac{1}{2}(R + L - 360°) \qquad (3.36)$$

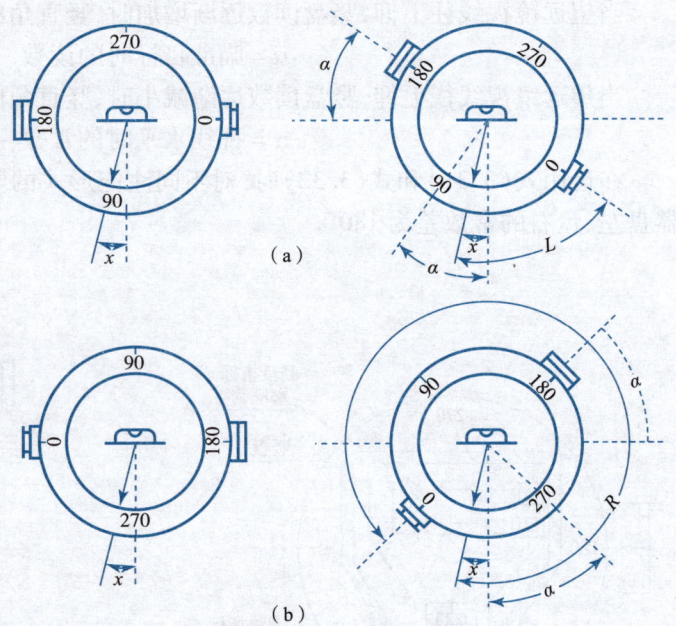

图 3.52　竖盘指标差

式（3.35）与无指标差进行竖直角的计算式（3.27）或式（3.28）完全相同，即通过盘左、盘右竖直角取平均值，可以消除竖盘指标差的影响，获得正确的竖直角。式（3.36）即为计算指标差的通用公式。

一般在同一测站上，同一台仪器在同一操作时间内的指标差，应该是相等的。但由于观测误差的存在，指标差会产生变化。因此指标差互差反映了观测成果的质量。对于 DJ$_6$ 光学经纬仪，规范规定，同一测站上不同目标的指标差互差或同方向各测回指标差互差，不应超过 25″。当允许半测回测定竖直角时，可先测定指标差，然后按式（3.33）或式（3.34）计算竖直角。

有些光学经纬仪采用竖盘指标自动归零装置，当经纬仪整平后，竖盘指标自动居于正确位置，这样就简化了操作程序。

3. 视距测量误差及注意事项

（1）读数误差。读数误差直接影响尺间隔 l，当视距乘常数 $K = 100$ 时，读数误差将扩大 100 倍地影响距离测定。如读数误差为 1 mm，则对距离的影响为 0.1 m。因此，读数时应注意消除视差。

（2）标尺不竖直误差。标尺立得不竖直对距离的影响与标尺倾斜度和竖直角有关。当标尺倾斜 1°，竖直角为 30° 时，产生的视距相对误差可达 1/100。为减小标尺不竖直误差的影响，应选用安装圆水准器的标尺。

（3）外界条件的影响。外界条件的影响主要有大气的竖直折光、空气对流使标尺成像不稳定、风力使尺子抖动等。因此，应尽可能使仪器高出地面 1 m，并选择合适的天气作业。

上述三种误差对视距测量影响较大。此外，还有标尺分划误差、竖直角观测误差、视距常数误差等。

3.4.3　光电测距仪量距

光电测距仪是一种先进的测距方法，光电测距仪采用光波（可见光、红外光、激光）作为载波，通过测定光电波往返传播的时间差或者相位差来测定距离。与钢尺量距和视距测量相比，光电测距仪具有测程远、精度高、作业快、受地形限制少等优点，因而在测量工作中得到广泛应用，其中在建筑工程测量中应用较多的是短程红外光电测距仪。

1. 光电测距的基本原理

（1）脉冲法。如图 3.53 所示，测距仪安置在 A 点，反射棱镜安置在 B 点，测距仪发射的光波经反射棱镜反射回来后被测距仪接收。测量出光波在 A、B 之间往返传播的时间 t，则距离 D 为

$$D = \frac{1}{2}ct \tag{3.37}$$

式中:c 为光波在空气中的传播速度。

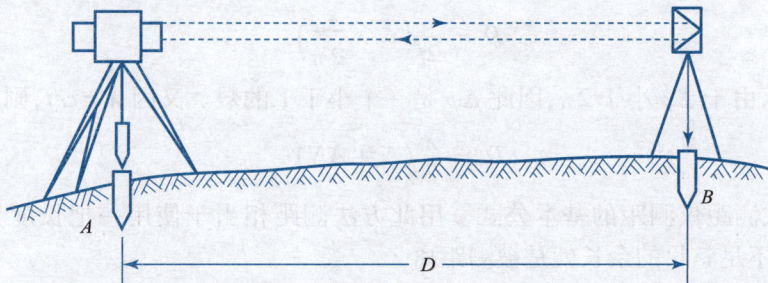

图 3.53 光电测距的基本原理

光电测距仪按照 t 的不同测量方式,可分直接测定时间的脉冲式和间接测定时间的相位式两类。由于脉冲宽度和电子计数器时间分辨率的限制,脉冲式测距仪测距精度较低,一般在"米"级,最好的也只能达到"分米"级。工程测量中使用的测距仪几乎都采用相位式。

(2)相位法。相位式测距仪的基本工作原理可用图 3.54 来说明。由测距仪发射系统向反射棱镜方向连续发射角频率为 ω 的调制光波,并由接收系统接收反射回来的回波,然后由检相器对发射信号相位和接收信号相位进行相位比较,测定出相位移 φ,根据 φ 可间接推算时间 t,从而计算距离。

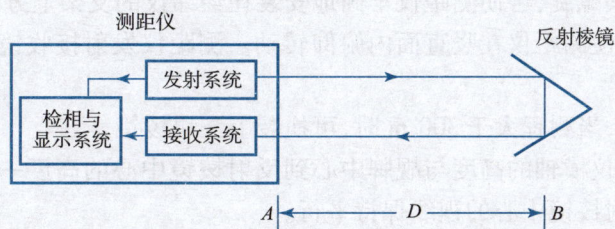

图 3.54 相位法

如果将调制光波的往程和返程展开,则如图 3.55 所示波形。调制光的波长为 λ,光强变化一周期的相位差为 2π,每秒钟光强变化的周期数为频率 f。由物理学可知

$$\varphi = \omega t = 2\pi f t$$

所以

$$t = \frac{\varphi}{2\pi f} \tag{3.38}$$

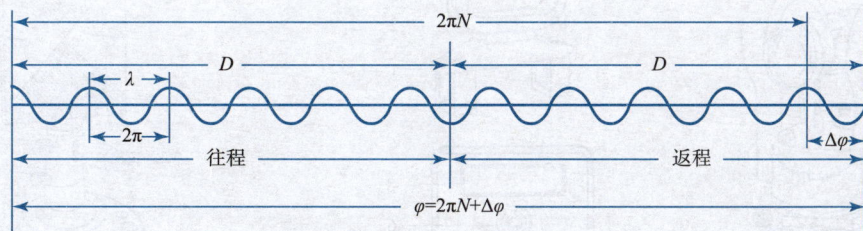

图 3.55 相位波形

分析图 3.54,φ 可表示为 N 个整周期的相位移和一个不足整周期的相位移尾数 $\Delta\varphi$ 之和,即

$$\varphi = 2\pi N + \Delta\varphi$$

将上式代入式(3.38),得

$$t = \frac{2\pi N + \Delta\varphi}{2\pi f} \qquad (3.39)$$

将式(3.39)代入式(3.37)并整理,得

$$D = \frac{c}{2f}\left(N + \frac{\Delta\varphi}{2\pi}\right) \qquad (3.40)$$

设 $\Delta N = \Delta\varphi/(2\pi)$,由于 $\Delta\varphi$ 小于 2π,因此 $\Delta\varphi$ 是一个小于 1 的数。又因 $\lambda = c/f$,则式(3.40)可写为

$$D = \frac{\lambda}{2}(N + \Delta N) \qquad (3.41)$$

式(3.41)是相位式测距仪测距的基本公式。用此方法测距相当于使用一把长度为 $\lambda/2$ 的尺子丈量距离,由 N 个整尺长加上不足整尺的余长就是被测距离。

由于检相器只能测出不足整周期的相位移尾数 $\Delta\varphi$,无法测定整周期数 N,因而使得被测距离为不定值,只有当待测距离小于 $\lambda/2$ 时,才能得到确定的距离值。为此,可在测距仪内设置几种不同的测尺频率,即相当于设置 n 把长度不同最小分划值也不同的尺子,将它们组合使用就能获得单一的精确距离。例如,测定 386.43 m 的距离,就可选用一把粗测尺和一把精测尺,粗测尺尺长 1 000 m,精度为 1 m(最小分划值);精测尺尺长 10 m,精度为 1 cm(最小分划值)。用粗测尺量得距离为 386 m,用精测尺量得距离 6.43 m,将它们组合可得到距离为 386.43 m。短程测距仪一般都采用两个测尺频率。

2. 光电测距仪及其使用方法

(1)仪器结构。图 3.56 中的测距仪是日本索佳公司生产的 REDmini 短程测距仪,仪器测程为 0.8 km。测距仪的支座下有插孔及制紧螺旋,可使测距仪牢固地安装在经纬仪的支架上方。旋紧测距仪支架上的竖直制动螺旋后,可调节微动螺旋使测距仪在竖直面内俯仰转动。测距仪发射接收镜的目镜内有十字丝分划板,用以瞄准反射棱镜。

图 3.57 是单块反射棱镜,当测程大于 300 m 时,可换装上三块棱镜。

此外,测距仪横轴到经纬仪横轴的高度与觇牌中心到反射棱镜中心的高度一致,从而使经纬仪瞄准觇牌中心的视线与测距仪瞄准反射棱镜中心的视线保持平行。

(2)测程及测距仪的精度。

①测程。目前世界各国生产的测距仪种类型号很多,对同一型号的测距仪而言,它们所测距离长短是一

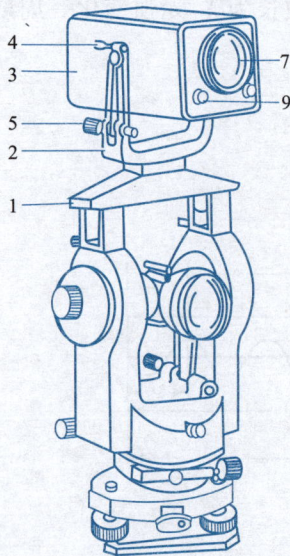

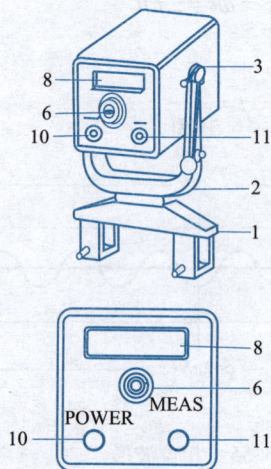

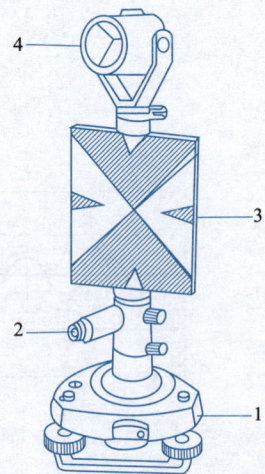

1—支架座;2—支架;3—主机;4—竖直制动螺旋;5—竖直微动螺旋;
6—发射接收镜的目镜;7—发射接收镜的物镜;8—显示窗;
9—电源电缆插座;10—电源开关键;11—测量键

图 3.56　测距仪构造

1—基座;2—光学对中器目镜;
3—照准觇牌;4—反射棱镜

图 3.57　棱镜

定的。测距仪一次所能测的最远距离称为测程。一般将测程小于 5 km 的测距仪称为短程测距仪,测程在 5～30 km 的称为中程测距仪,测程更远的称为远程测距仪。

②测距仪的精度。测距仪的精度是仪器的重要技术指标之一。测距仪的精度为

$$m_D = \pm (a + 10^{-6} \times bD) \tag{3.42}$$

式中:m_D 为测距中误差,mm;a 为固定误差,mm;b 为比例误差;D 为以 km 为单位的距离。

REDmini 短程红外测距仪的精度为 $m_D = \pm (5 + 10^{-6} \times 5 \times D)$,当距离 D 为 0.6 km 时,测距精度是 $m_D = \pm 8$ mm。

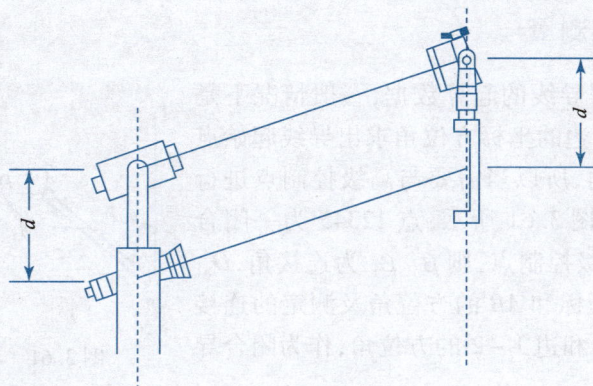

图 3.58　测距仪和棱镜使用示意

3. REDmini 短程测距仪的使用方法

(1)安置仪器。在测站上将测距仪安装在经过对中、整平后的经纬仪上。在镜站处安置反射棱镜,对中,整平后瞄准测距仪。

(2)测距准备。调整经纬仪望远镜,使十字丝对准反射棱镜的觇牌中心(图 3.59)。调整测距仪望远镜,使十字丝对准反射棱镜中心(图 3.60)。

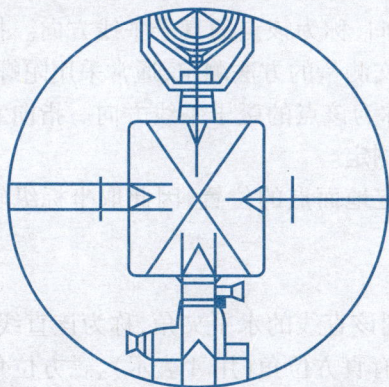

图 3.59　经纬仪十字丝瞄准觇牌中心

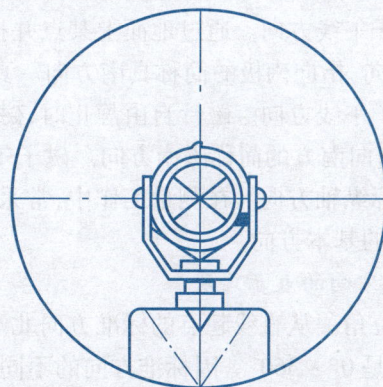

图 3.60　测距仪十字丝瞄准棱镜中心

(3)距离测量。将电池插入电池盒内,按下电源开关"POWER"键,显示窗内显示"8888888"约 5 s,表示测距仪自检正常。此后显示窗下方显示"＊",并发出持续鸣声。如果不显示"＊",或忽隐忽现,表示未收到回光或回光不足,应重新瞄准反射棱镜,使"＊"的颜色最重。这步工作称为电瞄准。按"MEAS"键,显示窗显示斜距,一般重复3～5 次,若较差不超过 5 mm,则取平均值作为一测回观测值。

(4)观测竖直角、气压和气温。目的是对测距仪测量出的斜距进行倾斜改正。用经纬仪观测竖直角,用温度计和气压计测定测站温度和气压。

利用测距仪可以直接将斜距换算为水平距离,按 V/H 键后输入竖直角值,再按 SHV 键显示水平距离。连续按 SHV 键可依次显示斜距、水平距离和高差的数值。

4．光电测距的注意事项

（1）注意爱护仪器，防止仪器日晒雨淋，在仪器使用和运输中应注意防震。

（2）不准将测距仪物镜对准阳光及其他强光，以免损坏测距仪内光电器件。

（3）仪器长期不用时，应将电池取出。

（4）测线应离开地面障碍物一定高度，避免通过发热体和较宽水面上空，避开强电磁场干扰的地方。

（5）观测时，反光棱镜镜站的后面不应有反光镜和强光源等背景干扰。

（6）应在大气条件比较稳定和通视良好的条件下观测。

3.5 与高级控制点的连接测量

连接测量的目的是要获得导线的起算数据，一般情况下是利用高级控制点的坐标和控制边的坐标方位角求出导线起始点的坐标和起始边的坐标方位角，所以当需要与高级控制点进行连测时，需进行连接测量。如图 3.61 所示，点 12345 为一闭合导线，A、B 为其附近的已知高级控制点，则 β_A、β_1 为连接角，D_{A1} 为连接边。这样可根据 A 点坐标和 AB 的方位角及测定的连接角、连接边，计算出 1 点的坐标和边 1 – 2 的方位角，作为闭合导线的起始数据。

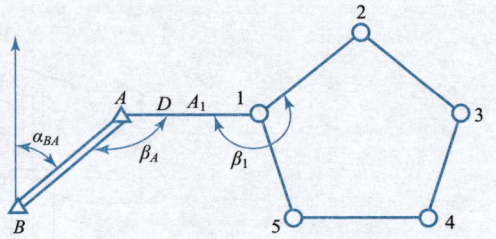

图 3.61　与高级控制点的连接测量

布设的导线如果无法与已知控制点连测，可建立独立的坐标系统，这时须测定起始边的方位角，方位角一般可采用罗盘仪测定起始边磁方位角，或用陀螺仪测定起始边的真方位角，并假定起始点坐标作为起算数据。

测量学中，要确定地面上两点的相对位置，只是通过水平角度的测量还是不够的，还须确定两点所在直线与标准方向之间的夹角及距离，这样才可以确定点位在测量坐标系中的具体方位。其中，确定直线与标准方向之间的角度关系，称之为直线定向。

3.5.1 直线定向

1．标准方向

（1）真子午线方向。通过地面上某点并指向地球南北极的方向，称为该点的真子午线方向。指向北极的简称真北方向，指向南极的简称真南方向。真子午线方向可用天文测量的方法测定，通常采用陀螺仪测定。

（2）磁子午线方向。磁针自由静止时，磁针轴线所指的方向称为该点的磁子午线方向。指向北方的简称磁北方向，指向南方的简称磁南方向。磁子午线方向可用罗盘仪测定。

（3）坐标纵轴方向。在测量工作中，常采用平面直角坐标确定地面点的位置，因此取坐标纵轴（x 轴）作为直线定向的基本方向。

2．直线方向的表示方法

（1）方位角。从直线起点的标准方向北端起，顺时针方向量到该直线的水平夹角，称为该直线的方位角，其取值范围是 $0° \sim 360°$。因标准方向的不同，对应的方位角分别有真方位角（用 A 表示）、磁方位角（用 A_0 表示）和坐标方位角（用 α 表示）。由于地面各点的真北（或磁北）方向互不平行，用真（磁）方位角表示直线方向会给方位角的推算带来不便，所以一般在测量工作中，常采用坐标方位角来表示直线的方向。

（2）象限角。某直线的象限角是由直线起点的标准方向北端或南端起，沿顺时针或逆时针方向量至该直线的锐角，用 R 表示，如图 3.62 所示。01、02、03、04 四条直线的象限角及其与坐标方位角的关系列于表 3.7 中。

表 3.7　坐标方位角和象限角的换算

直线	直线方向	象限	象限角	象限角与坐标方位角的关系
01	北东	I	北东 R	$\alpha = R$
02	南东	II	南东 R	$\alpha = 180° - R$
03	南西	III	南西 R	$\alpha = R + 180°$
04	北西	IV	北西 R	$\alpha = 360° - R$

（3）正、反坐标方位角。如图 3.63 所示，对于直线 12,1 是起点,2 是终点,α_{12} 为直线 12 的正坐标方位角, α_{21} 称为直线 12 的反坐标方位角。同理,α_{21} 是直线 21 的正坐标方位角,α_{12} 是直线 21 的反坐标方位角。一条直线的正、反坐标方位角互差 180°,即

$$\alpha_{21} = \alpha_{12} + 180° \tag{3.43}$$

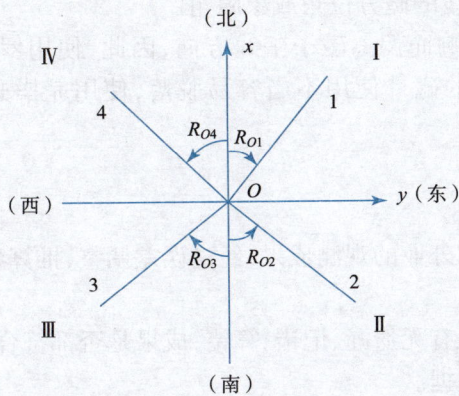

图 3.62　象限角

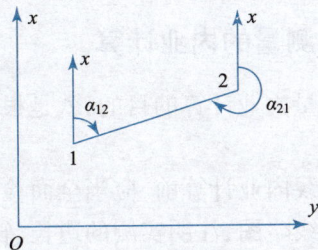

图 3.63　正、反坐标方位角

3. 坐标方位角的推算

在实际测量工作中,并不需要直接测定每条直线的坐标方位角,而是通过与已知坐标方位角的直线连测后,推算出各条直线的坐标方位角。如图 3.64 所示,已知 α_{12},观测了水平角 β_2 和 β_3,要求推算直线 23 和直线 34 的坐标方位角,从图中分析可有

$$\alpha_{23} = \alpha_{21} - \beta_2 = \alpha_{12} + 180° - \beta_2$$
$$\alpha_{34} = \alpha_{32} + \beta_3 = \alpha_{23} + 180° + \beta_3$$

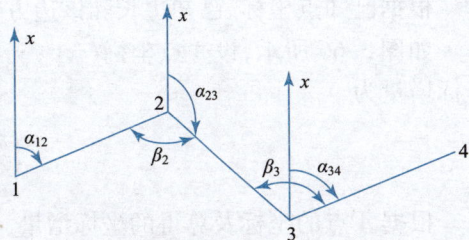

图 3.64　坐标方位角的推算

因 β_2 在推算路线前进方向的右侧,称为右折角;β_3 在左侧,称为左折角。由此可归纳出坐标方位角推算的一般公式为

$$\alpha_{前} = \alpha_{后} + 180° + \beta_{左} \tag{3.44}$$
$$\alpha_{前} = \alpha_{后} + 180° - \beta_{右} \tag{3.45}$$

计算中,如果 $\alpha_{前} > 360°$,应减去 360°。如果 $\alpha_{后} + 180° < \beta_{右}$,应先加 360° 后再减 $\beta_{右}$。

3.5.2　直线定向的测量

通常在小地区建立独立的平面控制网时,常用罗盘仪测定起始边的磁方位角,作为控制网起始边的坐标方位角,将通过起始点的磁子午线当作坐标纵线。

1. 罗盘仪构造

罗盘仪的构造如图 3.65 所示,它主要由望远镜、刻度盘、磁针和水准器组成。

望远镜用于照准目标,一侧装有竖直度盘,可用于测量竖直角。刻度盘由铜或者铝制成,最小分划为 1′ 或 30′,每 10° 作一注记。注记形式有两种:一种是按逆时针方向从 0°~360°,称为方位罗盘;另一种南北两端注记 0°,向两个方向注记到 90°,并注记有 N、E、W、S,称为象限罗盘。刻度盘东西方向与实际相反。磁针用人造磁铁制成,中心有镶着玛瑙的圆形球窝,支在度盘中心的顶针上,可自由转动。我国在地球北半球,磁针北端下倾,故南端绕有铜丝或嵌有铅块,使磁针水平,并以之分辨磁针南北极。水

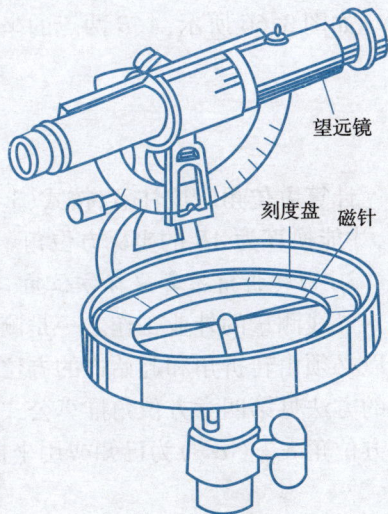

图 3.65　罗盘仪构造

准器用于整平罗盘仪。

2. 磁方位角的测量

磁方位角用罗盘仪进行测量。操作步骤为对中、整平、瞄准、读数,即将罗盘仪安置在直线起点进行对中、整平,然后松开磁针固定螺旋放下磁针,再松开水平制动螺旋,转动仪器,用望远镜照准直线终点,待磁针静止,若度盘零度线对向目标,读磁针北极所指读数即为该直线的磁方位角或象限角。

磁针是罗盘仪的主要部件,它容易受周围电磁场的影响而偏离磁子午线方向,因此,使用罗盘仪时,应避开附近的铁器,远离高压线、车间和铁栅栏等。罗盘仪的磁针使用不当容易脱落,使用完毕必须先固定磁针。

3.6 导线测量的内业计算

导线测量内业计算的目的,就是根据已知的起算数据和外业的观测成果,经过误差调整,推算各导线点的平面坐标。

进行导线内业计算前,应当全面检查导线测量外业成果有无遗漏、记错、算错,成果是否都符合精度要求。然后绘制导线略图,注明实测的边长、转折角、起始方位角数据。

3.6.1 坐标计算的基本公式

1. 坐标正算

根据已知点坐标、已知边长和该边方位角计算未知点坐标,称为坐标正算。

如图3.66所示,设A点坐标(x_A,y_A),AB边长D_{AB}和方位角α_{AB}为已知时,在直角坐标系中的A、B两点坐标增量为

$$\begin{cases} \Delta x_{AB} = x_B - x_A = D_{AB}\cos\alpha_{AB} \\ \Delta y_{AB} = y_B - y_A = D_{AB}\sin\alpha_{AB} \end{cases} \tag{3.46}$$

根据A点的坐标及算得的坐标增量,计算B点的坐标为

$$\begin{cases} x_B = x_A + \Delta x_{AB} \\ y_B = y_A + \Delta y_{AB} \end{cases} \tag{3.47}$$

坐标正算公式用于计算点的坐标,作为确定点的平面位置的依据。

2. 坐标反算

坐标反算是根据两个已知点的坐标计算两点间的距离和坐标方位角。

在导线与已知点连测时,一般应根据两已知高级点的坐标反算出两点间的方位角或边长,作为导线的起算数据和校核之用。另外,在施工测设中也要按坐标反算方法计算出放样数据。

如图3.66所示,A、B两点的坐标已知,分别为x_A,y_A和x_B,y_B,则

$$\alpha_{AB} = \arctan\frac{\Delta y_{AB}}{\Delta x_{AB}} = \arctan\frac{y_B - y_A}{x_B - x_A} \tag{3.48}$$

$$D_{AB} = \sqrt{(x_B - x_A)^2 + (y_B - y_A)^2} \tag{3.49}$$

计算方位角时应注意,按式(3.48)计算出的是象限角,必须根据Δx,Δy的正、负号决定AB边所在的象限后,才能换算为AB的坐标方位角。

3. 由转折角推算坐标方位角

导线测量的外业工作之一是测量转折角,而由式(3.46)可知,计算导线点的坐标需要的是坐标方位角,所以必须由转折角和起始边的方位角推算出各导线边的方位角,然后再进行坐标计算。各导线边的方位角推算的方法见第四章方位角推算公式。如图3.67所示,A、B、C、D为已知点,起始边的方位角α_{AB}($\alpha_{\text{始}}$)和终止的方位角α_{CD}($\alpha_{\text{终}}$)为已知或用坐标反算求得。根据导线的转折角和起始边的方位角,推算各边的方位角为

$$\alpha_{B1} = \alpha_{AB} + 180° - \beta_B$$
$$\alpha_{12} = \alpha_{B1} + 180° - \beta_1$$
$$\alpha_{23} = \alpha_{12} + 180° - \beta_2$$

$$\alpha_{34} = \alpha_{23} + 180° - \beta_3$$

$$\alpha_{4C} = \alpha_{34} + 180° - \beta_4$$

$$\alpha_{CD} = \alpha_{4C} + 180° - \beta_C$$

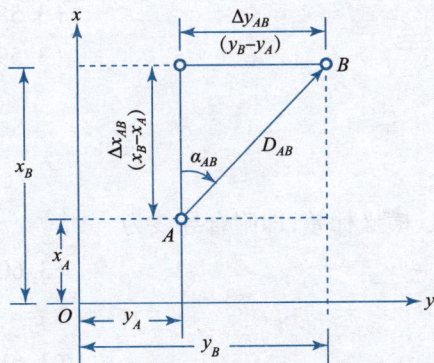

图 3.66 坐标正算、反算示意

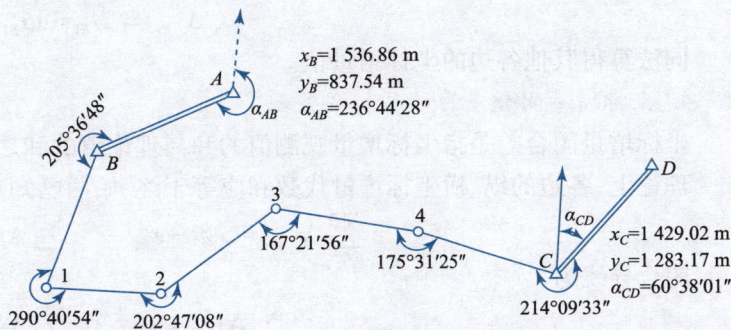

图 3.67 由转折角推算坐标方位角

3.6.2 导线坐标计算的一般步骤

1. 角度闭合差的计算与调整

角度闭合差为实际观测角值的和与理论值的和之差。由于角度观测中不可避免地存在误差,使得观测角值的和与理论值的和不等,即有角度闭合差

$$f_\beta = \sum \beta_测 - \sum \beta_理 \tag{3.50}$$

对于不同的导线形式,$\sum \beta_理$ 是不同的。

闭合导线:

$$\sum \beta_理 = (n - 2) \times 180° \tag{3.51}$$

附合导线:

$$\sum \beta_理 = (\alpha_始 - \alpha_终) + n \times 180° \tag{3.52}$$

式中:n 为包括连接角在内的导线转折角数。各级导线角度闭合差的容许值见表3.2。本例为图根导线

$$f_{\beta容} = \pm 40'' \sqrt{n} \tag{3.53}$$

若 $|f_\beta| \le |f_{\beta容}|$,则可进行角度闭合差的调整;否则,应分析原因进行重测。角度闭合差的调整原则是,将 f_β 以相反的符号平均分配到各观测角中。

即各角的改正数为

$$V_\beta = -f_\beta / n \tag{3.54}$$

改正后的角度为

$$\beta_改 = \beta_测 + V_\beta \tag{3.55}$$

计算时,根据角度取位的要求,改正数可凑整到1″、6″或10″。若不能均分,一般情况下,给短边的夹角多分配一点,使各角改正数的总和与反号的闭合差相等,即 $\sum V_\beta = -f_\beta$,此条件用于计算检核。

2. 推算各个边的坐标方位角

根据起始边已知坐标方位角和改正后角值,按方位角推算公式推算各边的坐标方位角。

若转折角为右角,方位角推算公式为

$$\alpha_前 = \alpha_后 + 180° - \beta_右 \tag{3.56}$$

若转折角为左角,方位角推算公式为

$$\alpha_前 = \alpha_后 + \beta_左 - 180° \tag{3.57}$$

按上述方法按前进方向逐边推算坐标方位角,最后算出终边坐标方位角,应与已知的终边坐标方位角相

等,否则应重新检查计算。必须注意,当计算出的方位角大于360°时,应减去360°,为负值时应加上360°。

3. 坐标增量的计算

根据已推算出的导线各边的坐标方位角和相应边的边长,按式(3.46)计算各边的坐标增量。例如,如图3.67中导线边 B1 的坐标增量为

$$\Delta x_{B1} = D_{B1} \cos \alpha_{B1} \tag{3.58}$$

$$\Delta y_{B1} = D_{B1} \sin \alpha_{B1} \tag{3.59}$$

同法算得其他各边的坐标增量值。

4. 坐标增量闭合差的计算和调整

坐标增量闭合差是指坐标增量观测值的和与理论值的和之差。

理论上,各边的纵、横坐标增量代数和应等于终、始两已知点间的纵、横坐标差,即附合导线为

$$\sum \Delta x_{理} = x_{终} - x_{始} \qquad \sum \Delta y_{理} = y_{终} - y_{始} \tag{3.60}$$

闭合导线为

$$\sum \Delta x_{理} = 0 \qquad \sum \Delta y_{理} = 0 \tag{3.61}$$

而实际上,由于调整后的各转折角和实测的各导线边长均含有误差,导致实际计算的各边纵、横坐标增量的代数和不等于附合导线终点和起点的纵、横坐标之差。它们的差值即为纵、横坐标增量闭合差 f_x 和 f_y,即

$$f_x = \sum \Delta x_{测} - \sum \Delta x_{理} \tag{3.62}$$

$$f_y = \sum \Delta y_{测} - \sum \Delta y_{理} \tag{3.63}$$

由于 f_x 和 f_y 的存在,使导线推算出的导线点与已知点不能闭合,存在一个缺口的长度 $C - C'$,这个长度称为导线全长闭合差(图3.68),用 f_D 表示,计算公式为

$$f_D = \sqrt{f_x^2 + f_y^2} \tag{3.64}$$

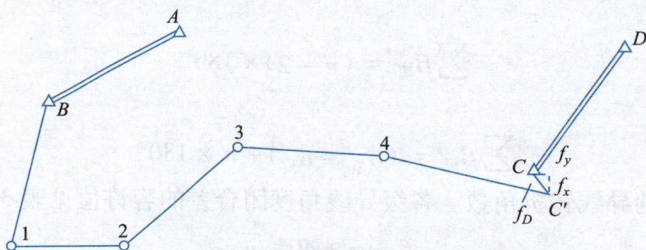

图3.68 导线全长闭合差

导线越长,全长闭合差也越大。因此,以 f_D 值的大小不能显示导线测量的精度,应当将 f_D 与导线全长 $\sum D$ 相比较。通常用相对闭合差来衡量导线测量的精度,计算公式为

$$K = \frac{f_D}{\sum D} = \frac{1}{\sum D / f_D} \tag{3.65}$$

导线的相对全长闭合差应小于容许相对闭合差 $K_{容}$。不同等级的导线,其容许相对闭合差 $K_{容}$ 见表3.2。图根导线的 $K_{容}$ 为1/2 000。

若 K 大于 $K_{容}$,说明成果不合格,应首先检查内业计算有无错误,然后检查外业观测成果,必要时重测;若 K 不超过 $K_{容}$,说明测量成果符合精度要求,可以进行调整。调整的原则是:将 f_x 和 f_y 以相反符号按与边长成正比分配到相应的纵、横坐标增量中去。以 v_{xi}、v_{yi} 分别表示第 i 边的纵、横坐标增量改正数,即

$$\begin{cases} v_{xi} = -\dfrac{f_x}{\sum D} \times D_i \\ \\ v_{yi} = -\dfrac{f_y}{\sum D} \times D \end{cases} \tag{3.66}$$

纵、横坐标增量改正数之和应满足

$$\begin{cases} \sum v_x = -f_x \\ \sum v_y = -f_y \end{cases} \tag{3.67}$$

各边坐标增量计算值加改正数,即得各边的改正后的坐标增量,即

$$\begin{cases} \Delta x_{i\text{改}} = \Delta x_i + v_{xi} \\ \Delta y_{i\text{改}} = \Delta y_i + v_{yi} \end{cases} \tag{3.68}$$

经过调整,改正后的纵、横坐标增量之代数和应分别等于终、始已知点坐标之差,以资检核。

5. 导线点的坐标计算

根据导线起始点的已知坐标及改正后的坐标增量,按式(3.46)依次推算出其他各导线点的坐标,最后推算出终点的坐标,其值应与已知坐标或给定坐标相同,以此作为计算检核。

由于支导线不具备闭合导线、附合导线的检核条件,因此不需要计算角度闭合差、坐标增量闭合差,也就是导线转折角与坐标增量计算值不需要改正计算,其余计算步骤和方法与闭合导线或附合导线相同,即由观测的转折角推算坐标方位角,然后由起点的坐标推算导线点的坐标。

3.6.3　查找导线测量错误的方法

计算时,如果导线的角度闭合差或坐标增量闭合差大大超过规定的容许值,经核对原始记录无误后,这时可能是测角或测边长发生了错误,必须进行实地复测。一般来说,错误往往发生在个别的角度或边长上,在进行野外实地复测之前,可以用下述方法查找测量错误发生在哪里,以便有目标地进行复测返工。

1. 个别测角错误的检查

检查的基本方法是通过按一定比例展绘导线来发现测角错误点,以下分叙检查闭合导线和附合导线错误的具体方法。

如图3.69所示,若闭合导线在点3测角发生错误,设测大了 $\Delta\beta$ 角,则点4、1将绕点3旋转 $\Delta\beta$ 角,分别位移至4′、1′,而出现闭合差1—1′。显然 $\Delta 131'$ 为一等腰三角形,闭合差1—1′的垂直分线必然通过点3。根据这一原理,可用下面方法检查角度错误所在的点,从起点开始,按边长和转折角的观测值,用较大的比例尺展绘导线图,作图中闭合差的垂直平分线,该线通过或靠近的点,就是可能有测角错误的点。

如图3.70所示,对于附合导线检查的方法是:先在坐标纸上根据已知点的坐标数据绘出两侧高级控制点 A、B、C、D 的位置,然后分别由 B 点、C 点开始利用角度与边长数据各自朝另一端展绘导线,即图中的 B—2—3—4—5′—C' 与 C—5—4—3′—2′—B',其交叉点(图中4点)即为有测角错误的点。

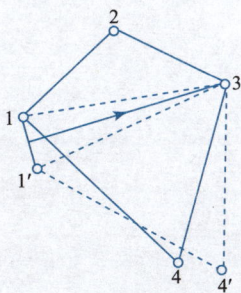

图3.69　闭合导线量角检查　　　　　　　图3.70　附合导线量角检查

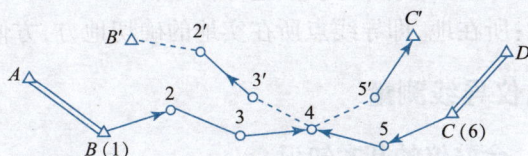

2. 个别量边错误的检查

当导线的全长相对闭合差大大超限时,可能是量边错误所致。如图3.71所示,若边长3—4测量有错误,则闭合差1—1′(即全长闭合差 f)的方向必与错误边相平行。因此,不论闭合导线或是附合导线,可按下式求出导线全长闭合差 f 的坐标方位角

$$\alpha_f = \arctan \frac{f_y}{f_x} \tag{3.69}$$

凡坐标方位角与 α_f 或 $\alpha_f + 180°$ 相接近的导线边,是可能发生量边错误的边。因此,实际查找量边错误时,可以通过展绘导线图利用平行关系查找,也可以利用方位角相等关系。

此外,还可用 $\frac{f_y}{f_x}$ 与 $\frac{\Delta y}{\Delta x}$ 的比值查找,比值接近时该组 Δx、Δy 对应的边可能存在错误。

以上介绍的方法主要适用于个别转折角或边长发生错误的情况,如果多个角度和边长存在错误,一般难以查出。因此,导线外业观测必须认真,以避免返工重测。

图 3.71　量边错误

3.6.4　编制导线点成果表

导线平差计算完成后,应将计算结果汇总成果表,以方便施工测量中查用。"导线点成果表"样表见 3.8。

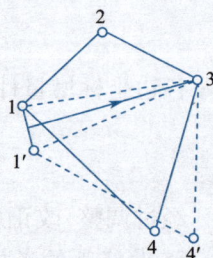

表 3.8　导线点成果表

序号	点名	坐标		边长(m)	方位角	所在地
		X(m)	Y(m)			
1	C1	5 253 102.989	570 406.881			K785 + 911 右 80 m 水泥线杆基底平台右红油印
				1 422.428	299°14′32.65″	
2	C2	5 253 797.853	569 165.726			K787 + 337 右 30 m 桥头左侧平台红油印
				1 422.429	284°22′57.78″	
3	C3	5 254 151.181	567 787.879			K788 + 764 右 30 m 铁路桥头平台红油印
				2 546.850	276°57′10.54″	
4	C4	5 254 459.487	565 259.759			K791 + 311 右 240 m 水渠桥头平台红油印
				954.281	272°23′30.33″	
...						
备注						

第一栏:序号,导线点个数编写,注明有多少个导线点;
第二栏:点名,即导线点的编辑名称;
第三栏:导线点的 X、Y 坐标值;
第四栏:边长,即相邻两导线点间距离;
第五栏:方位角,相邻导线点边方位角;
第六栏:所在地,即导线点所在实地的确切地方,方便查找。

3.7　全站仪导线测量

3.7.1　全站仪的基本知识

1. 全站仪概述

全站仪,即全站型电子速测仪(electronic total station)。为了能准确地定义全站仪,我们首先介绍一下有关概念。

在传统的测量中,有一种方法称为"速测法",它是指一种从仪器站同时测定某一点的平面位置和高程的方法。有时,这种方法也称作"速测术"(Tachymetry),而速测仪(Tachy – meter)就是根据速测法原理而设计的测量仪器。最初速测仪的距离测量是通过光学方法来实现的,称这种速测仪为"光学速测仪"。实际上,"光学速测仪"就是指带有视距丝的经纬仪,被测点的平面位置由方向测量及光学视距来确定,而高程则是用三角测量方法来确定。

带有"视距丝"的光学速测仪,由于其快速、简易,从而在短距离(100m以内)、低精度1/200(1/500)的测量中,如碎部点测定中,具有优势,得到了广泛应用。

随着电子测距技术的出现,大大地推动了速测仪的发展。用电磁波测距仪代替光学视距经纬仪,使得测程更大、测量时间更短、精度更高。人们将距离由电磁波测距仪测定的速测仪笼统地称之为"电子速测仪"(electronic tachymeter)。然而,随着电子测角技术的出现。这一"电子速测仪"的概念又相应发生了变化,根据测角方法的不同又分为半站型电子速测仪和全站型电子速测仪。半站型电子速测仪是指用光学方法测角的电子速测仪,又称为"测距经纬仪"。这种速测仪出现较早,并且进行了不断的改进,可将光学角度读数通过键盘输入到测距仪,对斜距进行化算,最后得出平距、高差、方向角和坐标差,这些结果都可自动地传输到外部存储器中。全站型电子速测仪是由电子测角、电子测距、电子计算和数据存储单元等组成的三维坐标测量系统,测量结果能自动显示,并能与外围设备交换信息的多功能测量仪器。由于全站型电子速测仪较完善地实现了测量和处理过程的电子化和一体化,所以人们也通常称之为全站型电子速测仪或称全站仪。

全站仪,在测站上安置好仪器后,除照准需人工操作外,其余均可以自动完成,而且几乎是在同一瞬间得到平距、高差和点的坐标。全站仪是由红外线测距仪、电子经纬仪和电子记录装置三部分组成。从结构上分,全站仪可分为"组合式"和"整体式"两种。"组合式"全站仪是用一定的连接器将测距部分、电子经纬仪部分和电子记录部分连接成一个组合体。它的优点是能通过不同的构件进行灵活多样的组合,当个别构件损坏时,可以用其他的构件代替,具有很强的灵活性。"整体式"全站仪是在一个仪器外壳内包含测距、测角和电子记录三部分。测距和测角共用一个光学望远镜,方向和距离测量只需一次瞄准,使用十分方便。

2. 全站仪的结构与功能

全站仪的种类很多,各种型号的仪器结构和功能大致相同,全站型电子速测仪是由电子测角、电子测距、电子计算和数据存储系统等组成,它本身就是一个带有特殊功能的计算机控制系统。

(1)全站仪结构组成。

①为采集数据而设置的专用设备。主要有电子测角系统、电子测距系统、数据存储系统,还有自动补偿设备等。

②过程控制机。主要用于有序地实现上述每一专用设备的功能。过程控制机包括与测量数据相连接的外围设备及进行计算、产生指令的微处理机。只有上面两大部分有机结合,才能真正地体现"全站"功能,即既要自动完成数据采集,又要自动处理数据和控制整个测量过程。

(2)全站仪的分类。20世纪80年代末、90年代初,人们根据电子测角系统和电子测距系统的发展不平衡,将全站仪分成两大类,即积木式和整体式。

积木式(modular),也称组合式,它是指电子经纬仪和测距仪既可以分离也可以组合。用户可以根据实际工作的要求,选择测角、测距设备进行组合。

整体式(integrated),也称集成式,它是指电子经纬仪和测距仪做成一个整体,无法分离。

20世纪90年代以来,全站仪基本上都发展为整体式。随着计算机技术的不断发展与应用以及用户的特殊要求与其他工业技术的应用,全站仪出现一个新的发展时期,出现了带内存、防水型、防爆型、电脑型等的全站仪,使得全站仪这一最常规的测量仪器越来越能满足各项测绘工作的需求,发挥更大的作用。

(3)仪器结构和功能。全站仪的种类很多,各种仪器的使用方法由仪器自身的程序设计而定。因此使用仪器之前,必须事先阅读仪器使用说明书,方能熟悉各种全站仪的操作。下面介绍几种全站仪。

全站仪的电子记录装置是由存储器、微处理器、输入和输出部分组成。由微处理器对获取的斜距、水平角、竖直角、视准误差、指标差、棱镜常数、气温、气压等信息加以处理,可以获得各项改正后的数据。在只读存储器中固化测量程序,测量过程由程序控制。

全站仪的应用可以归纳为四个方面:一是在地形测量过程中,可将控制测量和碎部测量同时进行;二是在测设放样时可将设计好的管线、工程建筑等设施的位置测设到地面上;三是作为图根控制的经纬仪导线、前方交会、后方交会等用全站仪来承担,不但操作简单而且速度快、精度高;四是通过传输设备,可将全站仪与计算机、绘图仪相连,形成内外一体的测绘系统,从而大大提高地形测绘工作的质量和效率。

3. 常见全站仪介绍

（1）南方 NTS 全站仪。

①概述。20 世纪 90 年代末，我国研制生产全站仪的有北京测绘仪器厂、广州南方测绘仪器公司、苏州第一光学仪器厂、常州大地测量仪器厂等。现介绍南方测绘仪器公司 NTS – 300 系列全站仪，外貌及构造如图 3.72 所示。

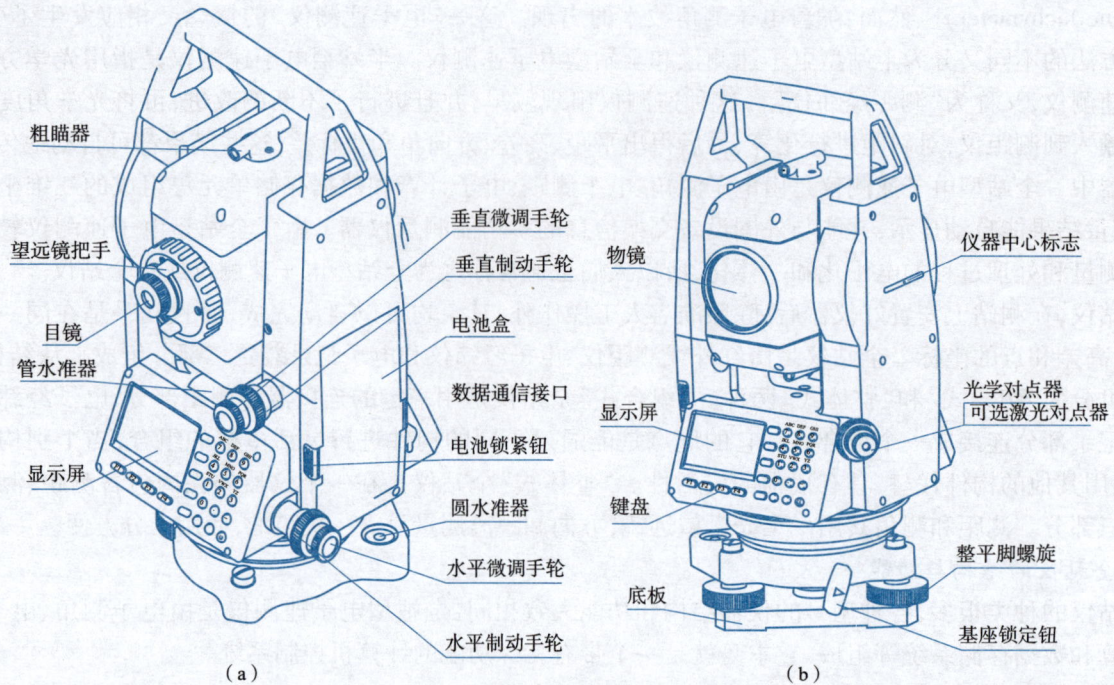

图 3.72　NTS – 300 全站仪构造图

②显示屏操作键。显示屏操作键如图 3.73 所示。

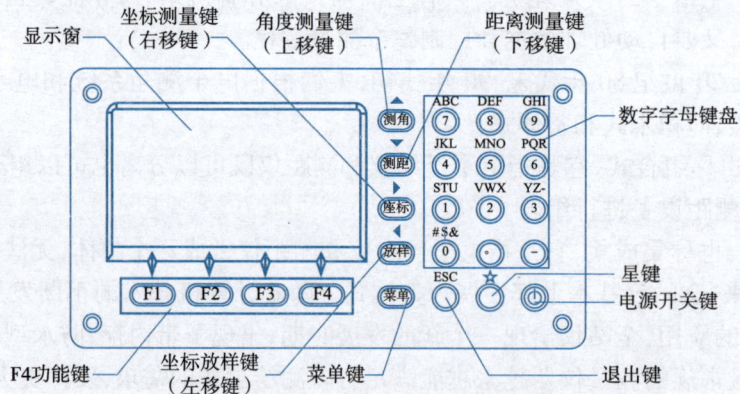

图 3.73　NTS – 300 全站仪显示窗和操作面板

③部件名称。部件名称如图 3.72 所示。

④安置仪器操作方法。将仪器安置在三脚架上，精确整平和对中，以保证测量成果的精度，应使用专用的中心连接螺旋的三脚架。其操作步骤同光学经纬仪相同，只是对中的操作因仪器制造不同而有差异。可以选择利用光学对点器对中，对激光对中型全站仪，也可以直接利用激光对点器对中。

如南方 NTS – 300 系列全站仪，开机后按星号键，按 F4（对点）键，按 F1 打开激光对点器。松开中心连接螺旋、轻移仪器，将激光对点器的光斑对准测站点，然后拧紧连接螺旋。在轻移仪器时不要让仪器在架头上有转动，以尽可能减少气泡的偏移。按 ESC 键退出，激光对点器自动关闭。

（2）Topcon 拓普康全站仪。

①概述。光电测距技术的问世，开启了以全站仪光电测量技术风行土木工程领域的时代，世界各地相继出现全站仪研制、生产热潮，有拓普康（Topcon）、宾得（PENTAX）、索佳、尼康等厂家。现介绍日本的拓普康（Topcon）公司 GPT－7000 系列全站仪，外貌和构造如图3.74所示。

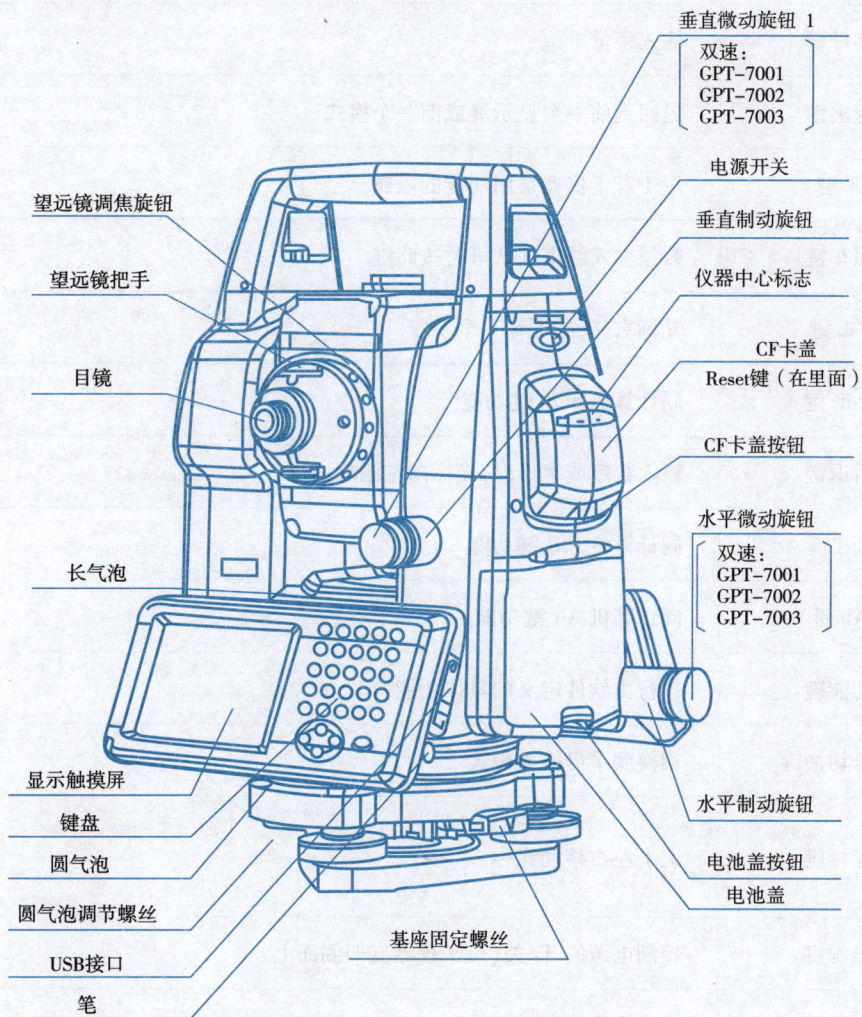

图 3.74　GPT－7000 全站仪构造图

②显示屏操作键。显示屏操作键如图3.75。

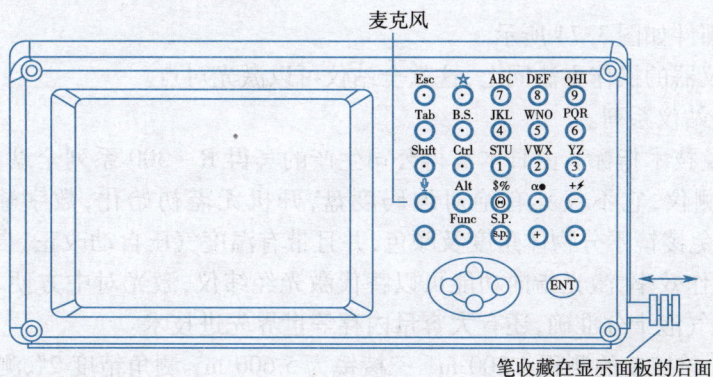

图 3.75　GPT－7000 全站仪显示窗和操作面板

各键功能见表3.9。

表 3.9　GPT－7000 功能键表

按键	名称	功　　能
0～9	数字键	输入数字
A～l	字母键	输入字母
ESC	退出键	退回到前一个显示屏或前一个模式
★	星键	用于若干仪器常用功能的操作
ENT	回车键	数据输入结束并认可时按此键
Tab	Tab 键	光标右移,或下移一个字段
Shift	Shift 键	同计算机 Shift 键功能
B. S.	后退键	输入数字或字母时,光标向左删除一位
Ctrl	Ctrl 键	同计算机 Ctrl 键功能
Alt	Alt 键	同计算机 Alt 键功能
Func	功能键	执行由软件定义的具体功能
α	字母切换键	切换到字母输入模式
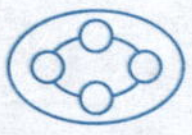 ⬭	光标键	上下左右移动光标
POWER	电源键	控制电源的开/关(位于仪器支架侧面上)
S. P.	空格键	输入空格
▣	输入面板键	显示软输入面板

③构造部件。构造部件如图 3.74 所示。

④操作方法。安置仪器的操作方法同上,这款全站仪可以激光对点。

(3)PENTAX 宾得全站仪系列。

①仪器的主要功能及技术指标。由日本宾得公司生产的宾得 R－300 系列全站仪是一种操作简单、效率高的新型全站型电子速测仪,它不仅具有绝对编码度盘,开机无需初始化,数字输入键盘方便输入数据,300 m 免棱镜功能,而且免棱镜不分物体角度及颜色,并且带有温度气压自动改正、自动调焦、电动调焦、手动调焦三种模式,可提高工作效率,激光指向功能可以替代激光经纬仪,激光对中方便、快捷、直观,三轴补偿更加提高仪器的精度,电子气泡十分准确,还有大容量内存等世界先进技术。

当气象条件良好时,单棱镜的测程 4 500 m,三棱镜为 5 600 m,测角精度 2″、测距精度是 ±(2 mm +2 × 10^{-6} × D)mm,在 3′补偿范围内自动补偿。

②仪器的各部件名称。全站仪的外观与普通光学经纬仪相似,仪器对中、平整、目镜对光、物镜对光、照准目标的方法也和普通光学经纬仪相同。图 3.76 为宾得全站仪的各个部件。

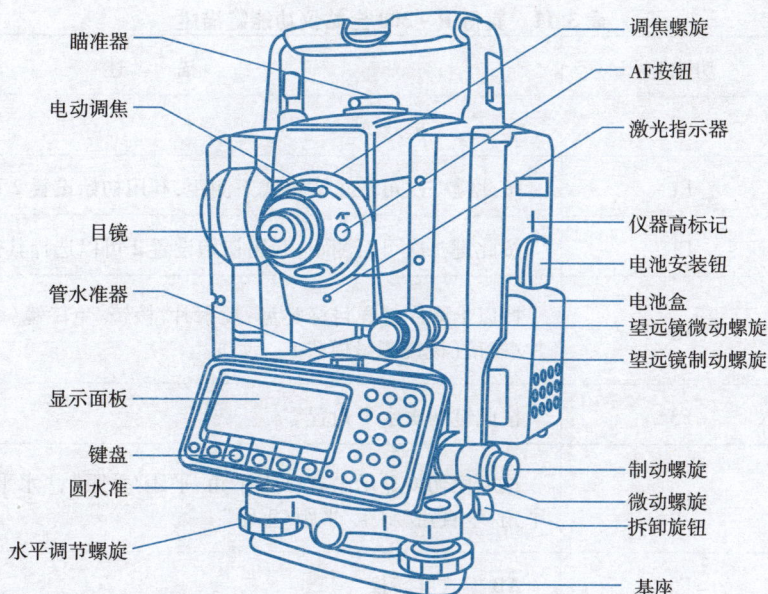

图 3.76　宾得全站仪构造图

③键的功能。宾得全站仪通常有两个工作模式,即标准测量模式(A 模式)、PowerTopoLite 软件功能模式(B 模式)。图 3.77 为仪器显示窗和操作面板。

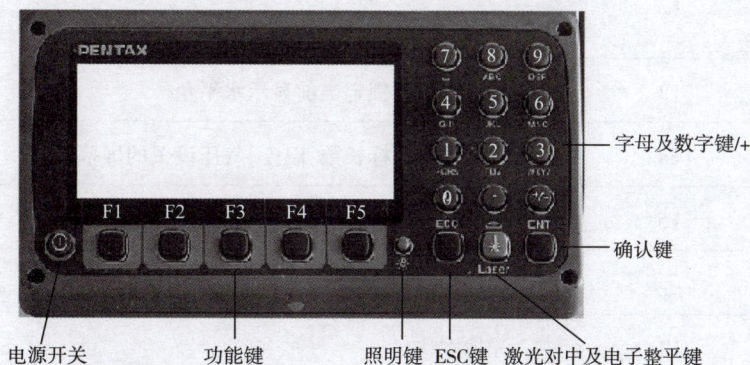

图 3.77　宾得全站仪显示窗和操作面板

表 3.10 ~ 3.13 是 R – 300 系列的基本显示屏和键盘的描述,PowerTopoLite 软件功能键描述。

表 3.10　宾得 R – 300 全站仪操作键描述

键	描　　述
[Power]	电源开关键
[ESC]	后退到上一屏或取消某步操作
[Illumination]	LCD 照明及望远镜十字丝照明开关
【ENT】	接受选择值或屏幕显示值
[Laser]	显示激光对中、电子水准管的功能和红光导向显示屏的转换键(参照仪器手册"2.5LD 点功能","3.2 激光对中",和"3.5 电子水准管")
[Alphanumeric]	在数值屏幕,数值和点的输入与显示,英文字母由对应的每个键输入
[Help]	在 AB 任意模式内同时按[ILLU]和[ESC]键,出现帮助菜单显示帮助信息

表 3.11　宾得 R–300 全站仪功能键描述

显示	功能键	描述
模式 A		
[测量]	F1	按此键一次可在正常模式下测距,利用初始设置 2 可以选择其他测量模式
[测量]	F1	按此键二次可粗测距,利用初始设置 2 可以选择其他测量模式
[目标]	F2	按以上顺序选择目标类型;反射片/棱镜/免棱镜(免棱镜测量模式);反射片/棱镜(棱镜测量模式)
[水平角置零]	F3	按此键两次水平角置零
[显示]	F4	按顺序切换显示内容;"水平角/平距/垂距";"水平角/垂直角/斜距";"水平角/垂直角/斜距/平距/垂距"
[模式]	F5	AB 模式屏转换
模式 B		
[专机能]	F1	PowerTopoLite 软件特殊功能
[角度设定]	F2	调出角度设定屏幕设置角度(角度、坡度百分比、水平角输入、盘左盘右转换)关系参数
[锁定(保持)]	F3	按两次该键锁定当前显示水平角
[改正]	F4	调出改变目标长数:温度、气压设置的屏幕
[模式]	F5	AB 模式屏转换
其他功能		
[←]	F1	光标左移
[→]	F2	光标右移
[▲]	F1	屏幕上向后移 5 项
[▼]	F2	屏幕上向前移 5 项
[↑]	F3	光标上移
[↓]	F4	光标下移
[十字丝]	F3	按下照明键,十字丝照明
[LCD]	F4	按下照明键,改变 LCD 的对比度
[ILLU]		改变 LCD 的照明状态(按下照明键)
[清除]	F5	清除数值
[选定]	F5	打开选择窗口

表 3.12　宾得 R－300 全站仪功能键在模式 A 和模式 B 的显示对比

功能	模式 A	模式 B
F1	测量	专机能
F2	目标	角度设定
F3	水平角置零	锁定
F4	显示	改正
F5	模式	模式

注:按【F5】[模式]进行 A、B 模式的转换。

表 3.13　宾得 R－300 全站仪数字和字母的输入

键	键下的字符	字符和图形命令的输入
[0]		[@][.][_][-][:][/][0]
[1]	PQRS	[P][Q][R][S][p][q][r][s][1]
[2]	TUV	[T][U][V][t][u][v][2]
[3]	WXYZ	[W][X][Y][Z][w][x][y][z][3]
[4]	GHI	[G][H][I][g][h][i][4]
[5]	JKL	[J][K][L][j][k][l][5]
[6]	MNO	[M][N][O][m][n][o][6]
[7]		[][?][!][_][-][^][|][&][7]
[8]	ABC	[A][B][C][a][b][c][8]
[9]	DEF	[D][E][F][d][e][f][9]
[。]		[.][,][:][;][#][(][)]
[+/-]		[+][-][*][/][%][=][<][>]

④LD 激光导向。当按下[LD 点]键时,激光导向功能打开,并且激光符号在屏幕的左方显示。如果[激光]键按下,并且[LD 点]也按下,当激光功能已打开时,激光功能关闭。使用时需要注意:

a. 在太阳光十分强的户外,很难发现激光点;

b. 激光束不能穿过望远镜;

c. 请在激光束中心做标志;

d. 不要对着激光看。

⑤安置仪器的操作方法同上,这款全站仪还可以配备电子气泡整平和自动对焦功能。

4. 宾得全站仪的常用基本功能介绍(仅介绍与工程施工放样有关的功能)

(1)建立工作文件管理。建立工作文件有利于在外业中将所测得数据有效地存储在仪器中,为内业处理提供方便。从 PowerTopoLite 屏按【F1】【文件】显示文件管理屏。

①情报(可用内存量信息)。

文件管理
1. 情报
2. 創建
3. 選定
4. 去除

信息
PENTAX
是当前的檔案名
1499能被儲存

a. 按【ENT】键显示"信息"界面。

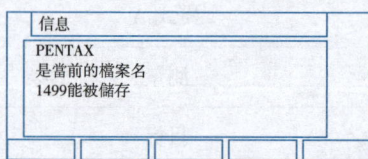

b. 屏上显示"PENTAX"的项目名及仪器可用内存大小。

注:文件名"PENTAX"是一个默认设置。

②创建。

文件管理
1. 情報
2. 創建
3. 選定
4. 去除

文件管理	
1. 情報	
2. 創建	PENTAX
3. 選定	
4. 去除	
⇦　⇨　退格　清除　TO 123	

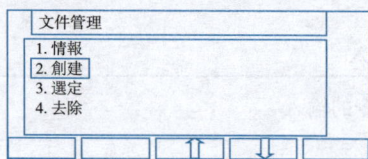

a. 按向下箭头选择"2. 创建"。

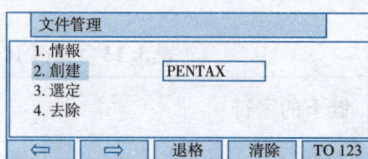

b. 按【ENT】键显示项目名输入界面。输入文件名按【ENT】即文件建立完毕,可将测量的数据存入此文件夹中,方便调用和输出。

③选定项目名。

文件管理
1. 情報
2. 創建
3. 選定
4. 去除

项目名選擇
1. 项目列表搜尋
2. 项目名搜尋

a. 按下箭头键选"3. 选定"。

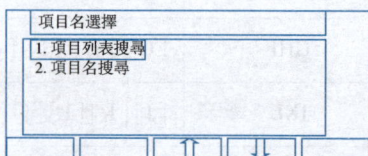

b. 按【ENT】显示"项目名选择"界面。

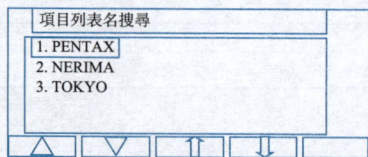

项目列表名搜尋
1. PENTAX
2. NERIMA
3. TOKYO

项目名選擇
1. 项目列表搜尋
2. 项目名搜尋

c. 按【ENT】显示"项目列表搜寻"界面。项目列表是一个存储所有项目文件的表。选择你要的文件名,并按【ENT】选定。

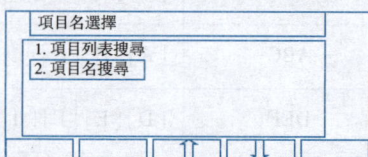

d. 按下箭头键选"2. 项目名搜寻"。"项目名搜寻"是输入所需文件名进行搜索。

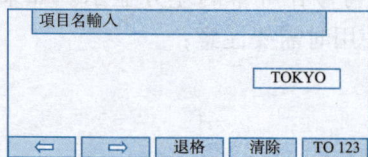

项目名輸入	
	TOKYO
⇦　⇨　退格　清除　TO 123	

项目名搜尋
1. PENTA
2. NERIMA
3. TOKYO
△　▽　⇧　⇩　ENT

e. 按【ENT】键显示"项目文件名输入"界面,输入你要的文件名。

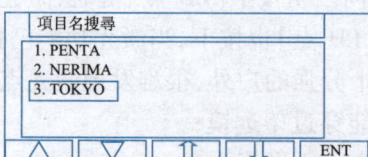

f. 按【ENT】显示"项目名搜寻"结果,按【ENT】选择它。

④删除文件。

文件管理
1. 情報
2. 創建
3. 選定
4. 去除

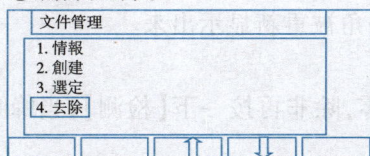

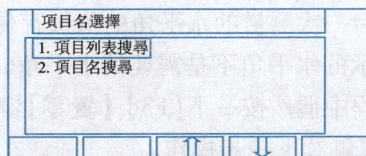

a. 在"文件管理"界面按下箭头键选择"4.
去除"。按【ENT】键显示"文件删除"界面。

项目名選擇
1. 项目列表搜尋
2. 项目名搜尋

b. 按【ENT】键选择"项目列表搜寻"选项。

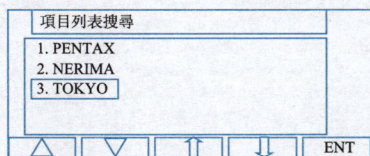

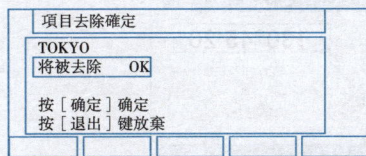

项目列表搜尋
1. PENTAX
2. NERIMA
3. TOKYO
△ ▽ ⇑ ⇓ ENT

c. 在"项目列表搜寻"界面选择要删除的文件。

项目去除確定
TOKYO
将被去除　　OK

按［确定］键确定
按［退出］键放弃

d. 在"项目去除确定"界面确定删除操作。

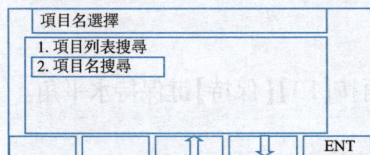

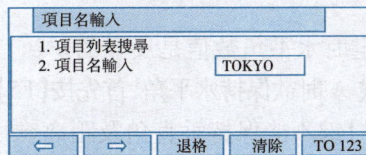

项目名選擇
1. 项目列表搜尋
2. 项目名搜尋
⇓ ENT

e. 也可在"项目名选择"界面选择"2. 项目
名搜寻"进入"项目名输入"界面。

项目名輸入
1. 项目列表搜尋
2. 项目名輸入　　TOKYO
⇐ ⇒ 退格 清除 TO 123

f. 输入所要删除的项目名称。

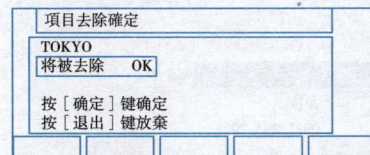

项目去除確定
TOKYO
将被去除　　OK

按［确定］键确定
按［退出］键放弃

g. 在"项目去除确定"界面确定删除操作。

（2）角度测量。

①测量一个角度。

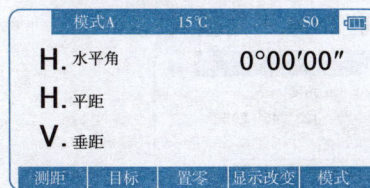

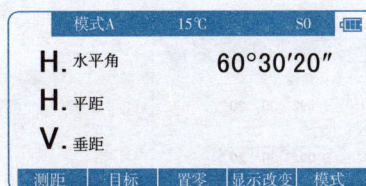

| 模式A | 15℃ | SO | 🔋 |
H. 水平角　　0°00′00″
H. 平距
V. 垂距
测距 目标 置零 显示改变 模式

a. 瞄准第一个目标,然后连续按【F3】【置
零】键2次,将水平角设定为零。

| 模式A | 15℃ | SO | 🔋 |
H. 水平角　　60°30′20″
H. 平距
V. 垂距
测距 目标 置零 显示改变 模式

b. 瞄准第二个目标,直接读出水平角。

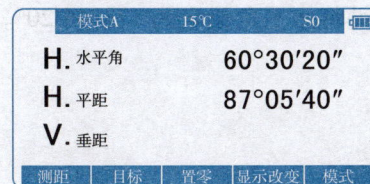

| 模式A | 15℃ | SO | 🔋 |
H. 水平角　　60°30′20″
H. 平距　　　87°05′40″
V. 垂距
测距 目标 置零 显示改变 模式

c. 按【F4】【显示改变】键显示垂直角。

注意事项:

a.【置零】键不能将垂直角设定为零。

b. 按【显示】循环显示以下内容:"水平角/平距/垂距","水平角/垂直角/斜距"和"水平角/垂直角/平距/斜距/垂距"。

c. 关机时最后一次测量的水平角的值被存储下来,下次开机时该水平角被重新显示出来。

d. 当重新显示的水平角不是需要的水平角时,可将水平角设定为零。

e. 在测量过程中偶然按一下【F3】【置零】键并不会将水平角设定为零,除非再按一下【检测】,当蜂鸣器停止响声时才可以继续下一步操作。

f. 任何时候你都可以将水平角设定为零,除非当前水平角处于锁定状态。

②水平角锁定。

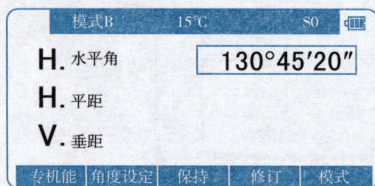

为保持目前显示的水平角,连续按【F3】【保持】键 2 次。

注意事项:

a. 水平角锁定时水平角数值是反显的。

b. 当处于模式 A 时欲保持水平角,首先按【F5】【模式】键转换到模式 B,再按【F3】【保持】键保持水平角。

c.【F3】【保持】键不能保持垂直角及距离。

d. 释放保持的水平角时可,按一次【F3】【保持】键。

e. 在测量的过程中偶尔按一下【F3】【保持】键并不会保持水平角,除非再按一次才会保持。当蜂鸣器停止响声时,可以进行下一步的操作。

③设定任意水平角。

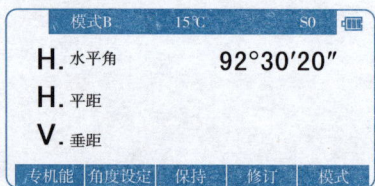

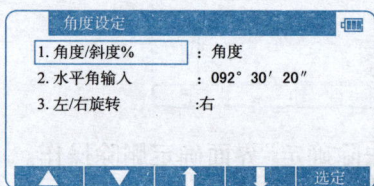

a. 按【F5】【模式】键进入模式 B。

b. 按【F2】【角度设定】键进入角度设定界面,然后移动光标到"2. 水平角输入"。

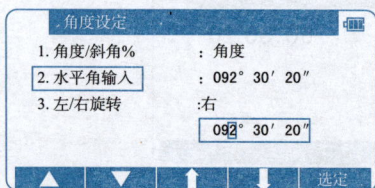

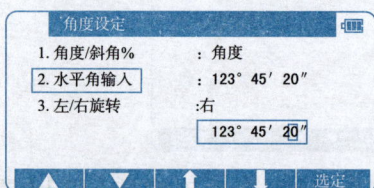

c. 按【F5】【选定】键进入水平角度输入界面。按【F1】键向左移动光标,然后按【F3】或【F4】键设定这个角度值。

d. 按【F2】键向右移动光标。用同样的方式按【F3】或【F4】键将水平角设定为 123°45′20″。

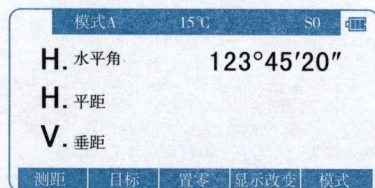

e. 按【ENT】键确认后转入模式 A 的显示窗口。再按【清除】键可以调回以前的数据。

④显示垂直角坡度百分比。

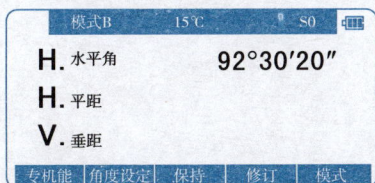

模式B　15℃　S0
H.水平角　92°30′20″
H.平距
V.垂距
专机能 角度设定 保持 修订 模式

⇨

角度设定
1.角度/斜度%　:角度
2.水平角输入　:092° 30′ 20″
3.左/右旋转　:右
▲ ▼ ⬆ ⬇ 选定

a. 按【F5】【模式】键进入模式 B。　　　　　b. 按【F2】【设置角度】键进入角度设定界面。

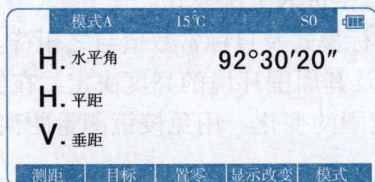

模式A　15℃　S0
H.水平角　92°30′20″
H.平距
V.垂距
测距 目标 置零 显示改变 模式

⇨

模式A　15℃　S0
H.水平角　92°30′20″
H.平距　-1.84%
V.垂距
测距 目标 置零 显示改变 模式

c. 按【F5】【选定】改变显示内容为垂直角坡度百分比窗口。

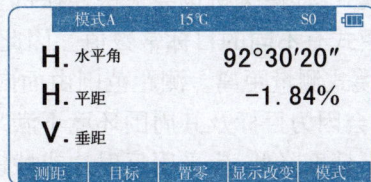

d. 按【F4】【显示改变】键显示坡度百分比的数值(以%形式)。

注意事项：

a. 0%表示水平角为 0，+100% 和 -100% 表示向上和向下 45°倾斜。

b. 从坡度百分比显示状态回到 360°显示状态,进入模式 B,按上述同样的步骤操作即可。

c. 如果坡度百分比(%)超过[+/-]1000% ,"超过倾斜范围"的信息会显示出来,表示目前的垂直角不能被测量。

d. 当望远镜转到其倾斜坡度百分比(%)在[+/-]1000%范围以内,显示内容自动从"超过倾斜范围"变为当前的坡度百分比数值。

⑤水平角的正反角切换。

开机页面下操作按【F5】【模式】键进入模式 B。

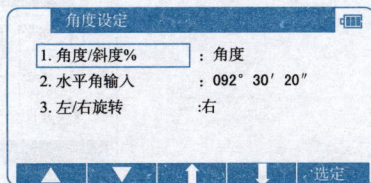

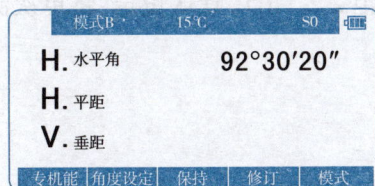

模式B　15℃　S0
H.水平角　92°30′20″
H.平距
V.垂距
专机能 角度设定 保持 修订 模式

⇨

角度设定
1.角度/斜度%　:角度
2.水平角输入　:092° 30′ 20″
3.左/右旋转　:右
▲ ▼ ⬆ ⬇ 选定

a. 按【F2】【角度设定】键进入角度设定窗口。　　b. 按【F4】键移动光标到"3. 左/右逆转"。

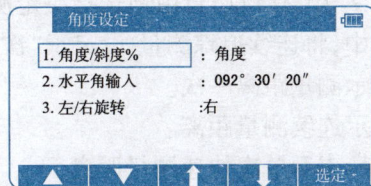

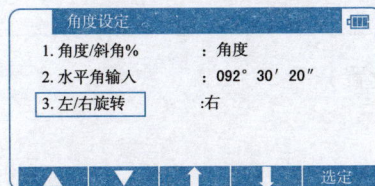

角度设定
1.角度/斜角%　:角度
2.水平角输入　:092° 30′ 20″
3.左/右旋转　:右
▲ ▼ ⬆ ⬇ 选定

⇨

模式A　15℃　S0
H.水平角　-267°29′40″
H.平距
V.垂距
测距 目标 置零 显示改变 模式

c. 按【F5】【选定】键在水平角前加上(-),将正角变为反角。

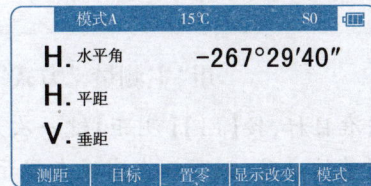

d. 反角显示界面,如要改成正角重复前面操作。

注意事项：

a. 将反角变为正角,采取上述相同的步骤,按【F5】【选定】键。

b. 当选择为反角时,寻找目标的顺序与正角相反。

(3)距离测量。

①目标设定。目标模式及其常数设定值显示于电池标志的左侧。例如当常数为0时,反射贴片。

按【F2】【目标】键改变目标的模式。

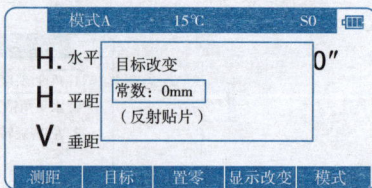

目标模式的改变顺序依次为:反射片,棱镜,免棱镜(厂家默认设定)。

目标模式可以在开机后的"初始设定2"中选择。(厂家默认设定为反射片)。

可选的目标模式,即使关机也会被保存在机上,因此在下次开机时可直接进入上次模式。

不同的目标模式有不同的目标常数值。因此,在改变目标后要确认目标模式及目标常数值与之相符。

a. 用免棱镜模式测量距离。测距范围由面向仪器的目标表面的亮度及其周围环境的亮度决定。在实际测量工作中,可能会因为目标及其周围环境不满足上述条件而引起测距范围的变化。用免棱镜测量距离时,要注意若导致测距精度降低,应采用反射片或棱镜测量。

b. 用反射片模式测量距离。当测量距离时,将反射片的反射面垂直于仪器与目标的联线方向正面对着仪器。如反射片的角度放得不正确,可能由于激光的散射或削弱而导致无法测出正确的距离。

c. 每一种目标模式的实际测量范围。

免棱镜模式:可以用反射片或棱镜测量距离,但可以达到的测距范围小于100 m。

反射片模式:可以用反射棱镜测量距离,但测量范围小于1 km。

反射棱镜模式:也可以用反射片测量距离。

反射片及发射棱镜模式:该模式下有时在特定的条件下如近距离测量墙面时可能不用反射片或棱镜亦可以完成测距。然而,在这种情况下可能带来一些误差,因此应选择免棱镜模式。

目标常数应该正确选择并且确认。防止用反射片测量距离时处于反射棱镜模式下,用棱镜测量距离时处于反射片模式下。

②距离测量。R－300系列有两种距离测量模式"主测量"和"次测量"。

按【F1】【测距】一次进入"主测量"模式,连续按两次进入"次测量"模式。

在"初始设定2"中,你可以自由地选择决定测量模式"测距1"或"测距2"。出厂默认设定,将单次测量设定于"主测量"中,将连续追踪测量 设定于"次测量"中。

单次测量:表示测量距离一次。

连续测量:表示连续测量距离。

单次追踪测量:表示单次快速测量距离。

连续追踪测量:表示采用连续测量方式快速测量距离。

在测量距离前应确定目标常数。

练一练　　　　　　　　**用"主测量"方式"单次测量"**(出厂默认设置)

用瞄准器瞄准目标,按【F1】【测距】键一次启动距离测量。

一旦距离测量被启动,测距标志出现在显示窗口。

在接收到反射信号前,仪器发出响声,并且显示屏上出现＊标志并自动进行单次距离测量。

如仪器处于模式B,按【F5】【模式】键转换成模式A,再按【F1】【模式】。

瞄准棱镜后按【F1】【测距】键启动单次距离测量,同时字母"测距"在屏幕上闪烁。测距完成时"测距"停止闪烁,测得的距离显示于屏幕上。在连续测量模式下,字母"测距"一直闪烁。再次按下【F1】【测距】终止距离测量同时字母"测距"停止闪烁。

按【F4】【显示改变】键在下面不同的显示项中切换:

"水平角/平距/垂距","水平角/垂直角/斜距"和"水平角/垂直角/平距/斜距/垂距"。

在距离测量过程中,按退出键【ESC】或目标选项键【F2】【目标】或模式键【F5】【模式】可以终止测量距离。

如果在"初始设置2"中,测量次数"测距次数输入"被设定为2次或更多次,仪器完成设定的测量次数将平均值显示于屏幕上。

如果在"初始设置2"中,自动测距被设定为"测距"瞄准目标时会启动第一次测量。完成前一点的测量后按测量键【F1】【测距】继续下一点的测量。

如果在"初始设置2"中,测距信号显示被设定为有效"反射光强度",则测量启动时一位2位数的AIM值出现。(AIM值随距离及大气条件而变化。)

最小距离单位:【最小显示值】可在初始设置2中设为粗或精。

| 练一练 | 在测距2时连续跟踪测量(出厂默认设置) |

如仪器处于模式B,按模式【F5】【模式】键切换到模式A,然后连续按两次测量【F1】【测距】键。

瞄准目标后连续按两次测量【F1】【测距】键启动连续测距模式,字母"测距"快速闪烁在屏幕上。在测量过程中"测距"持续闪烁。如再次按下测量【F1】【测距】键,距离测量结束,"测距"停止闪烁。

在快速距离测量时可以在"初始设置2"中选择"1 mm"或"1 cm"作为追踪模式的最小显示。

按显示【F4】【显示改变】键切换不同的显示内容:

"水平角/平距/垂距","水平角/垂直角/斜距"和"水平角/垂直角/ 平距/斜距/垂距"。

```
 *      模式A        15℃        S0    
 H. 水平角            92°30′20″
 H. 平距
 V. 垂距    CONT ((((θ)))
 测距 | 目标 | 置零 | 显示改变 | 模式
```

3.7.2　导线测量

1. 起始点量测

(1)仪器点(测站点)设置。

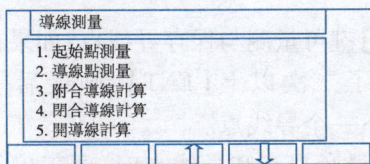

```
導線測量
1. 起始點測量
2. 導線點測量
3. 附合導線計算
4. 閉合導線計算
5. 開導線計算

         ⇑       ⇓
```

⇒

```
儀器點設置
1. PN   :
2. IH   :   0000.000 m
3. PC   :
4. TEMP :       27℃
5. PRESS:       994 hpa

         ⇑       ⇓     接受
```

a. 用PowerTopoLite软件,按【F1】【导线测量】进入"导线测量"界面,选择"1. 起始点测量"。

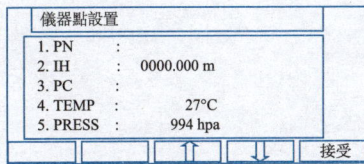

b. 按【ENT】进入"仪器点设置"界面。

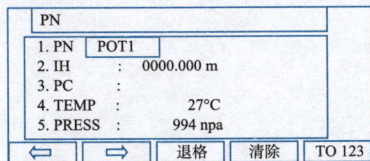

```
PN
1. PN    POT1
2. IH       0000.000 m
3. PC    :
4. TEMP        27℃
5. PRESS       994 npa
⇐   ⇒   退格  清除  TO 123
```

⇒

```
PC
2. X:+00000100.000m
3. Y:-00000200.000m
4. Z:+00000010.000m
5. IH:    0010.000m
6. PC:
⇐   ⇒   ⇑   ⇓   清除
```

c. 在"1. PN"处输入仪器点名称,并依次输入IH(仪器高)、PC(仪器点代码)、TEMP(温度)、PRESS(气压)、ppm(大气改正值)。

d. 在"6. PC"处输入仪器点代码,按【F5】存储输入的数据。然后仪器会自动进入起始点水平角设置屏幕。

注意事项:

输入IH之后按【ENT】,再输入温度,会显示"不能被改变";按【ENT】输入气压值,也会显示"不能被改变";再按【ENT】,输入PPM值也会显示"不能被改变"温度、气压与PPM的设置只能在初始化设置1(自动

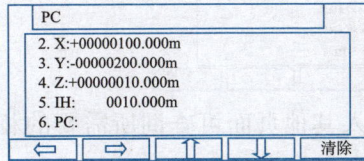

ATM 输入,PPM 输入,NIL)中设置。以上的"不能被改变"在以上的"自动"中显示。

（2）测站定向。

儀器點水平角設定	
水平角　　　　×××°××′××″	
輸入　置零　保持　後視點	

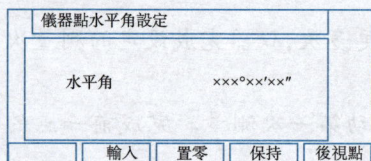

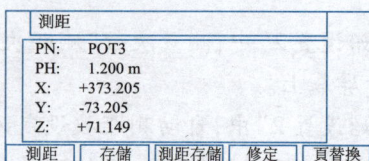

a. 在"仪器水平角设定"界面输入从始点到
后视点的水平（坐标方位）角。

注:在此屏幕为方向角设置,用于以后的导线
计算。水平角的旋转取决于在"13.2 坐标轴
定义"里对旋转的设置。

注意事项:

如要计算方向角可按【F5】【反算】键可跳到反算功能,输入 SP 作为起始点和 EP 点作为后视点。在此在
导线成果屏幕用【ENT】键自动设置成果角度,在瞄准控制点后按【ENT】键。

（3）测量。

測距	
PN:　POT3	
PH:　1.200 m	
X:　+373.205	
Y:　-73.205	
Z:　+71.149	
測距　存儲　測距存儲　修定　頁替換	

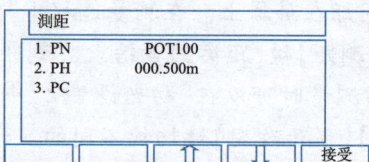

a. 照准目标点,按【F1】进行测距,按【F3】量
测与保存旁视点,按【F2】保存量测旁视点
数据。

測距	
PN　POT100	
PH　0.500 m	
H.angle　×××°××′××″	
V.angle　×××°××′××″	
S.dst　××.××× m	
EDM　目標　　　頁替換	

c. 按【F5】进入其他页面可查询所需要的相
关测量数据。

2. 导线点（角点）量测

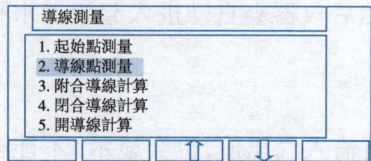

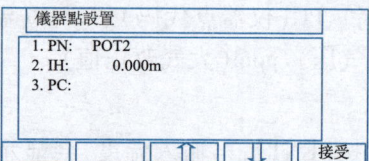

導線測量	
1.起始點測量	
2.導線點測量	
3.附合導線計算	
4.閉合導線計算	
5.開導線計算	
⇑　⇓	

a. 在导线测量界面选择"2. 导线点测量"。

b. 照准控制点按【ENT】进入量测界面。

測距	
PN:　POT3	
PH:　1.200 m	
X:　+373.205	
Y:　-73.205	
Z:　+71.149	
測距　存儲　測距存儲　修定　頁替換	

測距	
1. PN　　POT100	
2. PH　　000.500m	
3. PC	
⇑　⇓　接受	

b. 按【F4】编辑 PN（仪器点名称）、PH（棱镜
高）、PC（点代码）。按【ENT】键用 UP 或 DOWN
箭头可以查看每个输入窗口,并输入仪器点名
称、棱镜高和点代码,再按【F5】可以保存上述
数据。

按【ENT】键可量测与保存导线点,如果在一
个测站上按了二次以上【ENT】,则最后一次
【ENT】成为下一个导线点。

注:在测量旁视点和导线点时,要正确使用
【保存】【测距保存】和【ENT】键。

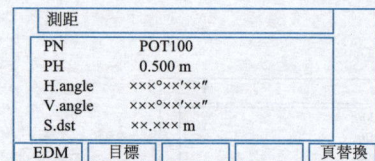

儀器點設置	
1. PN:　POT2	
2. IH:　0.000m	
3. PC:	
⇑　⇓　接受	

b. 按【ENT】进入"仪器点设置"。

```
┌─────────────────────────────┐
│ 瞄準前一站                   │
├─────────────────────────────┤
│                             │
│ 照準前一站                   │
│ 照準後請按[ENT]確認          │
│                             │
├──────┬──┬──┬──┬─────────────┤
│ 退出 │  │  │  │        確定 │
└──────┴──┴──┴──┴─────────────┘
```

```
┌─────────────────────────────────┐
│ 測距                             │
├─────────────────────────────────┤
│ PN      POT3                     │
│ PH      1.200 m                  │
│ X:      +373.205                 │
│ Y:      -73.205                  │
│ Z:      +71.149                  │
├──────┬──────┬────────┬──────┬────┤
│ 測距 │ 存儲 │ 測距存儲│ 修定 │頁替換│
└──────┴──────┴────────┴──────┴────┘
```

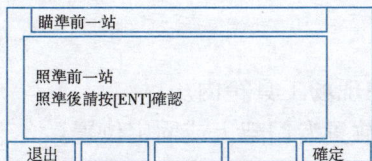

c. 按【ENT】进入瞄准前一站界面,屏幕显示"照准前一站"的确认提示。照准前一站,然后按【ENT】键,方向角被自动设定,并自动进入量测屏幕。

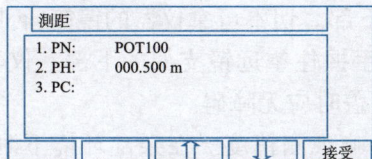

d. 照准目标点并按【F1】量测距离。按【F3】量测与保存旁视点的量测数据。按【F2】保存旁视点的量测数据。按【F4】可以编辑仪器点名称、棱镜高和点代码。

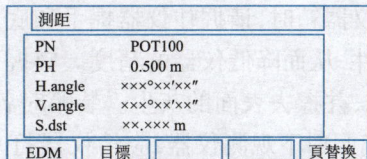

```
┌─────────────────────────────┐
│ 測距                         │
├─────────────────────────────┤
│ 1. PN:     POT100            │
│ 2. PH:     000.500 m         │
│ 3. PC:                       │
│                             │
├──────┬──┬──┬──┬─────────────┤
│      │  │ ↑↑ │ ↓↓ │    接受 │
└──────┴──┴──┴──┴─────────────┘
```

```
┌─────────────────────────────────┐
│ 測距                             │
├─────────────────────────────────┤
│ PN        POT100                 │
│ PH        0.500 m                │
│ H.angle   ×××°××′××″             │
│ V.angle   ×××°××′××″             │
│ S.dst     ××.××× m               │
├──────┬──────┬──┬──┬──────────────┤
│ EDM  │ 目標 │  │  │        頁替換 │
└──────┴──────┴──┴──┴──────────────┘
```

e. 用【ENT】键和用↑↓箭头键查看每个输入窗口,并输入仪器点名称、棱镜高和点代码。按【ENT】保存角点(导线点)的量测数据。如果在一个站上按了二次以上的【ENT】键,则最后一次【ENT】点将成为下一个导线点。

f. 在导线和旁视点测量中要正确使用【保存】【量测/保存】和【ENT】键。按【F5】可以查看其他目录页面。

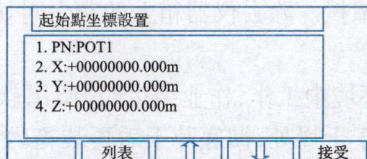

重复以上个步骤直至结束导线测量。其中:固定导线需要量测已知点并在最后的角点按【ENT】;闭合导线需要量测起始点并在最后一个角点时按【ENT】,在从最后一个导线点量测起始点时(闭合时),对起始点不要用同样的点名,如起始点原名 T1 可改成 T1－1;因为不计算闭合差,开放导线无需在量测最后一个角点时按【ENT】进入计算。

3. 计算

```
┌─────────────────────────────┐
│ 導線測量                     │
├─────────────────────────────┤
│ 1. 起始點測量                │
│ 2. 導線點測量                │
│ 3. 附和導線計算              │
│ 4. 閉合導線計算              │
│ 5. 開導線計算                │
├──────┬──┬──┬──┬─────────────┤
│      │  │ ↑↑ │ ↓↓ │         │
└──────┴──┴──┴──┴─────────────┘
```

```
┌─────────────────────────────┐
│ 起始點坐標設置               │
├─────────────────────────────┤
│ 1. PN:POT1                   │
│ 2. X:+00000000.000m          │
│ 3. Y:+00000000.000m          │
│ 4. Z:+00000000.000m          │
├──────┬──────┬────┬────┬──────┤
│      │ 列表 │ ↑↑ │ ↓↓ │ 接受 │
└──────┴──────┴────┴────┴──────┘
```

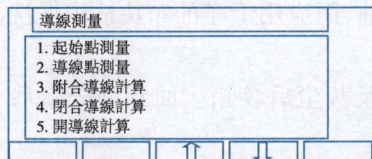

a. 在导线测量界面选择"3. 附和导线计算"或"4. 闭合导线计算"或"5. 开导线计算"。

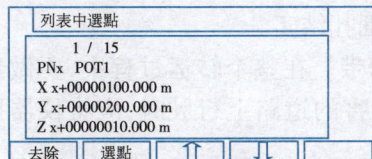

b. 按【ENT】进入起始点坐标设置(输入起始点的点名,坐标和 PC 代码)。

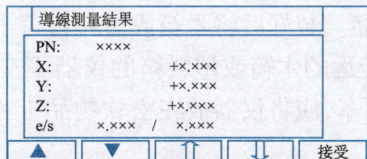

```
┌─────────────────────────────┐
│ 列表中選點                   │
├─────────────────────────────┤
│      1 / 15                  │
│ PNx  POT1                    │
│ X x+00000100.000 m           │
│ Y x+00000200.000 m           │
│ Z x+00000010.000 m           │
├──────┬──────┬────┬────┬──────┤
│ 去除 │ 選點 │ ↑↑ │ ↓↓ │      │
└──────┴──────┴────┴────┴──────┘
```

```
┌─────────────────────────────┐
│ 導線測量結果                 │
├─────────────────────────────┤
│ PN:     ××××                 │
│ X:          +×.×××           │
│ Y:          +×.×××           │
│ Z:          +×.×××           │
│ e/s     ×.××× / ×.×××        │
├──────┬──────┬────┬────┬──────┤
│  ▲   │  ▼   │ ↑↑ │ ↓↓ │ 接受 │
└──────┴──────┴────┴────┴──────┘
```

c. 如利用已存储的点则可用【F2】加以显示并进行选择。

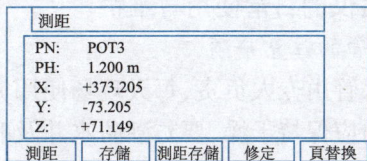

d. 按【ENT】打开 X 坐标输入界面,输入所需要的数值,然后按进入 Y 输入和 Z 输入。而后进入终点坐标设置屏幕,输入终点的 PN、X、Y、Z 和 PC。(只有对于固定导线,才显示终点的 PN、坐标和 PC)。按【ENT】可见导线测量结果屏幕,其中"e/S"为闭合差/导线总长。

该界面功能键作用为:【F1】与【F2】依次显示角点;【F3】与【F4】依次显示所有的点;【F5】可存储所有的导线点、碎部点以及已知点。

3.7.3 全站仪的日常使用与维护

1. 全站仪保管的注意事项

(1)仪器的保管由专人负责,每天现场使用完毕带回办公室;不得放在现场工具箱内。

(2)仪器箱内应保持干燥,要防潮防水并及时更换干燥剂。仪器必须放置专门架上或固定位置。

(3)仪器长期不用时,应以一月左右定期取出通风防霉并通电驱潮,以保持仪器良好的工作状态。

(4)仪器放置要整齐,不得倒置。

2. 使用时应注意事项

(1)开工前应检查仪器箱背带及提手是否牢固。

(2)开箱后提取仪器前,要看准仪器在箱内放置的方式和位置,装卸仪器时,必须握住提手,将仪器从仪器箱取出或装入仪器箱时,请握住仪器提手和底座,不可握住显示单元的下部。切不可拿仪器的镜筒,否则会影响内部固定部件,从而降低仪器的精度。应握住仪器的基座部分,或双手握住望远镜支架的下部。仪器用毕,先盖上物镜罩,并擦去表面的灰尘。装箱时各部位要放置妥贴,合上箱盖时应无障碍。

(3)在太阳光照射下观测仪器,应给仪器打伞,并带上遮阳罩,以免影响观测精度。在杂乱环境下测量,仪器要有专人守护。当仪器架设在光滑的表面时,要用细绳(或细铅丝)将三脚架三个脚联起来,以防滑倒。

(4)当架设仪器在三脚架上时,应尽可能用木制三脚架,因为使用金属三脚架可能会产生振动,从而影响测量精度。

(5)当测站之间距离较远,搬站时应将仪器卸下,装箱后背着走。行走前要检查仪器箱是否锁好,检查安全带是否系好。当测站之间距离较近,搬站时可将仪器连同三脚架一起靠在肩上,但仪器要尽量保持直立放置。

(6)搬站之前,应检查仪器与脚架的连接是否牢固,搬运时,应把制动螺旋略微关住,使仪器在搬站过程中不致晃动。

(7)仪器任何部分发生故障,都不要勉强使用,应立即检修,否则会加剧仪器的损坏程度。

(8)光学元件应保持清洁,如沾染灰沙必须用毛刷或柔软的擦镜纸擦掉。禁止用手指抚摸仪器的任何光学元件表面。清洁仪器透镜表面时,请先用干净的毛刷扫去灰尘,再用干净的无线棉布沾酒精由透镜中心向外一圈一圈轻轻擦拭。除去仪器箱上的灰尘时切不可用任何稀释剂或汽油,而应用干净的布块沾中性洗涤剂擦洗。

(9)在潮湿环境中工作,作业结束时,要用软布擦干仪器表面的水分及灰尘后装箱。回到办公室后立即开箱取出仪器放于干燥处,彻底晾干后再装箱内。

(10)冬天室内、室外温差较大时,仪器搬出室外或搬入室内,应隔一段时间后再开箱。

3. 仪器转运时注意事项

(1)首先应把仪器装在仪器箱内,再把仪器箱装在专供转运用的木箱内,并在空隙处填以泡沫、海绵、刨花或其他防震物品。装好后将木箱或塑料箱盖子盖好。需要时应用绳子捆扎结实。

(2)无专供转运的木箱或塑料箱的仪器不应托运,应由测量员亲自携带。在整个转运过程中,要做到人不离开仪器,如乘车,应将仪器放在松软物品上面,并用手扶着,在颠簸厉害的道路上行驶时,应将仪器抱在怀里。

(3)注意轻拿轻放、放正、不挤不压,无论天气晴雨,均要事先做好防晒、防雨、防震等措施。

计 划 单

学习领域	路桥工程测量技术			
学习情境	道路的恢复定线	工作任务	布设导线网	
计划方式	小组讨论、团结协作共同制订计划	计划学时	1	
序号	实施步骤		具体工作内容描述	
制订计划说明	（写出制订计划时为完成任务提出的主要建议或可以借鉴的建议、需要解释的某一方面）			
计划评价	班　级		第　　组	组长签字	
	教师签字		日　　期		
	评语：				

决 策 单

学习领域	路桥工程测量技术			
学习情境	道路的恢复定线	工作任务		布设导线网
决策学时		1		

方案对比	序号	方案的可行性	方案的先进性	实施难度	综合评价
	1				
	2				
	3				
	4				
	5				
	6				
	7				
	8				
	9				
	10				

	班　　级		第　　组	组长签字	
	教师签字			日　　期	

决策评价	评语：

材料工具清单

学习领域	路桥工程施工技术					
学习情境	道路的恢复定线		工作任务		布设导线网	
清单要求	请根据完成的工作任务列出所需的材料工具名称,其作用、型号及数量,标明使用前后的状况,并在说明中写明材料工具之间的相对联系或关系					
序号	名称	作用	型号	数量	使用前状况	使用后状况
1						
2						
3						
4						
5						
6						
7						
8						
9						
10						

说明:(请简要说明各材料工具之间的相对联系或关系)

班　级		第　组	组长签字	
教师签字			日　期	
评　语				

实 施 单

学习领域	路桥工程施工技术		
学习情境	道路的恢复定线	**工作任务**	布设导线网
实施方式	小组成员合作共同研讨确定动手实践的实施步骤,每人均需填写实施单	**实施学时**	6
序号	实施步骤		使用资源
1			
2			
3			
4			
5			
6			
7			
8			

实施说明:

班　级		第　组	组长签字	
教师签字			日　期	
评　语				

作 业 单

学习领域	路桥工程测量技术		
学习情境	道路的恢复定线	**工作任务**	布设导线网
实施方式	小组成员动手实践,学生自己记录、计算、绘制点之记		

（在此绘制导线网,不够请加附页）

班　级		第　　组	组长签字	
教师签字			日　期	
评　语				

检 查 单

学习领域		路桥工程施工技术		
学习情境	道路的恢复定线		工作任务	布设导线网
检查学时		1		
序 号	检查项目	检查标准	组内互查	教师检查
1	工作程序	是否正确		
2	完成的报告的点位数据	是否完整、正确		
3	绘制的导线网	是否正确、整洁		
4	报告记录	是否完整、清晰		
5	描述工作过程	是否完整、正确		

	班 级		第 组	组长签字	
检查评价	教师签字		日 期		
	评语：				

评　价　单

学习领域		路桥工程施工技术			
学习情境		道路的恢复定线	工作任务		布设导线网
评价学时			1		
考核项目	考核内容及要求	分值	学生自评 （10%）	小组评分 （20%）	教师评分 （70%）	实得分
计划编制 （20）	工作程序的完整性	10				
	步骤内容描述	8				
	计划的规范性	2				
工作过程 （45）	记录清晰、数据正确	10				
	布设点位正确	5				
	报告完整性	30				
基本操作 （10）	操作程序正确	5				
	操作符合限差要求	5				
安全文明 （10）	叙述工作过程应注意的安全事项	5				
	工具正确使用和保养、放置规范	5				
完成时间 （5）	能够在要求的 90 分钟内完成，每超时 5 分钟扣 1 分	5				
合作性 （10）	独立完成任务得满分	10				
	在组内成员帮助下得 6 分					
总分（∑）		100				

班　级		姓　名		学号		总　评	
教师签字		第　组	组长签字			日　期	

评价评语	评语：

教学反馈表

学习领域	路桥工程测量技术			
学习情境	道路的恢复定线	工作任务	布设导线网	
学时	22			

序号	调查内容	是	否	理由陈述
1	你是否喜欢这种上课方式？			
2	与传统教学方式比较你认为哪种方式学到的知识更适用？			
3	针对每个学习任务你是否学会如何进行资讯？			
4	计划和决策感到困难吗？			
5	你认为学习任务对你将来的工作有帮助吗？			
6	通过本任务的学习,你学会如何进行导线网的布设了吗？今后遇到实际的问题你可以解决吗？			
7	你能根据工程施工图纸在现场确定导线布设吗？			
8	学会使用全站仪进行导线测量了吗？			
9	通过几天来的工作和学习,你对自己的表现是否满意？			
10	你对小组成员之间的合作是否满意？			
11	你认为本情境还应学习哪些方面的内容？（请在下面空白处填写）			

你的意见对改进教学非常重要,请写出你的建议和意见。

被调查人签名		调查时间	

任务4　测设中桩

任 务 单

学习领域	路桥工程测量技术		
学习情境	道路的恢复定线	工作任务	测设中桩
任务学时	12		

布置任务

工作目标	1. 能够借助设计文件及资料找到完成任务所需的工具、材料、方法 2. 学会测设的基本工作 3. 学会点的平面位置的测设方法 4. 学会圆曲线测设的方法 5. 学会缓和曲线测设的方法 6. 要求在完成任务过程中锻炼职业素质,做到"严谨认真、吃苦耐劳、诚实守信"
任务描述	根据给定的路桥工程施工图纸,根据布设的导线点,需要在整套施工图纸中选取一段道路中桩进行测设。其具体工作内容如下: 1. 控制点的复测 2. 直线段中桩的测设 3. 曲线段中桩的测设

学时安排	资讯	计划	决策或分工	实施	检查	评价
	5 学时	0.5 学时	0.5 学时	4 学时	1 学时	1 学时

提供资料	1. 路桥施工图纸 2. 工程测量规范 3. 参考测设略图 4. 测量员岗位工作技术标准
对学生的要求	1. 具备路桥工程识图与绘图的基础知识 2. 具备路桥工程构造的知识 3. 具备几何方面的基础知识 4. 具备一定的自学能力、数据计算能力、一定的沟通协调能力、语言表达能力和团队意识 5. 严格遵守课堂纪律,不迟到、不早退;学习态度认真、端正 6. 积极参与小组讨论 7. 完成"测设中桩"工作的报告

资　讯　单

学习领域	路桥工程测量技术		
学习情境	道路的恢复定线	工作任务	测设中桩
资讯学时	5		
资讯方式	在图书、期刊、教材、互联网及信息单上查询问题;咨询任课教师		
资讯问题	问题一:距离及角度如何进行测设?		
	问题二:点的平面位置测设方法有哪些?		
	问题三:如何复测测量控制点?		
	问题四:中桩测设有哪些方法?		
	问题五:如何进行圆曲线测设?		
	问题六:如何进行缓和曲线测设?		
	问题七:公路工程坐标计算如何进行?		
	问题八:全站仪坐标放样的原理是什么?		
	问题九:宾得全站仪坐标放样如何操作?		
	学生需要单独资讯的问题……		
资讯引导	[1]王剑英,王天成．土建工程测量．北京:中国计量出版社,2009. [2]21世纪路桥施工技术研究中心．路桥施工现场十大员技术操作标准规范:测量员．北京:当代中国音像出版社,2004.		

信　息　单

4.1　测设的方法

4.1.1　已知距离和角度的测设

测设也称为放样，就是根据已有的控制点或者地物点，按照工程设计要求，正确地将各种建筑物的位置（平面位置及高程）在实地标定出来。

1. 测设已知水平距离

在地面上测设已知水平距离是从地面一个已知点开始，沿已知方向，量出给定的实地水平距离，定出这段距离的另一端点。根据测量仪器工具不同，主要有以下两种方法。

（1）钢尺测设法。

①一般测设方法。当测设精度要求不高时，可从起始点开始，沿给定的方向和长度，用钢尺量距，定出水平距离的终点。为了校核，可将钢尺移动 $10 \sim 20$ cm，再测设一次。若两次测设之差在允许范围内，取它们的平均位置作为终点最后位置。

②精确测设方法。在实地测设已知距离与在地面上丈量两点间距离的过程正好相反。当测设精度要求较高时，应先根据给定的水平距离 D，结合尺长改正数、温度变化和地面高低，经改正计算出地面上应测设的距离 L。其计算式为

$$L = D - (\Delta l_d + \Delta l_t + \Delta l_h)\tag{4.1}$$

式中：Δl_d 为尺长改正数；$\Delta l_d = D\Delta l/l_0$；$\Delta l_t$ 为温度改正数；$\Delta l_t = D\alpha(t - t_0)$；$\Delta l_h$ 为高差改正数，$\Delta l_h = -h^2/(2D)$。

然后根据计算结果，使用检定过的钢尺，用经纬仪定线，沿已知方向用钢尺进行测设。现举例说明测设过程。

如图 4.1 所示，从 A 点沿 AC 方向在倾斜地面上测设 B 点，使水平距离 $D = 60$ m，所用钢尺的尺长方程式为

$$L = 30 + 0.003 + 12.5 \times 10^{-6} \times 30 \times (t - 20)$$

测设之前，通过概量定出终点，用水准仪测得两点之间的高差为 $h = +1.200$ m。测设时温度为 $t = 4℃$，测设时拉力与检定钢尺时拉力相同，均为 100 N。先求应测设距离 L 的长度。

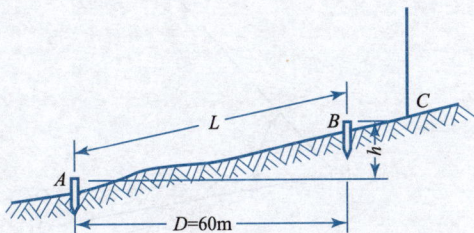

图 4.1　钢尺量距

根据已知条件，计算如下

$$\Delta l_d = D\Delta l/l_0 = 60 \times 0.003/30 = +0.006(\text{m})$$

$$\Delta l_t = D\alpha(t - t_0) = 60 \times 12.5 \times 10^{-6} \times (4 - 20) = -0.012(\text{m})$$

$$\Delta l_h = -h^2/(2D) = -(1.2)^2/(2 \times 60) = -0.012(\text{m})$$

根据式（4.1），应测设的距离 L 为

$$L = 60 - [(+0.006) + (-0.012) + (-0.012)] = 60.018(\text{m})$$

实地测设时，用经纬仪定线，沿 AC 方向，并使用检定时拉力，用钢尺实量 60.018 m 标定出 B 点。这样，AB 的水平距离正好为 60 m。

（2）光电测距仪测设法。由于光电测距仪和全站仪的普及，目前水平距离的测设，尤其是长距离的测设多采用光电测距仪或全站仪进行。

用测距仪器放样已知水平距离与用钢尺放样已知水平距离的方式一致，先用跟踪法放出另外一端点，再精确测定其长度，最后进行改正。

如图 4.2 所示，安置光电测距仪于 A 点，瞄准并锁定已知方向，沿此方向指挥立镜员使反光棱镜在已知方向上移动，使仪器显示值略大于测设的距离，定出 C' 点。在 C' 点安置反光棱镜，测出竖直角 α 及斜距

L(必要时加测气象改正),计算水平距离 $D' = L\cos\alpha$,求出 D' 与应测设的水平距离 D 的差值,将差值通知立镜员,由立镜员根据差值的符号在实地用钢尺沿测设方向将 C' 改正至 C 点,并用木桩标定其点位。为了检核,应将反光镜安置于 C 点,实测 AC 距离,其不符值应在限差之内,否则应再次进行改正,直至符合规定限差为止。由于光电测距仪的普及,目前水平距离的测设,尤其是长距离的测设多采用光电测距仪。值得指出,有些光电测距仪(或全站仪)本身具有距离放样功能,给距离测设带来了方便。

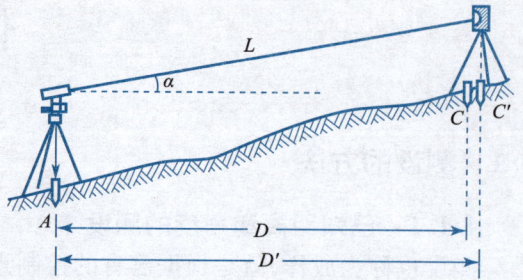

图 4.2 光电测距

2. 测设已知水平角

测设水平角是根据一个已知方向和角顶位置,按给定的水平角值,把该角的另一方向在实地上标定出来。根据精度要求不同,测设方法有如下两种。

(1)一般测设方法。当测设精度要求不高时,可用盘左盘右取中的方法,得到欲测设的角度。如图 4.3 所示,安置仪器于 A 点,先以盘左位置照准 B 点,使水平度盘读数为零,松开制动螺旋,旋转照准部,使水平度盘读数为 β,在此视线方向上定出 C';再用盘右位置重复上述步骤,测设 β 角定出 C'' 点。取 C' 和 C'' 的中点 C,则 $\angle BAC$ 就是要测设的 β 角。

(2)精确测设方法。当测设水平角精度要求较高时,需采用垂线支距改正的精确方法。其基本原理是在一般测设的基础上进行垂线改正,从而提高测设精度。

①如图 4.4 所示,安置仪器于 A 点,先用一般方法测设 β 角,在地面上定出 C 点;

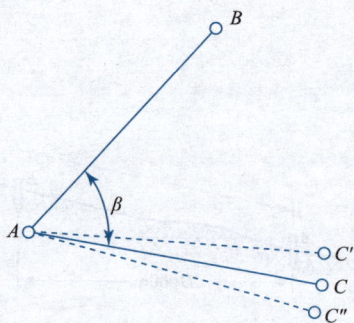

图 4.3 盘左盘右取中

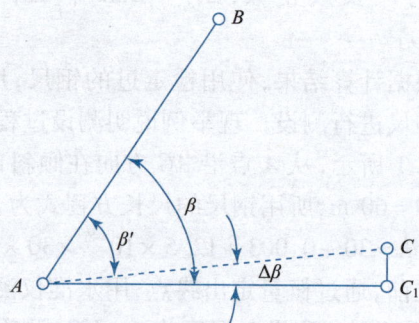

图 4.4 垂线改正法

②用测回法观测 $\angle BAC$,测回数可视精度要求而定,取各测回角值的平均值 β' 作为观测结果,计算出已知角值 β 与平均值 β' 的差值:$\beta - \beta' = \Delta\beta$。

③根据 AC 长度和 $\Delta\beta$ 计算其垂直距离 CC_1

$$CC_1 = AC\tan\Delta\beta = AC\frac{\Delta\beta}{\rho} \tag{4.2}$$

④过 C 点作 AC 的垂直方向,向外量出 CC_1 即得 C_1 点,则 $\angle BAC_1$ 就是精确测定的 β 角。注意 CC_1 的方向,要根据 $\Delta\beta$ 的正负号定出向里或向外的方向,如果 $\Delta\beta$ 为正,则沿 AC 的垂直方向向外量取,反之向内量取。

4.1.2 点的平面位置测设

点的平面位置测设方法有直角坐标法、极坐标法、角度交会法和距离交会法等。可根据施工控制网的布设形式、控制点的分布情况、地形条件、放样精度要求以及施工现场条件等合理选用适当的测设方法。

1. 直角坐标法

当施工场地布设有相互垂直的矩形方格网或主轴线,以及量距比较方便时可采用此法。测设时,先根据图纸上的坐标数据和几何关系计算测设数据,然后利用仪器工具实地设置点位。

现以图4.5所示为例说明具体方法。图中OA、OB为相互垂直的主轴线,它们的方向与建筑物相应两轴线平行。下面根据设计图上给定的1、2、3、4点的位置及1、3两点的坐标,用直角坐标法测设1、2、3、4各点的位置。

(1)计算测设数据。图4.5中,建筑物的墙轴线与坐标线平行,根据1、3两点的坐标可以算得建筑物的长度为$y_3 - y_1 = 80.000$ m,宽度为$x_1 - x_3 = 35.000$ m。过4、3分别作OA的垂线得a、b,由图可得$Oa = 40.000$ m,$Ob = 120.000$ m,$ab = 80.000$ m。

(2)实地测设点位。

①安置经纬仪于O点,瞄准A,按距离测设方法由O点沿视线方向测设OA距离40 m,定出a点,继续向前测设80 m,定出b点。若主轴线上已设置了距离指标桩,则可根据OA边上的100 m指标桩向前测设20 m定出b点。

②安置经纬仪于a点,瞄准A水平度盘置零,盘左盘右取中法逆时针方向测设直角90°,由a点起沿视线方向测设距离25 m,定出4点,再向前测设35 m,即可定出1点的平面位置。

③安置经纬仪于b点,瞄准A,方法同②定出3和2两点的平面位置。

④测量1—2和3—4之间的距离,检查它们是否等于设计长度80 m,较差在规定的范围内,测设合格。一般规定相对误差不应超过1/2 000～1/5 000。在高层建筑或工业厂房放样中,精度要求更高。

此法计算简单,测设方便,是土建工程中建筑物测设的常用方法之一。

2. 极坐标法

极坐标法是根据一个角度和一段距离测设点的平面位置。具备电子全站仪时,利用该方法测设点位具有很大的优越性。如采用经纬仪、钢尺测设,一般要求测设距离应较短,且便于量距的情况。现以图4.6为例说明极坐标法测设点位的基本原理。

图4.6中,A、B为地面上的已知控制点,已知坐标分别为x_A、y_A和x_B、y_B,P点为待测建筑物的特征点,其设计坐标为(x_P, y_P)。下面以A、B两点测设P点为例介绍极坐标测设步骤。

(1)计算测设数据。测设前,先根据已知点的坐标和待设点的坐标反算水平距离d和方位角,然后再根据方位角求出水平角β,水平角β和距离d是极坐标法的测设数据。其计算公式为

$$\alpha_{AB} = \arctan \frac{y_B - y_A}{x_B - x_A} \tag{4.3}$$

$$\alpha_{AP} = \arctan \frac{y_P - y_A}{x_P - x_A} \tag{4.4}$$

$$\beta = \alpha_{AB} - \alpha_{AP} \tag{4.5}$$

$$d_{AP} = \sqrt{(x_P - x_A)^2 + (y_P - y_A)^2} \tag{4.6}$$

(2)点位测设。实地测设时,可将经纬仪安置在A点,对中整平后,瞄准B点,水平度盘置零,逆时针方向测设β角,并在此方向上自A点测设d_{AP}长度,标定P点的位置。为确保精度,待其他各点全部测设完毕后,再用其他点与P点的数据关系进行校核。

若采用电子全站仪测设,不受地形条件的限制,测设距离可较长。尤其是电子全站仪既能测角又能测距,且内部固化有计算程序,可直接进行坐标放样。所以,应用极坐标法能极大地发挥全站仪的功能。

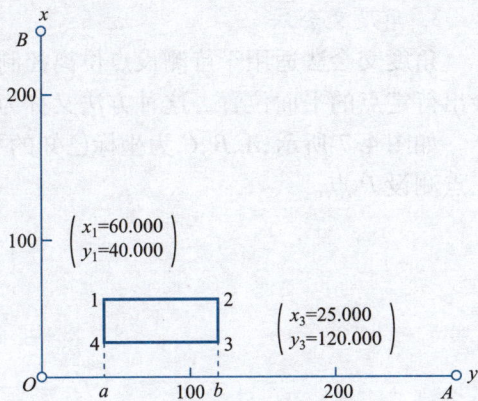

图4.5　直角坐标法

$\begin{pmatrix} x_1 = 60.000 \\ y_1 = 40.000 \end{pmatrix}$

$\begin{pmatrix} x_3 = 25.000 \\ y_3 = 120.000 \end{pmatrix}$

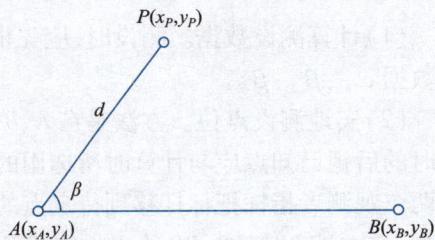

图4.6　极坐标法

3. 角度交会法

角度交会法适用于待测设点位离控制点较远或不便于量距的情况。它通过测设两个或多个已知角度，交会出待定点的平面位置。这种方法又称为方向交会法。

如图 4.7 所示，A、B、C 为坐标已知的平面控制点，P 为待测设点，其设计坐标为 $P(x_P、y_P)$，现根据 A、B、C 三点测设 P 点。

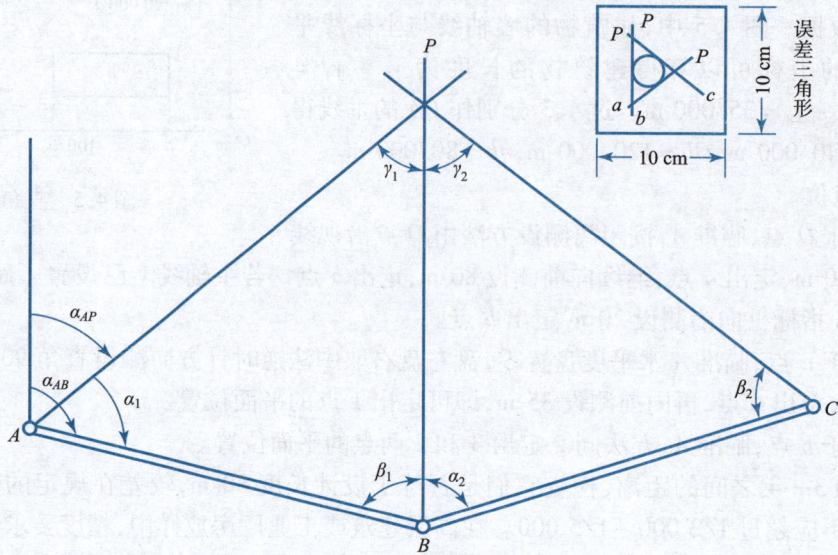

图 4.7　角度交会法

（1）计算测设数据。测设时，应先根据坐标反算公式分别计算出 α_{AB}、α_{AP}、α_{BP}、α_{CP}、α_{CB}，然后计算测设数据 α_1、β_1、β_2。

（2）实地测设点位。方法是在 A、B 两个控制点上安置经纬仪，分别测设出相应的 β 角，但应注意实地测设时的后视已知点应与计算时所选用的后视方向相同。当测设精度要求较低时，可用标杆作为照准目标，通过两个观测者指挥把标杆移到待定点的位置。当精度要求较高时，先在 P 点处打下一个大木桩；并由观测员指挥，在木桩上依 AP，BP 绘出方向线及其交点 P；然后在控制点 C 上安置经纬仪，同样可测设出 CP 方向。若交会没有误差，此方向应通过前两方向线的交点，否则将形成一个"误差三角形"，如图 4.7 所示。"误差三角形"的最大边长的限差视测设精度要求而定。例如，精密放样精度要求"误差三角形"的最大边长不超过 1 cm，若符合限差要求，取三角形的重心作为待定点 P 的最终位置。若误差超限，应重新交会。为提高交会精度，测设时交会角 γ_1、γ_2 宜在 $30° \sim 150°$。

4. 距离交会法

距离交会法是由两个控制点测设两段已知距离交出点的平面位置的方法。在施工场地平坦，量距方便且控制点离测设点不超过一尺段时采用此法较为适宜。

如图 4.8 所示，A、B、C 为已知平面控制点，1、2 为待测设点。首先，由控制点 A、B、C 和待设点 1、2 的坐标反算出测设数据 d_1、d_2、d_3、d_4。然后，分别从 A、B、C 点用钢尺测设已知距离 d_1、d_2 和 d_3、d_4。测设时，同时使用两把钢尺，由 A、B 测设长度 d_1、d_2 的交会定出 1 点；同样由 B、C 测设长度 d_3、d_4 可交会定出 2 点。最后，应量取点 1 至点 2 的长度，与设计长度比较，以检核测设的准确性。这种方法所使用的工具简单，多用于施工中距离较近的细部点放样。

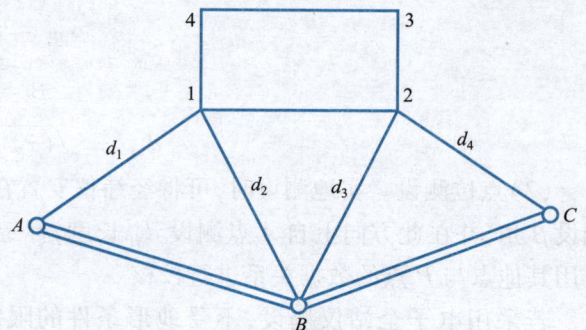

图 4.8　距离交会法

4.2　复测控制点

控制点复测是施工测量前必不可少的准备工作,它包括导线控制点和路线控制桩的复测。另外,由于人为或其他原因,导线控制点和路线控制桩丢失或遭到破坏,要对其进行补测;有的导线点在路基范围以内,需将其移至路基范围以外。只有当这一切都确保无误,方能进行施工放样工作。

4.2.1　导线控制点和路线控制桩的复测

路线勘测设计完成以后,往往要经过一段时间才能施工。在这段时间内,导线控制点或路线控制桩是否移位? 精度如何? 需对其进行复测。

导线点的复测主要是检查其坐标和高程是否正确。检测的方法如图4.9所示。

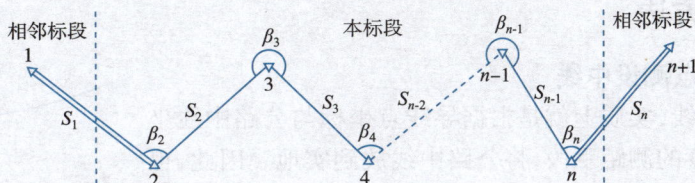

图4.9　导线点复测

第一步:根据导线点 $1 \sim n$ 的坐标由式(3.48)和式(3.49)反算转角(左角) $\beta_2 \sim \beta_{n-1}$ 和导线边长 $S_1 \sim S_{n-1}$。

$$\begin{cases} \alpha_{i+1,i} = \arctan \dfrac{y_i - y_{i+1}}{x_i - x_{i+1}} \\ \alpha_{i+1,i+2} = \arctan \dfrac{y_{i+2} - y_{i+1}}{x_{i+2} - x_{i+1}} \\ \beta_{i+1} = \alpha_{i+1,i+2} - \alpha_{i+1,i} \\ S_i = \sqrt{(x_{i+1} - x_i)^2 + (y_{i+1} - y_i)^2} \end{cases} \quad (4.7)$$

第二步:实地观测各转角 $\beta_2 \sim \beta_{n-1}$ 及导线边长 $S_1 \sim S_{n-1}$,观测可取一个测回平均值,边长测量可取连续观测 $3 \sim 4$ 次的平均值。当观测值与计算值满足式(4.8)时,则认为点的平面坐标和位置是正确的。

$$\begin{cases} |\beta_{i+1} - \overline{\beta_{i+1}}| \leqslant 2m\beta = 16'' \\ \left| \dfrac{S_i - \overline{S_i}}{S_i} \right| \leqslant \dfrac{1}{15\,000} \end{cases} \quad (4.8)$$

另外还要对导线进行检查,检查时可将图4.9中1、2和 n、$n+1$ 点作为已知点,$\alpha_{1,2}$ 和 $\alpha_{n,n+1}$ 作为已知坐标方位,按二级导线的方位角闭合差和全长相对闭合差的精度要求进行控制。具体详见导线测量的有关内容。

第三步:水准点高程的检测。在使用水准点之前应仔细校核,并与国家水准点闭合。水准点高程的检测和水准测量的方法一样。高速公路和一级公路的水准点闭合差按四等水准控制($20\sqrt{L}$),二级以下公路水准点闭合差按五等水准($30\sqrt{L}$)控制。大桥附近的水准点闭合差应按《公路桥涵施工技术规范》(JTJ 041—2000)的规定办理。若满足精度要求,则认为点的高程是正确的。

一般情况下,公路两旁布设导线点,其坐标和高程均在同一点上。因此,在复测坐标的同时可利用三角高程测量的方法检测高程。

水准点间距不宜大于 1 km。在人工构造物附近、高填深挖地段、工程量集中及地形复杂地段宜增设临时水准点。临时水准点必须符合精度要求,并与相邻路段水准点闭合。

值得注意的是,有的施工单位在复测导线点时,只检查本标段的点,而忽视了对前后相邻标段点的检查,这样就有可能在标段衔接处出现路中线错位或断开。在实际工作中,应引起重视,防止发生这种问题。复测导线时,必须和相邻标段的导线闭合。

4.2.2 导线控制点的补测与移位

由于人为或其他的原因,导线控制点丢失或遭到破坏。如果是间断性的丢失,可利用前方交会、支点等方法补测该点,或采用任意测站方法补测导线点。补测的导线点原则上应在原导线点附近;如果是连续丢失数点,则要用导线测量的方法补测。若将路基范围内的导线点移至路基范围以外,可根据移点的多少分别采用交会法或导线法,也可采用"骑马桩"法加以保护。导线点的高程用水准测量或三角高程测量测定(前方交会、支点、任意测站等方法请参阅有关测量教材)。

值得注意的是,在补点时应尽量将点位选在路线的一侧、地势较高处,以避免路基填土达到一定高度时影响导线点之间的通视。

施工期间应定期(一般半年)对导线控制点(特别是水准点)进行复测。季节冻融地区,在冻融以后也要进行复测。发现导线控制点丢失后应及时补上,并做好对导线控制点(特别是原始点)的保护工作。

4.3 测设道路中桩的方法

4.3.1 用导线控制点测设中线

用导线控制点测设中线,实质上就是根据导线点坐标与公路中线坐标之间的关系,借以高精度的测距手段,将公路中线放到实地。因此,也可称之为"坐标法"。

如图 4.10 所示,P 为公路中线点,坐标为 (x_P, y_P);A、B 为导线点,坐标分别为 (x_A, y_A)、(x_B, y_B),P 点与 A 点的极坐标关系用 A 点到 P 点的距离 S_{AP}、坐标方向 α_{AP} 表示,即

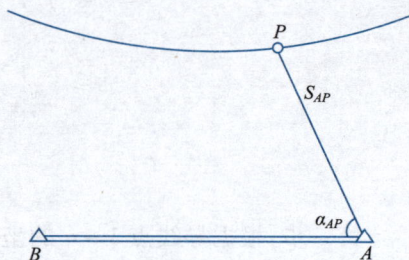

图 4.10　用导线控制点测设道路中线

$$\begin{cases} \alpha_{AP} = \arctan \dfrac{y_P - y_A}{x_P - x_A} \\ S_{AP} = \sqrt{(x_P - x_A)^2 + (y_P - y_A)^2} \end{cases} \qquad (4.9)$$

式(4.9)就是两点间距离和坐标方位的计算公式,式中,导线点的坐标通过控制测量求得。求得 P 点坐标,可分为以下几种情况。

1. 根据中线上 P 点的里程桩号求算坐标

(1)P 点在中线的直线段上。如图 4.11 所示,直线段起点桩号 l_0,坐标为 (x_0, y_0),直线段坐标方位角 α,直线段上一交点 P(桩号 l_i)的坐标 (x_i, y_i) 的计算式为

$$\begin{cases} x_i = x_0 + (l_i - l_0)\cos\alpha \\ y_i = y_0 + (l_i - l_0)\sin\alpha \end{cases} \qquad (4.10)$$

路线上直线段起点一般为 $\mathrm{JD}_{(n-1)}$,见图 4.12,其 P 点坐标可用式(4.11)求得

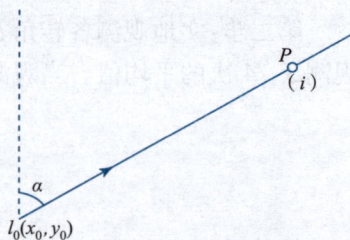

图 4.11　P 点在直线段上

$$\begin{cases} x_P = x_{\mathrm{JD}_n} + [T_n + (P_1 - \mathrm{YZ}_1)] \cdot \cos\alpha_{\mathrm{JD}_{n}-P} \\ y_P = y_{\mathrm{JD}_n} + [T_n + (P_1 - \mathrm{YZ}_1)] \cdot \sin\alpha_{\mathrm{JD}_{n}-P} \end{cases} \qquad (4.11)$$

式中:P_1、YZ_1 为 P 点和 YZ 点的里程桩号;T_n 为切线长。

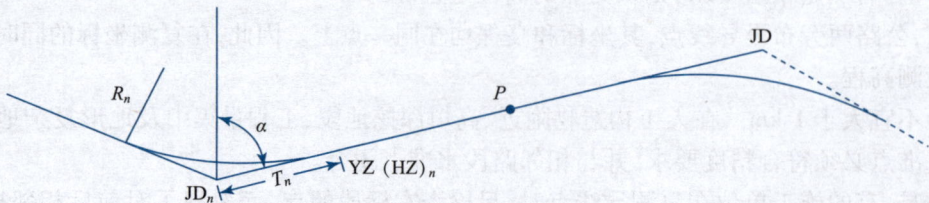

图 4.12　直线的起点为 JD_n

（2）P 点在中线的圆曲线上。如图 4.13 所示，圆曲线半径 R，起点桩号 l_0，起点坐标为 (x_0,y_0)，起点的切线坐标方位角为 α_i，曲线段上一点 P（桩号 l_i）的坐标用式（4.12）直接求得

$$\begin{cases} x_i = x_0 + S_i\cos\alpha_i \\ y_i = y_0 + S_i\sin\alpha_i \end{cases} \qquad (4.12)$$

式中：$S_i = 2R\sin\Delta i = 2R\sin\dfrac{|l_i-l_0|}{2R}$；$a_i = a \pm \dfrac{|l_i-l_0|}{2R}$。

当起点为 ZY 或 HY 时，$l_0 = l_{ZY(HY)}$，$x_0 = x_{ZY(HY)}$，$y_0 = y_{ZY(HY)}$，"±"号取法：左偏"−"，右偏"+"；当起点为 YZ 或 YH 时，$l_0 = l_{YZ(YH)}$，$x_0 = x_{YZ(YH)}$，$y_0 = y_{YZ(YH)}$，"±"号取法：左偏"+"，右偏"−"。

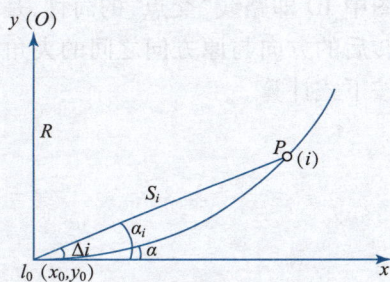

图 4.13　P 点在中线的圆曲线上

（3）P 点在中线的缓和曲线段上。如图 4.14 所示，在以缓和曲线点起 $R=\infty$，桩号 l_0，坐标 (x_0,y_0) 为坐标原点，垂线为 y 轴的直角坐标系 $x'O'y'$ 中，曲线段上一点 i（桩号 l_i）的切线正支距坐标 (x'_i,y'_i) 可由下式求得即

$$\begin{cases} x'_i = l - \dfrac{l^5}{40A^4} + \dfrac{l^9}{3\,456A^8} - \dfrac{l^{13}}{599\,040A^{12}} + \dfrac{l^{17}}{17\,542\,600A^{16}} + \cdots \\ y'_i = \dfrac{l^3}{6A^4} - \dfrac{l^7}{336A^6} + \dfrac{l^{11}}{42\,240A^{10}} - \dfrac{l^{15}}{9\,676\,800A^{14}} + \dfrac{l^{19}}{3\,530\,097\,000A^{18}} + \cdots \end{cases} \qquad (4.13)$$

$$l = |l_i - l_0|$$

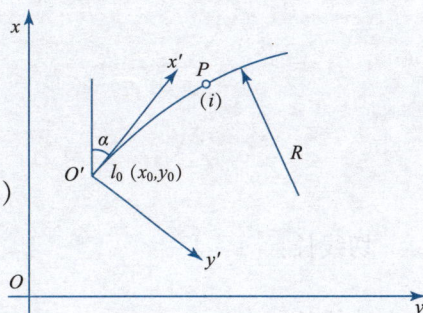

图 4.14　P 点在中线的缓和曲线段上

利用坐标平移和旋转计算出该点在大地平面直角坐标系 xOy 中的坐标 (x_i,y_i) 为

$$\begin{cases} x_i = x_0 + x'_i\cos\alpha - y'_i\sin\alpha \\ y_i = y_0 + x'_i\sin\alpha + y'_i\cos\alpha \end{cases} \qquad (4.14)$$

当起点为 ZH 时，$l_0 = l_{ZH}$，$x_0 = x_{ZH}$，$y_0 = y_{ZH}$；曲线为左偏时，应以 $-y'_i$ 代入。
当起点为 HZ 时，$l_0 = l_{HZ}$，$x_0 = x_{HZ}$，$y_0 = y_{HZ}$；曲线为右偏时，应以 $-y'_i$ 代入。

2. 根据求得的 P 点坐标进行放样

第一步：在设站 A 上架设经纬仪、测距仪，整平对中；

第二步：将导线点坐标、路线有关数据输入计算机，运行计算机程序；

第三步：后视已知导线点 B，配置水平度盘读数至后视导线点坐标方位 α_{AB}；

第四步：根据待放样点 i 的桩号 l_i，计算机自动判断（亦可人工判断）该点所处平曲线的线段（如直线段、缓和曲线段、圆曲线段），计算该点的放样资料 S_i，α_i；

第五步：经纬仪拨方位角 α_i，指导棱镜操作者沿该方向走到放样点大概位置，用测距仪进行测距。当所测距离与计算距离 S_i 之差在 ±2m 以内时，便可用 2m 小钢尺量距定桩，并在桩的侧面标注上桩号；

第六步：精确对点测距，用小铁钉确定该点位置；

第七步：检查该点的桩号、方位、距离是否正确；

重复第四～七步，放样其他中线点。

4.4　曲线测设

4.4.1　圆曲线测设

圆曲线的测设一般分为两步：第一步，根据圆曲线的测设元素，测设曲线的主点，即曲线的起点（直圆点 ZY）、曲线的中点（曲中点 QZ）和曲线的终点（圆直点 YZ）；第二步，根据主点按规定的桩距进行加密测设，详细标定圆曲线的形状和位置，即进行圆曲线细部点的测设。

1. 圆曲线主点测设

（1）圆曲线测设元素及其计算。如图 4.15 所示，圆曲线的半径为 R，一般在测设前由路线规划设计确定。

图中 JD 即路线"交点"的简称,是路线的转折点。α 为路线的转角,指路线由一个方向转向另一个方向时,偏转后的方向与原方向之间的夹角,可由经纬仪测定;在半径 R 和转角 α 已知的前提下,圆曲线的测设元素可按下式计算。

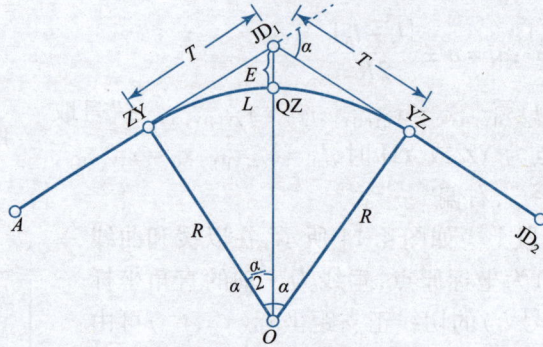

图 4.15 圆曲线测设元素

切线长:
$$T = R\tan\frac{\alpha}{2} \tag{4.15}$$

曲线长:
$$L = R\alpha\frac{\pi}{180°} \tag{4.16}$$

外矢距:
$$E = R\left(\sec\frac{\alpha}{2} - 1\right) \tag{4.17}$$

切曲差:
$$D = 2T - L \tag{4.18}$$

其中,T、E 用于主点设置,T、L、D 用于里程计算。在圆曲线测设中,T、L、E、D 一般是以 R 和 α 为因数计算,也可直接从有关"曲线测设用表"中查得。

为表示桩点至路线起点的距离,在道路工程中还需要根据交点 JD 的里程和以上曲线元素计算圆曲线主点的里程(桩号)。

由图 4.15 可知:

$$\begin{cases} ZY_{里程} = JD_{里程} - T \\ YZ_{里程} = ZY_{里程} + L \\ QZ_{里程} = YZ_{里程} - L/2 \\ JD_{里程} = QZ_{里程} + D/2 \end{cases} \tag{4.19}$$

在式(4.19)的最后一步,若计算出的交点 JD 里程与实际相同,说明计算无误。

【例4.1】 已知某圆曲线交点 JD 的里程桩号为 K6 + 183.56,测得转角 $\alpha_{右} = 42°36'00''$,圆曲线半径 $R = 150$ m,计算曲线主点测设元素及主点里程桩号。

解:①曲线测设元素的计算。由式(4.15)~(4.18)代入数据计算得

切线长 $T = R\tan\frac{\alpha}{2} = 150 \times \tan\frac{42°36'00''}{2} = 58.48(\text{m})$

曲线长 $L = R\frac{\alpha}{\rho} = 150 \times \frac{42°36'00''}{206\ 265''} = 111.53(\text{m})$

外矢距 $E = R\left(\sec\frac{\alpha}{2} - 1\right) = 150 \times \left(\sec\frac{42°36'00''}{2} - 1\right) = 11.00(\text{m})$

切曲差 $D = 2T - L = 2 \times 58.48 - 111.53 = 5.43(\text{m})$

②主点里程的计算。由式(4.19)得

$ZY_{里程} = JD_{里程} - T = K6 + 183.56 - 58.48 = K6 + 125.08$

$$YZ_{里程} = ZY_{里程} + L = K6 + 125.08 + 111.53 = K6 + 236.61$$
$$QZ_{里程} = YZ_{里程} - L/2 = K6 + 236.61 - 111.53/2 = K6 + 180.84$$
$$校核:JD_{里程} = QZ_{里程} + D/2 = K6 + 180.84 + 5.43/2 = K6 + 183.56$$

（2）圆曲线主点测设。置经纬仪于 JD 上，望远镜照准后一方向线的交点或转点，量取切线长 T，得曲线起点 ZY，插一测钎。然后丈量 ZY 至最近一个直线桩的距离，如两桩号之差等于这段距离或相差在容许范围内，即可用木桩在测钎处打下 ZY 桩，否则应检查原因，以保证点位的正确性。设置终点 YZ 时，将望远镜照准前一方向线的交点或转点，往返量取切线长 T，得曲线终点，打下 YZ 桩。最后沿（$180° - \alpha$）角的分角线方向量取 E 值得曲线中点，打下 QZ 桩。

2. **圆曲线细部点测设**

圆曲线的主点测设只标出了起点、中点、终点三个主点，显然，仅这三个点还不能详细地表达曲线的形状与位置。所以，在圆曲线的主点设置后，还需按规定桩距进行圆曲线的细部点位置的测设，这项工作称细部点测设或详细测设。细部点测设所采用的桩距 l_0 与曲线半径大小有关，一般有如下规定：

$$R \geqslant 100m\ 时,l_0 = 20m$$
$$25m < R < 100m\ 时,l_0 = 10m$$
$$R \leqslant 25m\ 时,l_0 = 5m$$

按桩距 l_0 在曲线上设里程桩号，通常有以下两种方法：

（1）整桩号法。将曲线上靠近起点 ZY 的第一个桩的桩号凑整成为 l_0 倍数的整桩号，然后按桩距 l_0 连续向曲线终点 YZ 设桩。这种方法排桩号，细部桩的里程桩号均为整桩号。

（2）整桩距法。从曲线起点 ZY 和终点 YZ 开始，分别以桩距 l_0 连续向曲线中点 QZ 设桩。这种方法，细部桩的里程桩号均为非整桩号。

通过确定细部点的桩距和排桩号，可以知道圆曲线上细部桩的数量和里程。细部测设的方法很多，有切线支距法、偏角法和极坐标法，另外还有坐标放样法。根据建筑工程分类的不同主要介绍常用的切线支距法，道路工程中常用偏角法和极坐标法、坐标放样法等方法。

（1）切线支距法。切线支距法即直角坐标定点（图4.16），它分别以曲线的起点、终点为坐标原点，以切线为 x 轴，过原点的半径为 y 轴建立起直角坐标系，利用曲线上各细部点的坐标 x（横距），y（纵距）来设置各桩点，测设时分别从曲线的起点和终点向曲线中点施测。

①细部测设数据的计算。如图4.16所示，设 l_i 为细部点 P_i 至原点间的弧长，φ_i 为 l_i 对应的圆心角，R 为曲线半径。当由 P_i 向切线作垂线，得各垂足 N_i，由图可知，细部点在坐标系中的坐标计算公式为

$$\begin{cases} x_i = R\sin\varphi_i \\ y_i = R(1 - \cos\varphi_i) \end{cases} \quad (4.20)$$

式中：$\varphi_i = \dfrac{l_i}{R} \cdot \dfrac{180}{\pi}(i = 1,2,3,4,\cdots)$。

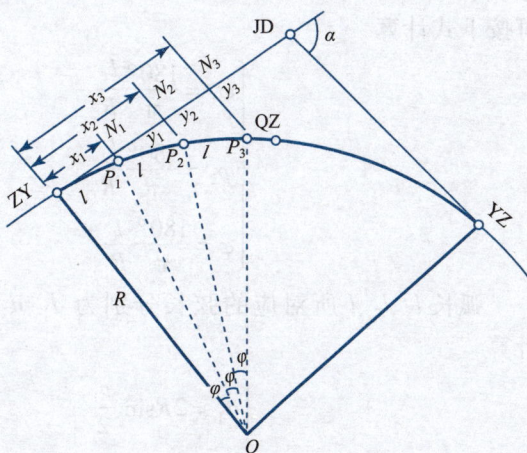

图 4.16　切线支距法细部放样示意

实际测设计算时，x、y 值可根据弧长 l_i、半径 R 逐点按式（4.20）计算，也可根据 l_i、R 为因数从"曲线测设用表"中查得。

【例4.2】在【例4.1】中，若采用切线支距法，并按整桩号设桩，试计算各桩坐标。

解：按整桩号法设桩，桩距 $l_0 = 20m$，则测设数据和具体计算见表4.1。

表4.1　切线支距法坐标计算

桩号	弧长 l(m)	圆心角 φ_i	支距坐标 x(m)	支距坐标 y(m)
ZY K6 + 125.08	0.00	0°00′00″	0.00	0.00
K6 + 140	14.92	5°41′56″	14.90	0.74
K6 + 160	34.92	13°20′18″	34.60	4.05
K6 + 180	54.92	20°58′40″	53.70	9.94
QZ K6 + 180.84	55.76	21°17′56″	54.48	10.24
K6 + 200	36.61	13°59′02″	36.25	4.44
K6 + 220	16.61	6°20′40″	16.58	0.92
YZ K6 + 236.61	0.00	0°00′00″	0.00	0.00

②细部点测设方法。

a. 在 ZY 点安置经纬仪,瞄准 JD 定出切线方向。沿其视线方向丈量横坐标值 x_1、x_2 得各垂足 N_1、N_2 等。

b. 在 N_i 点用方向架或经纬仪定出直角方向,沿其方向丈量纵坐标值 y_i,即从点 N_1 沿直角方向丈量 y_1 得 P_1,从 N_2 沿直角方向丈量 y_2 得 P_2,以此类推直到曲中点 QZ。

c. 对于另一半曲线,由 YZ 点测设,可根据由 YZ 至 QZ 点计算的坐标数据,按上述的方法进行测设。

d. 曲线辅点测设完成后,要量取曲中点至最近的辅点间距离及各桩点间的桩距,比较较差是否在限差之内,若较差超限,应查明原因,予以纠正。

切线支距法适用于地势平坦地区,具有桩点误差不累积、测法简单等优点,因而应用比较广泛。

(2)偏角法。偏角法是以曲线起点(ZY)或终点(YZ)至曲线上待测设点 P_i 的弦线与切线之间的弦切角(这里称为偏角)δ 和弦长 d 来确定 P 点的位置。

①测设数据的计算。如图 4.17 所示,根据几何原理,偏角 δ_i 等于相应弧长所对的圆心角 φ_i 的一半,即 $\delta_i = \varphi_i/2$。里程桩整桩的桩距(弧长)为 l,首尾两段零头弧长为 l_1、l_2,l_1、l_2、l 所对应的圆心角分别为 φ_1、φ_2、φ,可按下式计算

$$\begin{cases} \varphi_1 = \dfrac{180°}{\pi} \dfrac{l_1}{R} \\[2mm] \varphi_2 = \dfrac{180°}{\pi} \dfrac{l_2}{R} \\[2mm] \varphi = \dfrac{180°}{\pi} \dfrac{l}{R} \end{cases} \qquad (4.21)$$

弧长 l_1、l_2、l 所对应的弦长分别为 d_1、d_2 和 d,可按下式计算

$$\begin{cases} d_1 = 2R\sin\dfrac{\varphi_1}{2} \\[2mm] d_2 = 2R\sin\dfrac{\varphi_2}{2} \\[2mm] d = 2R\sin\dfrac{\varphi}{2} \end{cases} \qquad (4.22)$$

曲线上各点的偏角等于相应所对圆心角的 1/2,即

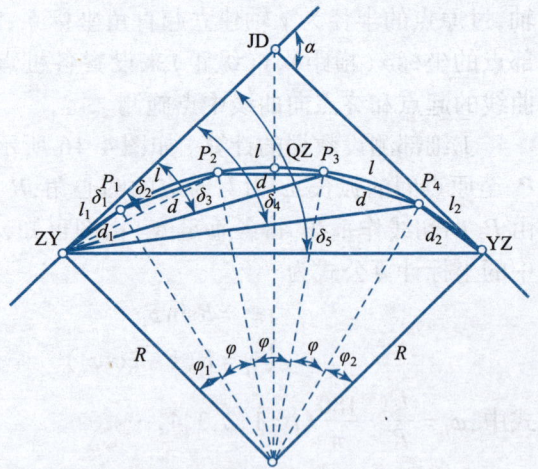

图 4.17　偏角法细部放样示意

$$
\begin{cases}
\text{第 1 点的偏角为 } \delta_1 = \dfrac{\varphi_1}{2} \\[2mm]
\text{第 2 点的偏角为 } \delta_2 = \dfrac{\varphi_1}{2} + \dfrac{\varphi}{2} \\[2mm]
\qquad\qquad\qquad\vdots \\[2mm]
\text{第 } i \text{ 点的偏角为 } \delta_i = \dfrac{\varphi_1}{2} + (i-1)\dfrac{\varphi}{2} \\[2mm]
\qquad\qquad\qquad\vdots \\[2mm]
\text{终点 } YZ \text{ 点的偏角为 } \delta_n = \dfrac{\alpha}{2}
\end{cases}
\tag{4.23}
$$

【例 4.3】 仍以【例 4.1】为例,采用偏角法按整桩号设桩,桩距 $l_0 = 20\text{m}$,设曲线由 ZY 点向 YZ 点测设,试计算详细测设数据。

解:(1)由【例 4.1】计算可知,ZY 点的里程为 K6 + 125.08,它前面最近的整桩里程为 K6 + 140,则首段零头弧长 l_1 为

$$l_1 = 140 - 125.08 = 14.92(\text{m})$$

YZ 点的里程为 K6 + 236.61,它后面最近的整桩里程为 K6 + 220,则尾段零头弧长 l_2 为 16.61(m)。

(2)由式(4.21)可计算首尾两段零头弧长 l_1、l_2 及整弧长 l 所对应的圆心角

$$\varphi_1 = \frac{180°}{\pi}\frac{l_1}{R} = \frac{180°}{\pi} \times \frac{14.92}{150} = 5°41'56''$$

$$\varphi_2 = \frac{180°}{\pi}\frac{l_2}{R} = \frac{180°}{\pi} \times \frac{16.61}{150} = 6°20'40''$$

$$\varphi = \frac{180°}{\pi}\frac{l}{R} = \frac{180°}{\pi} \times \frac{20}{150} = 7°38'22''$$

(3)由式(4.22)可计算首尾两段零头弧长 l_1、l_2 及整弧长 l 所对应的弦长

$$d_1 = 2R\sin\frac{\varphi_1}{2} = 2 \times 150 \times \sin\frac{5°41'56''}{2} = 14.91(\text{m})$$

$$d_2 = 2R\sin\frac{\varphi_2}{2} = 2 \times 150 \times \sin\frac{6°20'40''}{2} = 16.6(\text{m})$$

$$d = 2R\sin\frac{\varphi}{2} = 2 \times 150 \times \sin\frac{7°38'22''}{2} = 19.99(\text{m})$$

(4)由式(4.23)计算偏角,结果见表 4.2。

表 4.2　偏角法详细测设圆曲线测设数据计算

桩号	桩点至 ZY 点弧长 l_i(m)	偏角 δ_i	相邻桩点间弧长(m)	相邻桩点间弦长(m)
ZY K6 + 125.08	0.00	0°00'00''	0	0
K6 + 140	14.92	2°50'58''	14.92	14.91
K6 + 160	34.92	6°40'09''	20	19.99
K6 + 180	54.92	10°29'20''	20	19.99
QZ K6 + 180.84	55.76	10°38'58''	0.84	0.84
K6 + 200	74.92	14°18'31''	19.16	19.15
K6 + 220	94.92	18°07'42''	20	19.99
YZ K6 + 236.61	111.53	21°18'02''	16.61	16.60

②测设方法。

a. 安置经纬仪(或全站仪)于曲线起点(ZY)上,盘左瞄准交点(JD),将水平度盘读数设置为 $0°00'00''$。

b. 水平转动照准部,使 K6+140 桩水平度盘读数的偏角值为 $2°50'58''$,然后,从 ZY 点开始,沿望远镜视线方向量测出弦长 $d_1=14.91$ m,定出 K6+140 桩位。

c. 继续水平转动照准部,使 K6+160 桩水平度盘读数的偏角值为 $6°40'09''$,由 K6+140 桩量取弦长 $d=19.99$ m 与视线方向相交,定出 K6+160 桩位。依此类推,测设其他里程桩。最后一个整里程桩 K6+220 至 YZ 点的距离应为 $d_2=16.6$ m,以此来检查测设的质量,此点如果与 YZ 点不重合,其闭合差应符合规定的要求。

(3)极坐标法。用极坐标法进行圆曲线的详细测设,适合于用全站仪进行测设。全站仪可以安置在任何已知点上,如已知坐标的控制点、路线上的交点、转点等,且测设速度快、精度高。由于全站仪在公路工程测量中的普及,目前该方法在公路勘测中已被广泛应用。

用极坐标法测设曲线的测设数据主要是计算圆曲线主点和细部点的坐标,然后根据测站点和主点或细部点之间的坐标,反算出测站至待测点的直线方位角和两点间的平距,依据计算出的方位角和平距进行测设,其操作步骤如下。

①圆曲线主点坐标计算。如图4.18所示,若已知 JD_1 和 JD_2 的坐标 (x_1,y_1)、(x_2,y_2),用坐标反算公式计算第一条切线的方位角 α_{21} 为

$$\alpha_{21}=\arctan\frac{y_1-y_2}{x_1-x_2} \qquad (4.24)$$

第二条切线的方位角 α_{23} 同样可由 JD_2、JD_3 的坐标反算得到,也可由第一条切线的方位角和线路转角推算得到,

$$\begin{cases}\alpha_{23}=\alpha_{21}-(180°-\alpha_{右})\\\alpha_{23}=\alpha_{21}+(180°-\alpha_{左})\end{cases} \qquad (4.25)$$

根据交点坐标、切线方位角和切线长,用坐标正算公式计算出圆曲线起点(ZY)和终点(YZ)的坐标,例如圆曲线起点(ZY)坐标为

$$\begin{cases}x_{ZY}=x_2+T\cos\alpha_{21}\\y_{ZY}=y_2+T\sin\alpha_{21}\end{cases} \qquad (4.26)$$

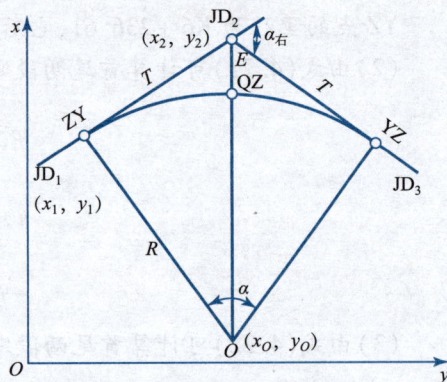

图 4.18 圆曲线主点坐标计算

同样可根据交点坐标、分角线方位角和外距计算出曲线中点(QZ)的坐标。

【例4.4】 仍以【例4.1】为例并如图4.18所示,圆曲线半径 $R=150$ m,转角 $\alpha_{右}=42°36'00''$,设 JD_1、JD_2 的坐标分别为(1 922.821,1 030.091)、(1 967.128,1 118.784),试计算各主点坐标。

解:第一条切线,即 JD_2—JD_1 的方向线的方位角为

$$\alpha_{21}=\arctan\frac{y_1-y_2}{x_1-x_2}=\arctan\frac{1\ 030.091-1\ 118.784}{1\ 922.821-1\ 967.128}=243°27'19''$$

第二条切线,即 JD_2—JD_3(YZ)的方向线的方位角为

$$\alpha_{23}=\alpha_{21}-(180°-\alpha_{右})=243°27'19''-(180°-42°36')=106°03'19''$$

(1)分角线方向的方位角计算如下。

首先计算分角线(JD_2—O)与第二条切线(JD_2—YZ)的夹角

$$\beta=\frac{180°-42°36'}{2}=68°42'$$

据此可求得分角线方向(JD_2—O 方向)的方位角为

$$\alpha_{20}=\alpha_{23}+\beta=106°03'19''+68°42'=174°45'19''$$

(2)圆曲线主点坐标计算如下。

当两点连线的方位角和两点间的距离已知时,可根据式(4.26)求得主点的坐标。主点坐标计算结果如下:

ZY 点:

$$x_{ZY} = x_2 + T\cos\alpha_{21} = 1\,967.128 + 58.48 \times \cos243°27'19'' = 1\,940.994(\text{m})$$

$$y_{ZY} = y_2 + T\sin\alpha_{21} = 1\,118.784 + 58.48 \times \sin243°27'19'' = 1\,066.469(\text{m})$$

YZ 点：

$$x_{YZ} = x_2 + T\cos\alpha_{23} = 1\,967.128 + 58.48 \times \cos106°03'19'' = 1\,950.955(\text{m})$$

$$y_{YZ} = y_2 + T\sin\alpha_{23} = 1\,118.784 + 58.48 \times \sin106°03'19'' = 1\,174.983(\text{m})$$

QZ 点：

$$x_{QZ} = x_2 + E\cos\alpha_{20} = 1\,967.128 + 11 \times \cos174°45'19'' = 1\,956.174(\text{m})$$

$$y_{QZ} = y_2 + E\sin\alpha_{20} = 1\,118.784 + 11 \times \sin174°45'19'' = 1\,119.790(\text{m})$$

②圆曲线细部点坐标计算。

a. 计算圆心坐标。如图 4.19 所示，设圆曲线半径为 R，用前述主点坐标计算方法，计算第一条切线的方位角 α_{21} 和 ZY 点坐标 (x_{ZY}, y_{ZY})，因 ZY 点至圆心方向与切线方向垂直，其方位角 α_{ZY-O} 为

$$\alpha_{ZY-O} = \alpha_{21} - 90° \tag{4.27}$$

则圆心坐标 (x_O, y_O) 为

$$\begin{cases} x_O = x_{ZY} + R\cos\alpha_{ZY-O} \\ y_O = y_{ZY} + R\sin\alpha_{ZY-O} \end{cases} \tag{4.28}$$

b. 计算圆心至各细部点的方位角。设 ZY 点至曲线上某细部里程桩点的弧长为 l_i，其所对应的圆心角 φ_i 按式(4.27)计算得到，则圆心至各细部点的方位角 α_i 为

$$\alpha_i = (\alpha_{ZY-O} + 180°) + \varphi_i$$

c. 计算各细部点的坐标。根据圆心至细部点的方位角和半径，可计算细部点坐标

$$\begin{cases} x_i = x_O + R\cos\alpha_i \\ y_i = y_O + R\sin\alpha_i \end{cases} \tag{4.29}$$

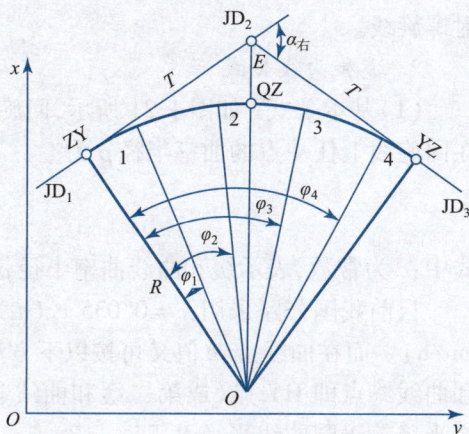

【例 4.5】　根据【例 4.4】的计算结果，计算各细部点的坐标。

解：见表 4.3 计算结果。

图 4.19　圆曲线细部点坐标计算

表 4.3　各桩号对应圆心至各细部点的方位角及坐标

桩号	圆心至各细部点的方位角	坐标	
		$x(\text{m})$	$y(\text{m})$
K6 + 140	339°09'14''	1 946.987	1 080.125
K6 + 160	346°47'36''	1 952.839	1 099.234
K6 + 180	354°25'58''	1 956.099	1 119.952
K6 + 200	2°04'20''	1 956.708	1 138.928
K6 + 220	9°42'42''	1 954.656	1 158.807

4.4.2　缓和曲线的测设

1. 缓和曲线的概念

车辆在行驶中，当从直线驶入圆曲线时，由力学知识可知车辆将产生离心力，由于离心力的作用，车辆有向曲线外侧倾倒的趋势，使得安全性和舒适感受到一定的影响。为了减少离心力的影响，曲线段的路面要做成外侧高、内侧低，呈单向横坡形式，此即弯道超高。超高不能在直线进入曲线段或曲线进入直线段突然出现或消失，以免使路面出现台阶，引起车辆震动，产生更大的危险。因此，超高必须在一段长度内逐渐增加或减少，在直线段与圆曲线段之间插入一段半径由无穷大逐渐减少至圆曲线半径 R（或在圆曲线段与直线段间插入一段由圆曲线半径 R 逐渐增大至无穷大）的曲线，这种曲线称为缓和曲线。带有缓和曲线的平曲线，其最

基本形式由三部分组成,如图 4.20 所示,即由直线终点到圆曲线起点的缓和段,称为第一缓和段;由圆曲线起点到圆曲线终点的单曲线段以及由圆曲线终点到下一段直线起点的缓和段,称为第二缓和段。因此,带有缓和曲线的平曲线的基本线形的主点有直缓点(ZH)、缓圆点(HY)、曲中点(QZ)、圆缓点(YH)和缓直点(HZ)。

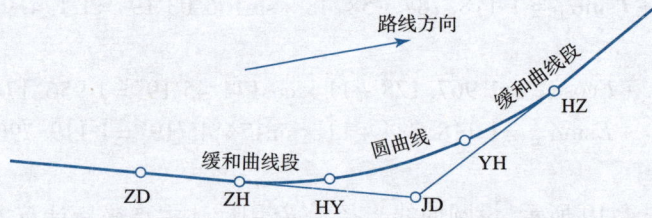

图 4.20　带有缓和曲线的平曲线基本线形

　　我国交通部颁布实施的《公路工程技术标准》(JTGB 01—2003)中规定:缓和曲线采用回旋曲线,亦称辐射螺旋线。

2. 缓和曲线公式

　　(1)基本公式。如图 4.21 所示,回旋线是曲率半径 ρ 随曲线长度 l 的增大而成反比地均匀减小的曲线,即在回旋线上任一点的曲率半径 ρ 为

$$\rho = \frac{c}{l} \text{或写成} c = \rho l \tag{4.30}$$

式中:c 为常数,表示缓和曲线曲率半径 ρ 的变化率,与行车速度有关。

　　目前我国公路采用:$c = 0.035 v^3$(v 为计算行车速度,km/h)。而在曲线上,c 值又可按以下方法确定,在第一缓和曲线终点即 HY 点(或第二缓和曲线起点 YH 点)的曲率半径等于圆曲线半径 R,即 $\rho = R$,该点的曲线长度即是缓和曲线的全长 l_s,由式(4.30)可得

$$c = R l_s \tag{4.31}$$

而　　　　　　$c = 0.035 v^3$

故有缓和曲线的全长为

$$l_s = \frac{0.035 v^3}{R} \tag{4.32}$$

　　我国交通部颁布实施的《公路工程技术标准》(JTGB 01—2003)中规定:当公路平曲线半径小于不设超高的最小半径时,应设缓和曲线。缓和曲线采用回旋曲线。缓和曲线的长度应根据其计算行车速度求得,并尽量采用大于表 4.4 所列数值。

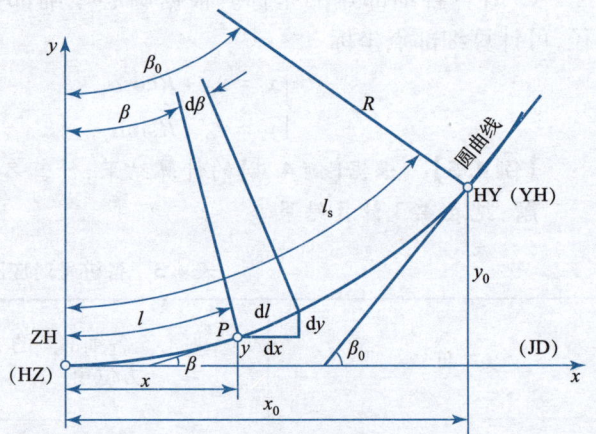

图 4.21　缓和曲线

表 4.4　各级公路缓和曲线最小长度

公路等级	高速公路				一		二		三		四	
计算行车速度(km/h)	120	100	80	60	100	60	80	40	60	30	40	20
缓和曲线最小长度(m)	100	85	70	50	85	50	70	35	50	25	35	20

（2）切线角公式。缓和曲线上任一点 P 处的切线与曲线的起点（ZY）或终点（HZ）切线的交角 β，称为缓和曲线的切线角。由图 4.21 知，任一点 P 处的切线角 β 与缓和曲线上该点至曲线起点或终点的曲线长所对的中心角相等。为求切线角 β，可在曲率半径为 ρ 的 P 点处取一微分弧段 $\mathrm{d}l$，其所对应的中心角为 $\mathrm{d}\beta$ 为

$$\mathrm{d}\beta = \frac{\mathrm{d}l}{\rho} = \frac{l \cdot \mathrm{d}l}{c} \tag{4.33}$$

积分并考虑式（4.31）得

$$\beta = \frac{l^2}{2c} = \frac{l^2}{2Rl_s}(\mathrm{rad}) \tag{4.34}$$

当 $l = l_s$ 时，则缓和曲线全长 l_s 所对应中心角即为缓和曲线的切线角，亦称缓和曲线角，

$$\beta_0 = \frac{l_s}{2R}(\mathrm{rad})$$

以角度表示为

$$\beta_0 = \frac{l_s}{2R} \times \frac{180°}{\pi} \tag{4.35}$$

（3）参数方程。如图 4.21 所示，设以缓和曲线的起点（ZH 点）为坐标原点，过 ZH 点的切线为 x 轴，半径方向为 y 轴，缓和曲线上任一点 P 的坐标为 x、y，仍在 P 点处取一微分弧段 $\mathrm{d}l$，由图 4.21 可知，微分弧段在坐标轴上的投影为

$$\begin{cases} \mathrm{d}x = \cos\beta\mathrm{d}l \\ \mathrm{d}y = \sin\beta\mathrm{d}l \end{cases} \tag{4.36}$$

积分后略去高次项得

$$\begin{cases} x = l - \dfrac{l^5}{40R^2l_s^2} \\ y = \dfrac{l^3}{6Rl_s} - \dfrac{l^7}{336R^3l_s^3} \end{cases} \tag{4.37}$$

式（4.37）称为缓和曲线的参数方程。

当 $l = l_s$ 时，则第一缓和曲线的终点（HY）的直角坐标为

$$\begin{cases} x_0 = l_s - \dfrac{l_s^3}{40R^2} \\ y_0 = \dfrac{l_s^2}{6R} - \dfrac{l_s^4}{336R^3} \end{cases} \tag{4.38}$$

3. 带有缓和曲线的平曲线的主点测设

（1）内移值 p 和切线增长值 q 的计算。如图 4.22 所示，当圆曲线加设缓和曲线段后，为使缓和曲线起点与直线段的终点相衔接，必须将圆曲线向内移动一段距离 p（称为内移值），这时曲线发生变化，使切线增长距离 q（称为切线增长值）。

圆曲线内移有两种方法：一种是圆心不动，半径相应减小；另一种是半径不变，改变原圆心的位置。目前公路工程中，一般采用圆心不动，半径相应减小的平行移动方法，即未设缓和曲线时的圆曲线为 FG，其半径为 $(R+p)$，插入两段缓和曲线 AC 和 DB 后，圆曲线内移，保留部分为 CMD 段，半径为 R，该段所对的圆心角为 $(\alpha - 2\beta_0)$，由图 4.22 中几何关系可知：

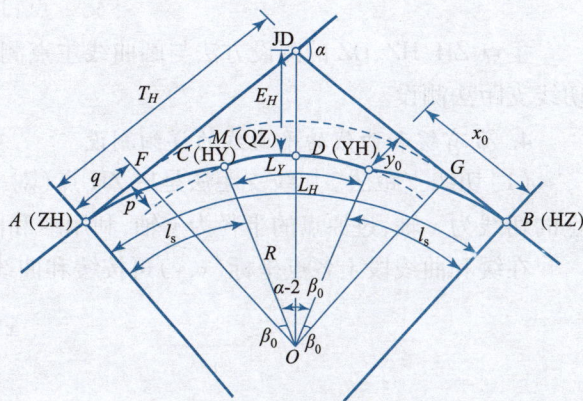

图 4.22 主点测设

$$R + p = y_0 + R\cos\beta_0$$

$$q + R\sin\beta_0 = x_0$$

即

$$\begin{cases} p = y_0 - R(1 - \cos\beta_0) \\ q = x_0 - R \cdot \sin\beta_0 \end{cases} \tag{4.39}$$

将式(4.39)中的 $\cos\beta_0$、$\sin\beta_0$ 展开为级数,略去高次项并将式(4.33)中 β_0 和式(4.38)中的 x_0、y_0 代入后整理可得

$$\begin{cases} p = \dfrac{l_s^2}{24R} \\ q = \dfrac{l_s}{2} - \dfrac{l_s^3}{240R^2} \end{cases} \tag{4.40}$$

(2)测设元素的计算。在圆曲线上增设缓和曲线后,要将圆曲线与缓和曲线作为一个整体考虑。如图 4.22 所示,当通过测算得到转角 α,并确定圆曲线半径 R 和缓和曲线长 l_s 后,即可按式(4.33)和式(4.40)求得切线角 β_0、内移值 p 和切线增长值 q,此时必须有 $\alpha \geqslant 2\beta_0$,否则无法设置缓和曲线,应重新调整 R 或 l_s,直至满足 $\alpha \geqslant 2\beta_0$,然后按式(4.41)计算测设元素:

$$\begin{cases} \text{切线长 } T_H = (R + p)\tan\dfrac{\alpha}{2} + q \\ \text{曲线长 } L_H = R(\alpha - 2\beta_0)\dfrac{\pi}{180°} + 2l_s \\ \text{圆曲线长 } L_y = R(\alpha - 2\beta_0)\dfrac{\pi}{180°} \\ \text{外矢距 } E_H = (R + p)\sec\dfrac{\alpha}{2} - R \\ \text{切曲差 } D_H = 2T_H - L_H \end{cases} \tag{4.41}$$

(3)主点里程计算与测设。根据交点已知里程和曲线的测设元素值,即可按下列算式计算各主点里程:

$$\begin{cases} \text{直缓点:} ZH_{\text{里程}} = JD_{\text{里程}} - T_H \\ \text{缓圆点:} HY_{\text{里程}} = ZH_{\text{里程}} + l_s \\ \text{圆缓点:} YH_{\text{里程}} = HY_{\text{里程}} + l_y \\ \text{缓直点:} HZ_{\text{里程}} = YH_{\text{里程}} + l_s \\ \text{曲中点:} QZ_{\text{里程}} = HZ_{\text{里程}} - L_H/2 \\ \text{交\ \ \ 点:} JD_{\text{里程}} = QZ_{\text{里程}} + D_H/2 \end{cases} \tag{4.42}$$

主点 ZH、HZ、QZ 的测设方法与圆曲线主点测设方法相同。HY、YH 点根据缓和曲线终点坐标 (x_0, y_0) 用切线支距法测设。

4. 带有缓和曲线的平曲线的详细测设

(1)切线支距法。切线支距法是以 ZH 点(对于前半曲线)或 HZ 点(对于后半曲线)为坐标原点,以过原点的切线为 x 轴,过原点的半径为 y 轴,利用缓和曲线段和圆曲线段上的各点的坐标 $(x、y)$ 测设曲线。

在缓和曲线段上各点坐标 (x, y) 可按缓和曲线的参数方程式(4.37)求得,即

$$x = l - \frac{l^5}{40R^2 l_s^2}$$

$$y = \frac{l^3}{6Rl_s} - \frac{l^7}{336R^3 l_s^3}$$

在圆曲线段上各点的坐标可由图 4.23 按几何关系求得为

$$\begin{cases} x = R \cdot \sin\varphi + q \\ y = R(1 - \cos\varphi) + p \end{cases} \tag{4.43}$$

式中：$\varphi = \dfrac{l-l_s}{R} \times \dfrac{180°}{\pi} + \beta_0$；$l$ 为该点至 ZH 点或 HZ 点的曲线长。

在计算出缓和曲线段上和圆曲线段上各点的坐标 (x,y) 后，即可用切线支距法测设圆曲线的方法进行测设。

另外，圆曲线上各点也可以以缓圆点 HY 或圆缓点 YH 为坐标原点，用切线支距法进行测设。此时只要将 HY 或 YH 点的切线定出。如图 4.24 所示，计算出 T_d 之长度后，HY 或 YH 点的切线即可确定。T_d 可由下式计算：

$$T_d = x_0 - \frac{y_0}{\tan\beta_0} = \frac{2}{3}l_s + \frac{l_s^3}{360R^2}$$

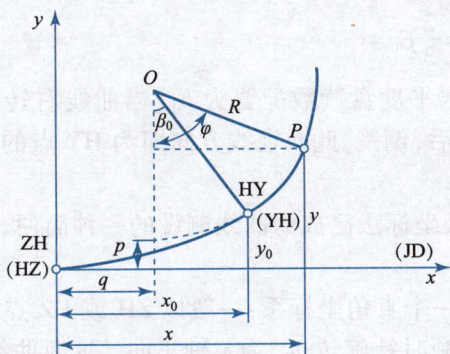

图 4.23　圆曲线上点的坐标

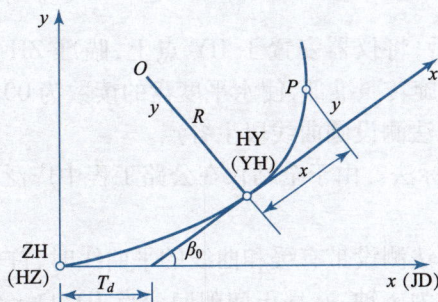

图 4.24　HY 或 YH 的切线方向

（2）偏角法。用偏角法详细测设带有缓和曲线的平曲线时，其偏角应分为缓和曲线段上的偏角与圆曲线段上的偏角两部分进行计算。

①缓和曲线段上各点测设。对于测设缓和曲线段上的各点，可将经纬仪安置于缓和曲线的 ZH 点（或 HZ 点）上进行测设，如图 4.25 所示，设缓和曲线上任一点 P 的偏角值为 δ，可知

$$\tan\delta = \frac{y}{x} \tag{4.44}$$

式中的 x、y 为 P 点的直角坐标，可由曲线参数方程式（4.37）求得，由此求得

$$\delta = \arctan\frac{y}{x} \tag{4.45}$$

在实测中，因偏角 δ 较小，一般取

$$\delta \approx \tan\delta = \frac{y}{x} \tag{4.46}$$

将曲线参数方程式（4.37）中 x、y 代入式（4.46）得（取第一项）

$$\delta = \frac{l^2}{6Rl_s} \tag{4.47}$$

在式（4.47）中，当 $l = l_s$ 时，得 HY 点或 YH 点的偏角值 δ_0，称之为缓和曲线的总偏角。即

$$\delta_0 = \frac{l_s}{6R} \tag{4.48}$$

由于 $\beta_0 = \dfrac{l_s}{2R}$，所以得

图 4.25　偏角法

$$\delta_0 = \frac{1}{3}\beta_0 \tag{4.49}$$

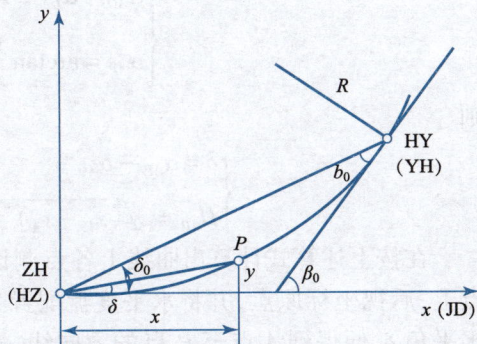

由式(4.47)～式(4.49)可得

$$\delta = \left(\frac{l}{l_s}\right)^2 \delta_0 = \frac{1}{3}\left(\frac{l}{l_s}\right)^2 \beta_0 \tag{4.50}$$

在按式(4.47)或式(4.50)计算出缓和曲线上各点的偏角值后,采用与偏角法测设圆曲线同样的步骤进行缓和曲线的测设。由于缓和曲线上弦长 $d = l - \frac{l^5}{90R^2 l_s^2}$ 近似地等于相应的弧长,因而在测设时,弦长一般就取弧长值。

②圆曲线段上各点测设。对于圆曲线段上各点的测设,应将仪器置于 HY 或 YH 点上进行。这时只要定出 HY 或 YH 点的切线方向,就可按前面所讲的无缓和曲线的圆曲线的测设方法进行。如图 4.25 所示,关键是计算 b_0,显然有

$$b_0 = \beta_0 - \delta_0 = \frac{2}{3}\beta_0 \tag{4.51}$$

求得 b_0 后,将仪器安置于 HY 点上,瞄准 ZH 点,将水平度盘读数配置为 b_0(当曲线右转时,应配置为 $360° - b_0$)后,旋转照准部,使水平度盘的读数为 $00°00'00''$ 后,倒镜,此时视线方向即为 HY 点的切线方向,然后按前述偏角法测设圆曲线段上各点。

(3)极坐标法。由于全站仪在公路工程中广泛使用,极坐标法已成为曲线测设的一种简便、迅速、精确的方法。

用极坐标法测设带有缓和曲线的平曲线时,首先设定一个直角坐标系:一般以 ZH 或 HZ 点为坐标原点。以其切线方向为 x 轴,并且正向朝向交点 JD,自 x 轴正向顺时针旋转 90° 为 y 轴正向。这时曲线上任一点 P 的坐标 (x_P, y_P) 仍可按式(4.37)和式(4.43)计算。但当曲线位于 x 轴正向左侧时,y_P 应为负值。

具体测设按下述方法进行:

如图 4.26 所示,在待测设曲线附近选择一视野开阔、便于安置仪器的点 A,将仪器安置于坐标原点 O 上,测定 OA 的距离 S 和 x 轴正向顺时针至 A 点的角度 α_{OA}(即直线 OA 在设定坐标系中的方位角),则由坐标正算可得 A 点的坐标为

$$\begin{cases} x_A = S\cos\alpha_{OA} \\ y_A = S\sin\alpha_{OA} \end{cases} \tag{4.52}$$

直线 AO 和 AP 在该设定的坐标系中的方位角为

$$\begin{cases} \alpha_{AO} = \alpha_{OA} \pm 180° \\ \alpha_{AP} = \arctan\dfrac{y_P - y_A}{x_P - x_A} \end{cases} \tag{4.53}$$

则

$$\begin{cases} \delta = \alpha_{AP} - \alpha_{AO} \\ D_{AP} = \sqrt{(x_P - x_A)^2 + (y_P - y_A)^2} \end{cases} \tag{4.54}$$

在按上述算式计算出曲线上各点测设角度和距离后,将仪器安置在 A 点上,后视坐标原点,并将水平度盘配置为 $00°00'00''$,然后转动照准部,拨水平角 δ,便得到 A 点至 P 点的方向线,沿此方向线,测定距离 D_{AP} 即得待测点 P 的地面位置,按此方法便可将曲线上各点的位置测定。

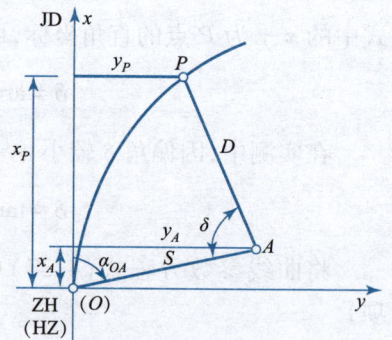

图 4.26 极坐标法

极坐标法除可按上述方法测设外,还可按前述不带缓和曲线的圆曲线详细测设中的极坐标法进行。

4.5 全站仪测设道路中桩

4.5.1 道路中线逐桩坐标计算

前面的信息内容中已经详细地讲解了关于直线段、圆曲线段及缓和曲线段坐标计算的方法,在这里就不详细叙述了。目前国内开发了若干计算软件可以快速完成公路工程坐标的计算,使用非常方便,另外测量工程人员也可以利用 Excel 软件根据自己的需要进行编程,快速计算所需要完成路段的坐标。现将国内公路工

程施工广泛使用的公路坐标计算系统(图4.27)介绍如下。

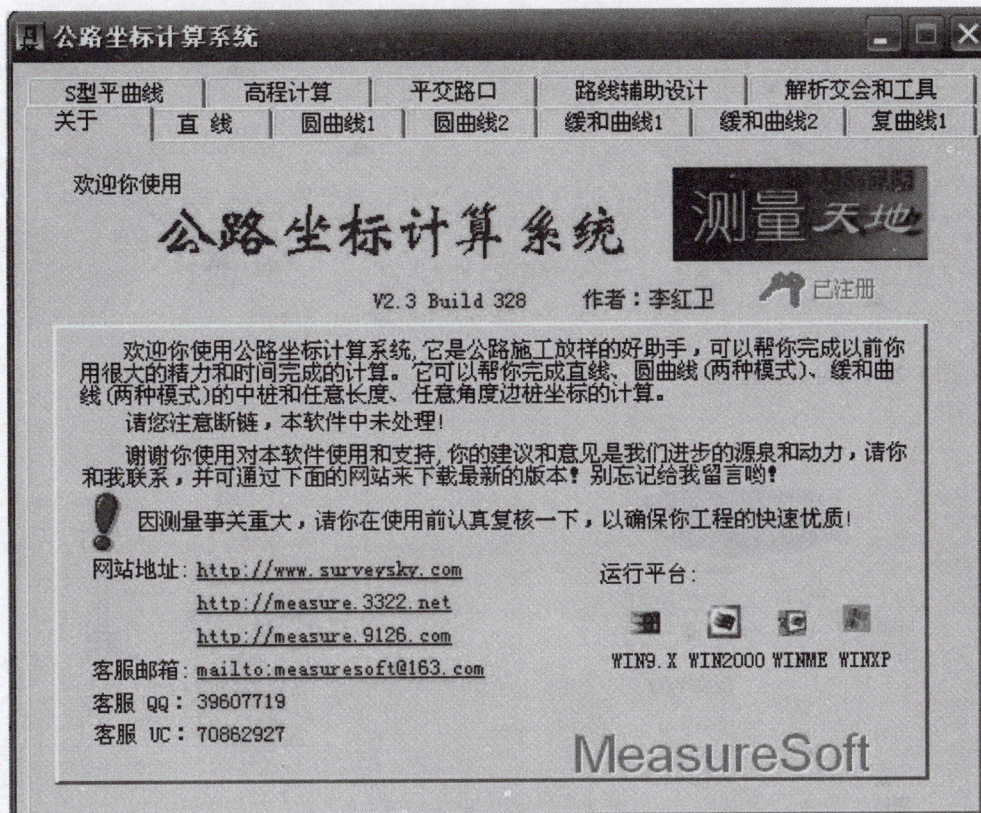

图4.27 公路坐标计算系统

1. 公路坐标计算系统的功能

该坐标计算系统可以完成直线、圆曲线、缓和曲线的中桩和任意长度、任意角度的边桩坐标的计算,并且可以完成S型曲线、高程、平交道口、路线的辅助设计计算,同时还具有解析计算功能,其软件有计算机版和手机版两种,可以更加方便地供工程测量技术人员使用。

2. 公路坐标计算系统使用注意事项

(1)桩号的输入方法:K798 + 120.397 应输入 798120.397。

(2)角度输入方法:258°42′29.6″应输入 258.42296。

(3)转角左右:按照图纸 Z(左)Y(右)。

(4)计算任意点桩号坐标:输入加入点桩号,然后按计算下面的 ADD 加点(A)即可。

(5)边桩计算:输入边桩的方向、边桩与路线的夹角、边桩的距离。

(6)保存:输入要保存的文件名,选择要保存的文件类型,文本格式是默认识别格式,并默认保存在根目录下。

4.5.2　全站仪坐标放样

1. 全站仪坐标放样的原理

(1)先在待放样点的大致位置立棱镜对其进行观测,测出当前棱镜位置的坐标。如图4.28 所示。

(2)将当前坐标与放样点的坐标相比较,计算出差值(距离差值 dD、角度差 dHR 或纵向差值 ΔX 和横向差值 ΔY),如图4.29 所示。

(3)根据显示的 dD、dHR 或 ΔX、ΔY,逐渐找到放样点的位置,如图4.30 所示。

2. 使用宾得全站仪施工放样的操作步骤

通过已知站点和距离,方位角,进行坐标放样。放样示意如图4.31 所示。

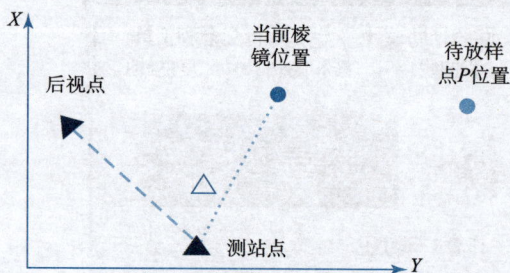

图 4.28 测定当前棱镜坐标

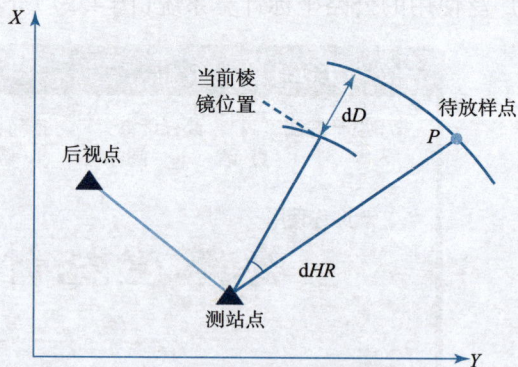

图 4.29 计算差值

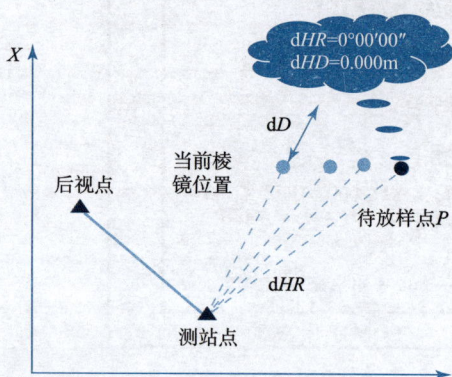

图 4.30 确定放样点位置

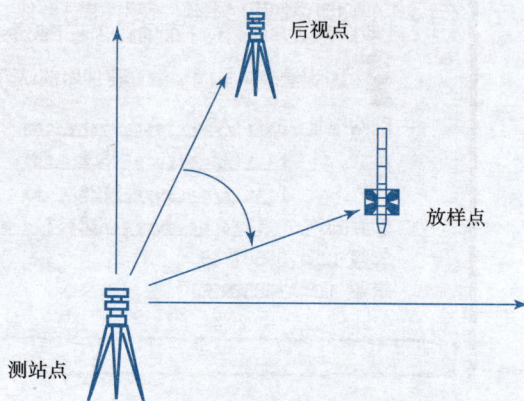

图 4.31 全站仪放样示意图

在 PowerTopoLite 主菜单界面,按【F1】显示"放样方法选定"界面,

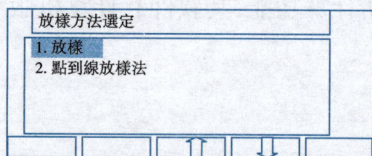

a. 选择"1. 放样"按【ENT】键显示"仪器点设定"界面

b. 打开 PN、X、Y、Z、PH、PC 输入窗口并输入各项数据,按【F1】【保存】键保存数据,按【F5】【接受】键显示"仪器点水平角设定"界面。

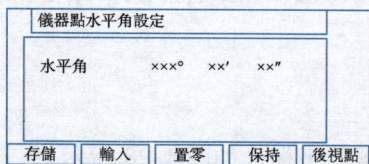

c. 按【F2】【输入】键显示输入水平角界面。按【F3】【置零】和【F4】【保持】,可以快速确定角度或锁定角度数值。

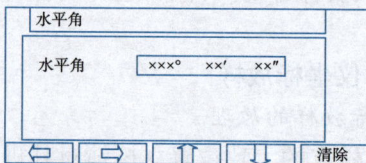

d. 输入水平角界面。

```
┌─────────────────────────────────┐
│ 後視點設定                        │
├─────────────────────────────────┤
│ 1. PN                            │
│ 2. X:                            │
│ 3. Y:                            │
│ 4. Z:                            │
│                                  │
├──────┬──────┬─────┬─────┬───────┤
│ 存储 │ 列表 │ ⇑  │ ⇓  │ 接受  │
└──────┴──────┴─────┴─────┴───────┘
```

```
┌─────────────────────────────────┐
│ 放样座标設定                  ▥  │
├─────────────────────────────────┤
│ 1. 点号                          │
│ 2. X  :       +00000100.000 m    │
│ 3. Y  :       +00000310.000 m    │
│ 4. Z  :       +00000110.000 m    │
│ 5. 镜高:          000.000 m      │
├──────┬──────┬─────┬─────┬───────┤
│ 保存 │ 列表 │ ⇑  │ ⇓  │ 接受  │
└──────┴──────┴─────┴─────┴───────┘
```

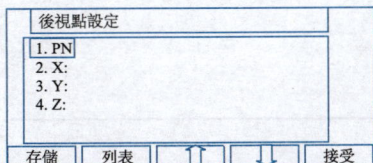

e. 在 c 操作界面按【F5】显示后视点坐标。打开 PN、X、Y、Z、PH、PC 输入窗口,并输入各值。

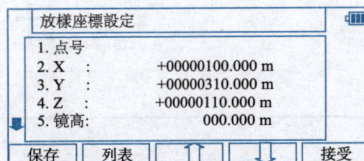

f. 按【ENT】键显示"放样坐标设定"界面,打开 PN、X、Y、Z、PH、PC 输入窗口,并输入各值。按【F1】【保存】键保存数据,按【ENT】键或【接受】键显示放样界面。

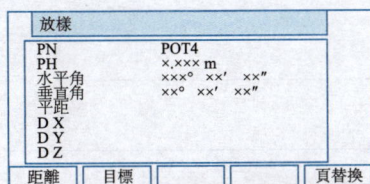

```
┌─────────────────────────────────┐
│ 放样                             │
├─────────────────────────────────┤
│ PN            POT4               │
│ PH            x.xxx m            │
│ 水平角        xxx° xx′ xx″       │
│ 垂直角        xx° xx′ xx″        │
│ 平距                             │
│ D X                              │
│ D Y                              │
│ D Z                              │
├──────┬──────┬─────┬─────┬───────┤
│ 距離 │ 目標 │    │    │ 頁替换 │
└──────┴──────┴─────┴─────┴───────┘
```

```
┌─────────────────────────────────┐
│ 放样                             │
├─────────────────────────────────┤
│   PN          POT4               │
│   PH          x.xxx m            │
│ D H.angle     xxx° xx′ xx″       │
│ D V.angle     xx° xx′ xx″        │
│ D H.dst                          │
│ D X           +x.xxx m           │
│ D Y           −x.xxx m           │
│ D Z           +x.xxx m           │
├──────┬──────┬────┬──────┬───────┤
│ 测距 │ 目標 │   │ 下一次│ 頁替换 │
└──────┴──────┴────┴──────┴───────┘
```

g. 放样界面。瞄准放样点,【F1】【距离】开始放样,每点的差显示出来,放样的偏差显示形式可以选择"选项"设置里的"比较方法选择"来改变。

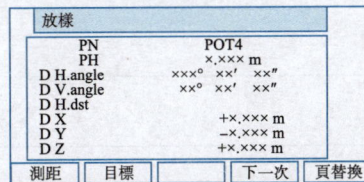

h. 根据显示的坐标差,移动棱镜或者目标,再次进行测量,直至显示的偏差为零或在误差允许范围之内,目标点即为放样点位置,放样结束。

计 划 单

学习领域	路桥工程测量技术			
学习情境	道路的恢复定线	工作任务		测设中桩
计划方式	小组讨论、团结协作共同制订计划	计划学时		0.5
序号	实施步骤		具体工作内容描述	
制订计划说明	（写出制订计划时为完成任务提出的主要建议或可以借鉴的建议、需要解释的某一方面）			
计划评价	班　　级		第　　组	组长签字	
	教师签字			日　　期	
	评语：				

决　策　单

学习领域	路桥工程测量技术		
学习情境	道路的恢复定线	工作任务	测设中桩
决策学时		0.5	

	序号	方案的可行性	方案的先进性	实施难度	综合评价
方案对比	1				
	2				
	3				
	4				
	5				
	6				
	7				
	8				
	9				
	10				

	班　　级		第　　组	组长签字	
	教师签字			日　　期	
决策评价	评语：				

材料工具清单

学习领域	路桥工程施工技术					
学习情境	道路的恢复定线		工作任务		测设中桩	
清单要求	请根据完成的工作任务列出所需的材料工具名称,其作用、型号及数量,标明使用前后的状况,并在说明中写明材料工具之间的相对联系或关系					

序号	名称	作用	型号	数量	使用前状况	使用后状况
1						
2						
3						
4						
5						
6						
7						
8						
9						
10						

说明:(请简要说明各材料工具之间的相对联系或关系)

班 级		第 组	组长签字	
教师签字		日 期		
评 语				

实 施 单

学习领域	路桥工程施工技术			
学习情境	道路的恢复定线	**工作任务**		测设中桩
实施方式	小组成员合作共同研讨确定动手实践的实施步骤，每人均填写实施单	**实施学时**		4

序号	实施步骤	使用资源
1		
2		
3		
4		
5		
6		
7		
8		

实施说明：

班　级		第　　组	组长签字	
教师签字			日　期	
评　语				

作 业 单

学习领域	路桥工程测量技术		
学习情境	道路的恢复定线	**工作任务**	测设中桩
实施方式	小组成员动手实践,学生自己查询图纸、记录、计算、审核相关测量数据		

(在此记录测设过程)

班　级		第　组	组长签字	
教师签字			日　期	
评　语				

检　查　单

学习领域	路桥工程施工技术		
学习情境	道路的恢复定线	工作任务	测设中桩
检查学时			1

序　号	检查项目	检查标准	组内互查	教师检查
1	学生读取数据的程序	是否正确		
2	完成的报告的点位数据	是否完整、正确		
3	测设记录情况	是否正确、整洁		
4	报告记录	是否完整、清晰		
5	描述放样过程	是否完整、正确		

检查评价	班　级		第　组	组长签字	
	教师签字		日　期		
	评语：				

评 价 单

学习领域		路桥工程施工技术			
学习情境	道路的恢复定线		工作任务		测设中桩
评价学时			1		

考核项目	考核内容及要求	分值	学生自评（10%）	小组评分（20%）	教师评分（70%）	实得分
计划编制（20）	工作程序的完整性	10				
	步骤内容描述	8				
	计划的规范性	2				
工作过程（45）	施工放样数据正确性、完整性	10				
	点放样精度评价	5				
	报告完整性	30				
基本操作（10）	操作程序正确	5				
	操作符合限差要求	5				
安全文明（10）	叙述工作过程应注意的安全事项	5				
	工具正确使用和保养、放置规范	5				
完成时间（5）	能够在要求的90分钟内完成，每超时5分钟扣1分	5				
合作性（10）	独立完成任务得满分	10				
	在组内成员帮助下得6分					
总分（∑）		100				

	班 级		姓 名		学 号		总评	
	教师签字		第 组		组长签字		日期	
评价评语	评语：							

教学反馈表

学习领域	路桥工程测量技术		
学习情境	道路的恢复定线	工作任务	测设中桩
学时		4	

序号	调查内容	是	否	理由陈述
1	你是否喜欢这种上课方式？			
2	与传统教学方式比较你认为哪种方式学到的知识更适用？			
3	针对每个学习任务你是否学会了如何进行资讯？			
4	计划和决策感到困难吗？			
5	你认为学习任务对你将来的工作有帮助吗？			
6	通过本学习情境的学习，你学会如何测设道路中桩了吗？今后遇到实际问题时你可以解决吗？			
7	你掌握曲线中桩的测设了吗？学会如何计算公路工程坐标了吗？			
8	会使用全站仪放样了吗？			
9	通过几天的工作和学习，你对自己的表现是否满意？			
10	你对小组成员之间的合作是否满意？			
11	你认为本情境还应学习哪些方面的内容？（请在下面空白处填写）			

你的意见对改进教学非常重要，请写出你的建议和意见。

被调查人签名		调查时间	

学习情境 三

纵横断面的测量

学习目标

学生在资讯问题的引导下,通过自学及咨询教师,明确工作任务目的和实施中的关键要素,通过学习掌握水准测量、高程的控制测量、测量施工线路纵断面、测量施工线路横断面等知识,达到能够根据交接桩给定的高程控制点和工程图纸完成现场所需的高程控制点的布设、测量施工线路纵断面及测量施工线路横断面的工作任务,使学生在学习工作中锻炼专业能力、方法能力和社会能力等综合职业能力。

工作任务

1. 布设高程控制点。
2. 测量施工线路纵断面。
3. 测量施工线路横断面。

学习情境的描述

先学习"普通水准测量",掌握水准测量的原理、各种水准仪的操作方法及水准路线的测量、内业计算、平差计算等,然后进行"水准点加密与高程控制测量"的学习,通过实训掌握布设水准网的全部工作;接着理论结合实际进行"纵断面测量"和"横断面测量"的学习,完成"编制水准点高程成果表、纵横断面图的绘制及工程量的计算"等任务。

任务 5   布设高程控制点

任 务 单

学习领域	路桥工程测量技术				
学习情境	纵横断面的测量	工作任务		布设高程控制点	
任务学时			12		
布置任务					
工作目标	1. 掌握普通水准测量的方法 2. 学会水准仪的基本操作技能 3. 能够根据交接桩给定的水准点和工程图纸完成水准网的布设 4. 掌握高程控制测量的方法 5. 能够编制水准点高程成果表				

任务描述	根据交接桩给定的高级控制点及指定的项目场地及施工图纸,测量技术人员根据设计图纸拟定的构造物形状要求布设能够指导施工放样的高程控制点,由该若干控制点形成水准路线。
	    1. 外业工作
	    踏勘选点及建立标志、外业观测并进行测站检核及计算检核、全部测量完成进行成果检核。
	    2. 内业计算工作
	    计算高差闭合差及容许高差闭合差,调整高差闭合差,计算改正后高差,最后计算出各待定点的高程。
	    3. 编制水准点高程成果表				

学时安排	资讯	计划	决策或分工	实施	检查	评价
	5 学时	0.5 学时	0.5 学时	5 学时	0.5 学时	0.5 学时
提供资料	1. 路桥施工图纸 2. 工程测量规范 3. 测量员岗位工作技术标准				
对学生的要求	1. 具备路桥工程识图与绘图的基础知识 2. 具备路桥工程构造的知识 3. 具备几何方面的基础知识 4. 具备一定的自学能力、数据计算能力、一定的沟通协调能力、语言表达能力和团队意识 5. 严格遵守课堂纪律,不迟到、不早退;学习态度认真、端正 6. 积极参与小组讨论 7. 完成"布设高程控制点"工作的报告单				

资 讯 单

学习领域	路桥工程测量技术		
学习情境	纵横断面的测量	工作任务	布设高程控制点
资讯学时		5	
资讯方式	在图书、期刊、教材、互联网及信息单上查询问题;咨询任课教师		
资讯问题	问题一:水准测量的原理是什么?		
	问题二:水准仪的构造及操作使用步骤有哪些?		
	问题三:交通运输部《工程测量规范》关于水准点加密的规定有哪些?		
	问题四:什么是水准点? 水准点的类型有哪些?		
	问题五:水准点加密的测设方案有哪些? 各有什么特点?		
	问题六:水准点加密方案如何确定? 需要准备哪些仪器工具?		
	问题七:普通(五等)水准测量的作业是如何组织的?		
	问题八:普通(五等)水准测量的外业实施过程是什么?		
	问题九:如何进行普通(五等)水准测量的内业计算?		
	问题十:高程控制测量的方法有哪些? 各适合什么条件?		
	问题十一:三、四等水准测量如何实施?		
	问题十二:三角高程测量的原理和实操如何进行?		
	问题十三:如何编制水准点高程成果表?		
	学生需要单独资讯的问题……		
资讯引导	[1]王剑英,王天成. 土建工程测量. 北京:中国计量出版社,2009. [2]21世纪路桥施工技术研究中心. 路桥施工现场十大员技术操作标准规范:测量员. 北京. 当代中国音像出版社,2004.		

信　息　单

5.1　普通水准测量的方法

5.1.1　水准测量原理

水准测量的原理是利用水准仪所提供的水平视线,通过读取竖立在两点上水准尺的读数,测定两点间的高差,从而由已知点高程推求未知点高程。测定待测点高程的方法主要有两种:高差法和视线高程法。

1. 高差法

如图5.1所示,欲测定 B 点的高程,需先测定 A、B 两点间的高差 h_{AB}。为此,可在 A、B 两点上竖立水准尺,并在其间安置水准仪,利用水准仪的水平视线分别在 A、B 点水准尺上读数 a、b。由图5.1可知,A、B 两点间的高差公式为

$$h_{AB} = a - b \tag{5.1}$$

如果水准测量方向是由已知点 A 到待定点 B 进行的,则 A 点为后视,a 为后视读数;B 点为前视,b 为前视读数。A、B 两点间的高差等于后视读数减去前视读数。当读数 $a > b$ 时,高差为正值,说明 B 点高于 A 点;反之,当读数 $a < b$ 时,则高差为负值,说明 B 点低于 A 点。

如果已知 A 点高程为 H_A 和测得高差为 h_{AB},则 B 点高程为

$$H_B = H_A + h_{AB} \tag{5.2}$$

以上利用高差计算高程的方法,称为高差法。

2. 视线高程法

通常把水准仪望远镜水平视线的高程称为视线高程或仪器高程,用 H_i 表示。

由图5.1可知,B 点高程可以通过仪器的视线高 H_i 计算:

$$\begin{cases} H_i = H_A + a \\ H_B = H_i - b \end{cases} \tag{5.3}$$

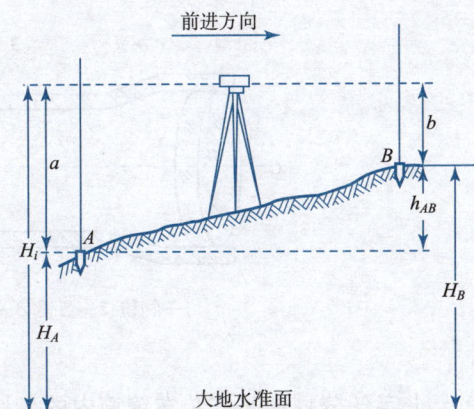

图5.1　水准测量原理

由式(5.3)用视线高程计算 B 点高程的方法,称为视线高程法,也叫仪器高程法。当需要安置一次仪器测多个前视点高程时,利用视线高程法比较方便。

需要注意的是,前视与后视的概念一定要弄清楚,不能误解为往前看或往后看所得的尺读数。另外在实测过程中,水准仪的安置高度对测算地面点高程无影响。

5.1.2　水准仪的构造和使用

水准测量所使用的仪器称为水准仪,工具有水准尺和尺垫。我国水准仪按其精度分为 $DS_{0.5}$、DS_1、DS_3、DS_{10}、DS_{20} 五个等级。"D"和"S"是"大地"和"水准仪"的汉语拼音的第一个字母,其下标数字 0.5、1、3、10、20 表示该类仪器的精度,即每千米往返测得高差中数的中误差,以毫米计。数字越小,精度越高。工程测量中常用 DS_3 型水准仪,使用该仪器进行水准测量,每千米可达 $\pm 3mm$ 的精度,本章重点介绍这类仪器。

1. DS$_3$水准仪的构造

在使用水准仪测量时,水准仪的主要作用是提供一条水平视线,并能照准水准尺进行读数。如图5.2所示为我国生产的 DS_3(简称 S_3)型水准仪的外形。水准仪主要由望远镜、水准器及基座三部分组成。

(1)望远镜。望远镜是水准仪上的重要部件,用来瞄准远处的水准尺进行读数,它由物镜、调焦透镜、调焦螺旋、十字丝分划板和目镜等组成,如图5.3所示。

物镜由两片以上的透镜组成,作用是与调焦透镜一起使远处的目标成像在十字丝平面上,形成缩小的实像。旋转调焦螺旋,可使不同距离目标的成像清晰地落在十字丝分划板上,称为调焦或物镜对光。目镜也是

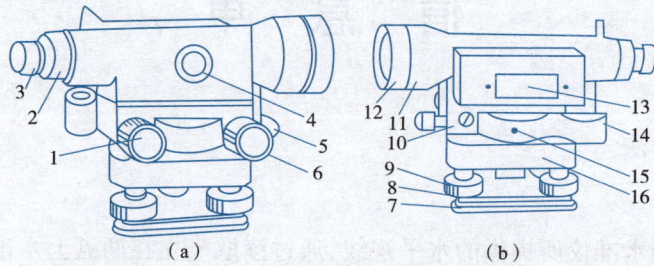

1—微倾螺旋;2—分划板护罩;3—目镜;4—物镜调焦螺旋;5—制动螺旋;
6—微动螺旋;7—底板;8—三角压板;9—脚螺旋;10—弹簧帽;11—望远镜;
12—物镜;13—管水准器;14—圆水准器;15—连接小螺钉;16—轴座

图 5.2 DS₃ 水准仪构造

由一组复合透镜组成,其作用是将物镜所成的实像连同十字丝一起放大成虚像,转动目镜螺旋,可使十字丝影像清晰,称目镜对光。

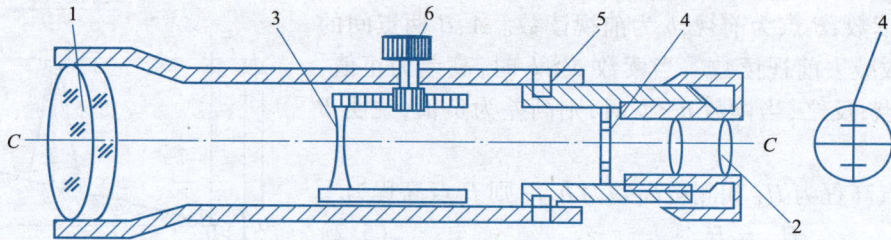

1—物镜;2—目镜;3—调焦透镜;4—十字丝分划板;5—连接螺钉;6—调焦螺旋

图 5.3 望远镜构造

十字丝分划板是安装在镜筒内的一块光学玻璃板,上面刻有两条互相垂直的十字丝,竖直的一条称为纵丝,水平的一条称为横丝或中丝,与横丝平行的上下两条对称的短丝称为视距丝,用以测定距离。水准测量时,用十字丝交叉点和中丝瞄准目标并读数。

物镜光心与十字丝交点的连线称为望远镜的视准轴。合理操作水准仪后,视准轴的延长线即成为水准测量所需要的水平视线。从望远镜内所看到的目标放大虚像的视角 β 与眼睛直接观察该目标的视角 α 的比值,称为望远镜的放大率,一般用 γ 表示,其计算式为

$$\gamma = \frac{\beta}{\alpha} \tag{5.4}$$

DS₃ 型水准仪望远镜的放大率一般为 25～30 倍。

(2)水准器。水准器主要用来整平仪器、指示视准轴是否处于水平位置,是操作人员判定水准仪是否置平正确的重要部件。普通水准仪通常有圆水准器和管水准器两种。

①圆水准器。圆水准器外形如图 5.4 所示,顶部玻璃的内表面为球面,内装有乙醚溶液,密封后留有气泡。球面中心刻有圆圈,其圆心即为圆水准器零点。通过零点与球面曲率中心连线,称为圆水准轴。当气泡居中时,该轴线处于铅垂位置;气泡偏离零点,轴线呈倾状态。气泡中心偏离零点 2 mm 所倾斜的角值,称为圆水准器的分划值。DS₃ 型水准仪圆水准器分划值一般为 8′～10′。圆水准器的精度较低,用于仪器的粗略整平。

②管水准器。管水准器又称水准管,它是一个管状玻璃管,其纵向内壁磨成一定半径的圆弧,管内装乙醚溶液,加热融封冷却后在管内形成一个气泡(图 5.5)。由于气泡较液体轻,气泡恒处于管内最高位置。水准管内壁圆弧的中心点(最高点)为水准点的零点,过零点与圆弧相切的切线称水准管轴(图中 L—L)。当气泡中点处于零点位置时,称气泡居中,这时水准管轴处于水平位置。在水准管上,一般由零点向两侧刻有数条间隔 2 mm 的分划线,相邻分化线 2 mm 圆弧所对的圆心角,称为水准管的分划值,用"τ"表

示,其计算式为

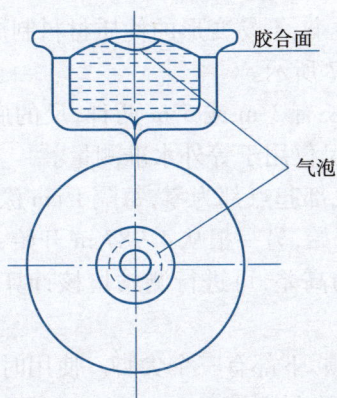

图5.4 圆水准器

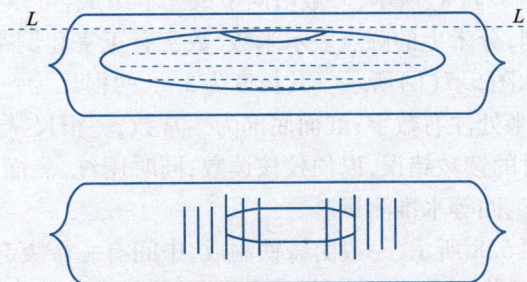

图5.5 管水准器

$$\tau = \frac{2\rho}{R} \tag{5.5}$$

式中:R 为水准管圆弧半径;ρ 为弧度的秒值,$\rho = 206\ 265''$。

水准管分化值越小,灵敏度越高。DS$_3$水准仪水准管的分划值为20″,记作20″/2mm。由于水准管的精度较高,因而用于仪器的精确整平。

为了便于观测和提高水准管的居中精度,DS$_3$水准仪水准管的上方装有符合棱镜系统,如图5.6(a)所示。通过棱镜组的反射折光作用,将气泡两端的影像同时反映到望远镜旁的观察窗内。通过观察窗观察,当气泡两端半边气泡的影像符合时,表明气泡居中,如图5.6(b)所示;若两影像错开,表明气泡不居中,如图5.6(c)所示,此时应转动微倾螺旋使气泡影像符合。

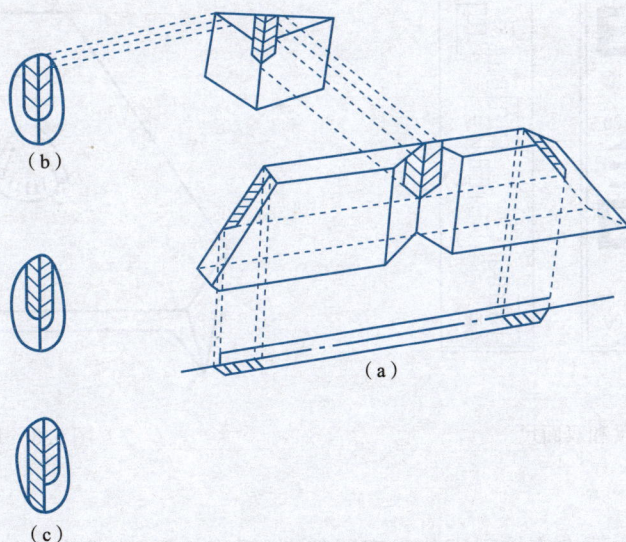

图5.6 符合水准器

(3)基座。基座位于仪器下部,主要由轴座、三个脚螺旋和连接板等组成。仪器上部通过竖轴插入轴座内,由基座承托。脚螺旋用于调节圆水准气泡,使气泡居中。连接板通过连接螺旋与三脚架相连接。

水准仪除上述部分外,还装有制动螺旋、微动螺旋和微倾螺旋。拧紧制动螺旋时,仪器固定不动,此时转动微动螺旋,使望远镜在水平方向作微小转动,用以精确瞄准目标。微倾螺旋可使望远镜在竖直面内微动,由于望远镜和管水准器连为一体,且视准轴与管水准轴平行,所以圆水准气泡居中后,转动微倾螺旋使管水准气泡影像符合,即可利用水平视线读数。

2. 水准尺和尺垫

水准尺是水准测量时与水准仪配套使用的必备工具,要用伸缩性小、不易变形的优质材料制成,如优质木材、玻璃钢、铝合金等。常用的水准尺有塔尺和双面尺两种。如图5.7所示。

塔尺如图5.7(a)所示,一般由两节或三节组成,可以伸缩,其全长有3 m或5 m两种,尺的底部为零,以厘米进行分划,分米上的圆点表示米数,数字有正字和倒字两种。塔尺仅用于等外水准测量。

双面尺如图5.7(b)所示。其长度为3 m,两根尺为一对。黑面底部起点都为零,每隔1 cm涂以黑白相间的分格,每分米处注有数字;红面底部为一常数,一根尺从4.687 m开始,另一根从4.787 m开始,其目的是为了避免观测时的读数错误,以便校核读数;同时用红、黑面读数求得的高差,可进行测站检核计算。双面水准尺一般用于三、四等水准测量。

尺垫如图5.8所示,一般由铸铁制成,中间有一个突起的球状圆顶,下部有三个尖脚。使用时将尖脚踩入地下踏实,然后将尺立于圆球顶部。尺垫的作用是防止点位移动和水准尺下沉。

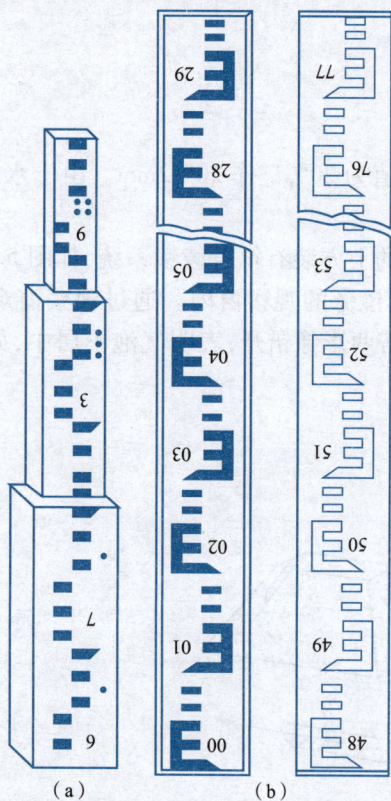

图5.7 塔尺和双面尺

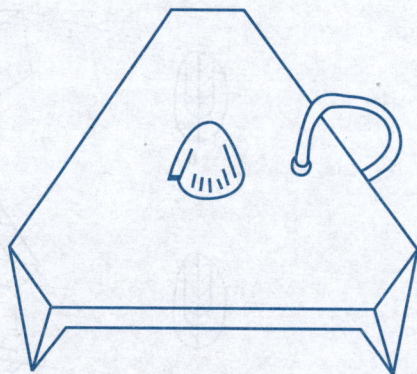

图5.8 尺垫

3. 水准仪的使用

普通水准仪使用操作的主要内容按程序分为安置仪器、粗略整平、瞄准水准尺、精确整平和读数。

(1)安置仪器。安置水准仪的基本方法是:张开三脚架,根据观测者的身高,调节好架腿的长度,使其高度适中,目估架头大致水平,取出仪器,用连接螺旋将水准仪固连在架头上。地面松软时,应将三脚架腿踩入土中,在踩脚架时应注意使圆水准气泡尽量靠近中心。

(2)粗略整平。粗平就是通过调节仪器的脚螺旋,使圆水准气泡居中,以达到仪器纵轴铅直、视准轴粗略水平的目的。基本方法是:如图5.9(a)所示,设气泡偏离中心于a处时,可先选择一对脚螺旋①,②,用双手以相对方向转动两个脚螺旋,使气泡移至两脚螺旋连线的中间b处,如图5.9(b)所示;然后,再转动脚螺旋③使气泡居中,如图5.9(b)、(c)。此项工作应反复进行,直至在任意位置气泡都居中。气泡的移动规律是,其移动方向与左手大拇指转动脚螺旋的方向相同。

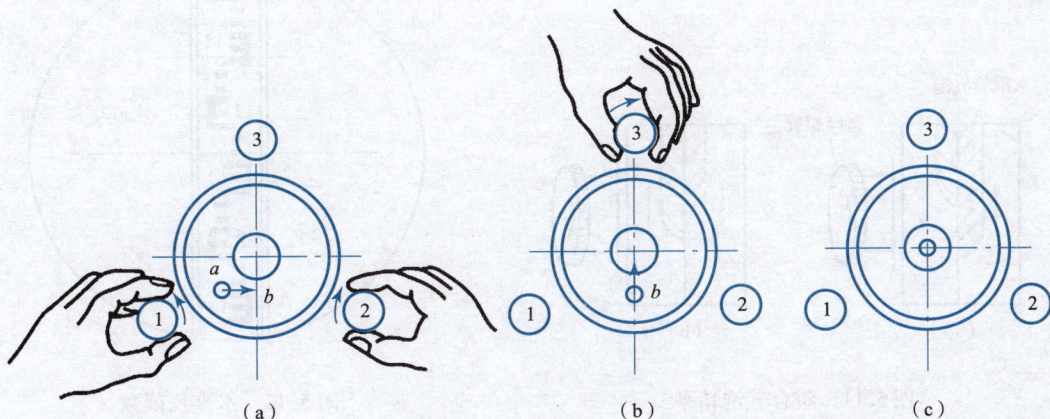

图 5.9　粗略整平

（3）瞄准水准尺。瞄准就是使望远镜对准水准尺，清晰地看到目标和十字丝成像，以便准确地进行水准尺读数。基本方法如下：

①初步瞄准。松开制动螺旋，转动望远镜，利用镜筒上的照门和准星连线对准水准尺，然后拧紧制动螺旋。

②目镜调焦。转动目镜调焦螺旋，直至清晰看到十字丝。

③物镜调焦。转动物镜调焦螺旋，使水准尺成像清晰。

④精确瞄准。转动微动螺旋，使十字丝的纵丝对准水准尺像。

⑤瞄准时应注意清除视差。所谓视差，就是当目镜、物镜对光不够精细时，目标的影像不在十字丝平面上（图 5.10），以致两者不能被同时看清。视差的存在会影响瞄准和读数精度，必须加以检查并消除。检查有无视差，可用眼睛在目镜端上下微微地移动，若发现十字丝和水准尺成像有相对移动现象，说明有视差存在。消除视差的方法是仔细地进行目镜调焦和物镜调焦，直至眼睛上下移动读数不变为止。

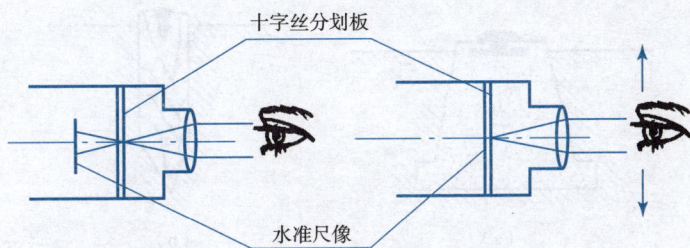

图 5.10　视差

（4）精确整平、立即读数。精确整平简称精平，就是在读数前转动微倾螺旋使水准管气泡居中（气泡影像符合），从而达到视准轴精确水平的目的。图 5.11 为微倾螺旋转动方向与两侧气泡移动方向的关系。精平时，应徐徐转动微倾螺旋，直至气泡影像稳定符合。

必须指出，由于水准仪粗平后，竖轴不是严格铅直，当望远镜由一个目标（后视）转到另一目标（前视）时，气泡不一定符合，应重新精平，气泡居中符合后才能读数。

当确认气泡符合后，应立即用十字丝横丝在水准尺上读数。读数前要认清水准尺的注记特征，要按由小到大的方向读取米、分米、厘米、毫米四位数字，最后一位毫米为估读数。如图 5.12 的读数为 1.337 m。

147

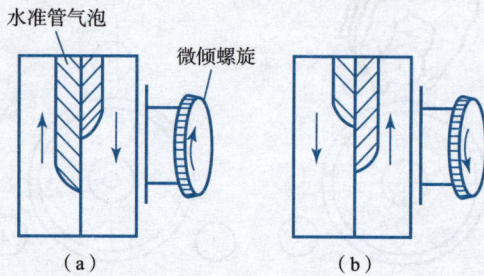

图 5.11 符合气泡精平

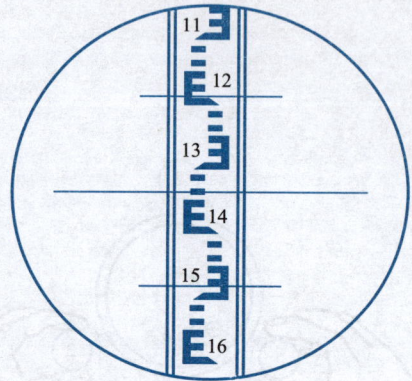

图 5.12 水准尺读数

精平和读数虽是两项不同的操作步骤,但在水准测量过程中,应把两项操作视为一个整体,即精平后立即读数。读数后还要检查水准管气泡是否符合,否则,应重新符合居中后再读数。这样,才能保证水准测量的精度。

5.2 水准点的加密

5.2.1 水准点

为了统一全国的高程系统,满足各种地形图的测绘、工程建设和科学研究的需要,测绘部门在全国各地埋设了许多固定的测量标志,并用水准测量的方法测定了他们的高程,这些标志称为水准点。即用水准测量方法测定时,高程达到一定精度的高程控制点,称为水准点。水准点以 BM 为代号。

水准点分为永久性和临时性两种。永久性水准点的标石一般用混凝土预制而成,顶面嵌入半球形的金属标志,如图 5.13(a)所示,表示该水准点的点位;临时性水准点可选在地面突出的坚硬岩石或房屋勒脚、台阶上,用红漆做标记,也可用大木桩打入地下,桩顶上钉一半球形钉子作为标志,如图 5.13(b)所示。临时性水准点一般都为等外水准测量的水准点。

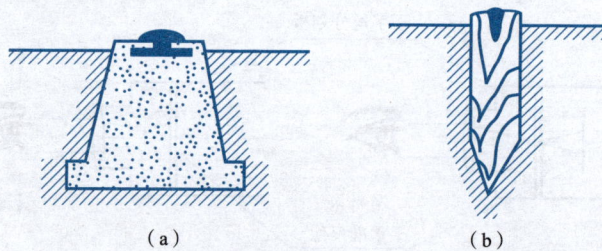

图 5.13 水准点埋设

水准点应埋设在不易损毁的坚实土质内。在冻土地带,水准点基石底部应埋设在冻深线以下 0.5 m,称为地下水准点。水准点的高程可向当地测量主管部门索要,作为地形图的测绘、工程建设和科学研究引测高程的依据。

为方便以后的寻找和使用,埋设水准点后,应绘出能标记水准点位置的草图(称为点之记),图上要注明水准点的编号、定位尺寸及高程。

5.2.2 交通运输部《公路路基施工技术规范》关于水准点加密的规定

公路路基施工技术规范(JTG F10—2006)规定如下:

(1)水准点测量精度应符合表 5.1 的规定。

表5.1 水准测量精度要求

等级	每千米高差中数中误差(mm)		往返较差、附合或环线闭合差(mm)		检测已测测段高差之差(mm)
	偶然中误差	全中误差	平原微丘区	山岭重丘区	
三等	±3	±6	±12$\sqrt{L}$	±3.5$\sqrt{n}$,±15$\sqrt{L}$	±20$\sqrt{L_i}$
四等	±5	±10	±20$\sqrt{L}$	±6.0$\sqrt{n}$,±25$\sqrt{L}$	±30$\sqrt{L_i}$
五等	±8	±16	±30$\sqrt{L}$	±45$\sqrt{L}$	±40$\sqrt{L_i}$

注:①计算往返较差时,L为水准点间的路线长度(km)。
②计算附合或环线闭合差时,L为附合或环线的路线长度(km)。
③n为测站数,L_i为检测测段长度(km)。

(2)沿路线每500 m宜有一个水准点。在结构物附近、高填深挖路段、工程量集中及地形复杂路段,宜增设水准点。临时水准点应符合相应等级的精度要求,并与相邻水准点闭合。

(3)当水准点有可能受到施工影响时,应进行处理。

5.2.3 水准点加密的测设方案

水准测量时,一般将已知水准点和待测水准点组成一条水准路线,适用于公路工程水准点加密的测设方案有附合水准路线、闭合水准路线和支水准路线。

1. 闭合水准路线

如图5.14(a)所示,从一个已知高程的水准点BM_A出发,沿新建的各待定高程的点1、2、3、4进行水准测量,最后又回到原始出发的水准点BM_A,这种形成闭合的水准路线,称为闭合水准路线。

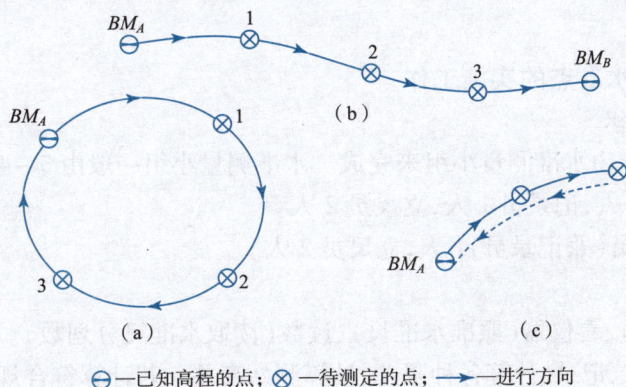

⊖—已知高程的点;⊗—待测定的点;→—进行方向

图5.14 水准路线

2. 附合水准路线

如图5.14(b)所示,从已知高程的水准点BM_A出发,沿各待定高程的点1、2、3进行水准测量,最后附合到另一个已知高程的水准点BM_B,这种在两个已知水准点之间布设的路线,称为附合水准路线。

3. 支水准路线

如图5.14(c)所示,从已知高程的水准点BM_A出发,沿各待定高程的点1、2、3进行水准测量,这种从一个已知高程的水准点出发,而另一端为未知点的路线,该路线既不自行闭合,也不附合到其他水准点上,称为支水准路线。为了进行成果的检核和提高测量精度,对于支水准路线应该进行往返观测。

5.2.4 水准点加密方案的确定

1. 选择水准点加密方案的条件

(1)当施工标段有两个已知水准点时,可考虑选用附合水准路线。

(2)当施工标段只有一个已知水准点时,可考虑选用闭合水准路线。

(3)当有特殊需要,例如涵洞等线路构造物的高程放样,可考虑选用支水准路线,但须往返测量。

(4)选用已知水准点时,可将相邻标段就近的一个已知水准点一并考虑。

2. 选择水准点加密方案的原则

(1)加密的水准点的高程系统必须采用业主、设计单位提供的原水准点的高程系统,施工单位不得擅自采用其他高程系统。

(2)加密水准点的起、终点必须是业主、设计单位移交的原水准点。

(3)加密水准的等级应与业主、设计单位原水准点同精度。应使用不低于 S₃ 型的水准仪,四等水准应用 3 m 双面水准标尺,五等水准可用塔尺。

(4)水准方案必须考虑和相邻施工段的水准点联测。

(5)加密施工水准点必须从业主、设计单位提供的水准点开始,遵循由高级到低级的原则。

(6)加密施工水准点的精度必须满足高程放样精度。

(7)加密水准点的密度应能满足高程放样的需要。应一站就能放出所需点位的高程,测量视距宜控制在 80 m 以内,则施工水准点间距宜在 160 m 以内。

3. 加密水准点的仪器和工具

(1)加密水准点的仪器设备。

①精度不低于 S₃ 的水准仪。

②与水准仪配套的脚架。

③水准尺。四等水准测量使用双面尺,五等水准测量或高程施工放样则使用塔尺。

(2)工具。

①尺垫,用于转点。

②计算器,用于计算。

③对讲机,用于联络。

5.2.5 通(五等)加密水准点的实施工作

1. 加密水准点的作业组织

(1)加密水准点外业工作由水准测量小组来完成。水准测量小组一般由 3~4 人组成。

四等水准 4 人:观测员 1 人,记录员 1 人,立尺员 2 人。

五等水准 3~4 人:观测员(兼记录员)1 人,立尺员 2 人。

(2)水准小组成员分工。

观测员:摆站(架设仪器)、看仪器(照准水准尺)、读数(读取水准尺分划数)。

记录员:听取观测员读数、记录、计算各种限差、计算测站高差。若计算符合规范限差要求,通知观测员搬站,若超限,则通知观测员重测。

立尺员:将水准尺垂直立在测点上,听命于观测员的指挥而行动。

水准测量工作是一项集体性质的合作工作,小组成员只有分工协作、各尽其责才能测出优秀的成果。

2. 加密水准点的测量实施

当待测高程点距已知水准点较远或坡度较大时,不可能仅安置一次仪器就测定两点间的高差,这时,必须在两点间加设若干个立尺点作为传递高程的过渡点,称为转点(TP)。这些转点将测量路线分成若干段,依次测出各分段间的高差,进而求出所需高差,计算待定点的高程。如图 5.15 所示,设 A 为已知高程点,$H_A = 123.446$ m,欲测量 B 点高程,观测步骤如下。

置仪器距已知 A 点适当距离处(一般不超过 100 m,根据水准测量等级而定),水准仪粗平后,瞄准后视点 A 的水准尺,精平、读数为 2.142 m,记入手簿(表 5.2)后视栏内。在路线前进方向且与后视等距离处,选择转点 TP_1 立尺,转动水准仪瞄准前视点 TP_1 的水准尺,精平、读数为 1.258 m,记入手簿前视读数栏内,此为一测站工作。后视读数减前视读数即为 A、TP_1 两点间的高差,$h_1 = +0.884$ m,填入表 5.2 中相应位置。

第一站测完后,转点 TP_1 的水准尺不动,将 A 点水准尺移至 TP_2 点,安置仪器于 TP_1、TP_2 两点间等距离处,按第一站观测顺序进行观测与计算,以此类推,测至终点 B。

显然,每安置一次仪器,便测得一个高差,根据高差计算式(5.1)可得

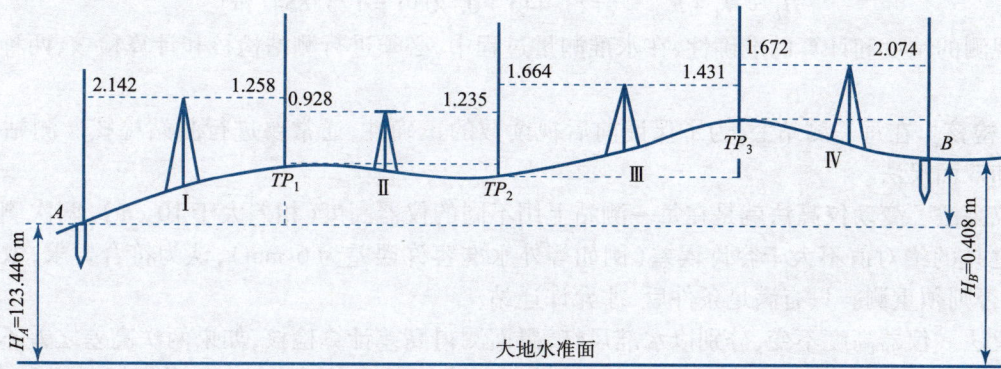

图 5.15　水准测量方法

$$h_1 = a_1 - b_1 = +0.884(\text{m})$$
$$h_2 = a_2 - b_2 = -0.307(\text{m})$$
$$h_3 = a_3 - b_3 = +0.233(\text{m})$$
$$h_4 = a_4 - b_4 = -0.402(\text{m})$$

将各式相加可得

$$h_{AB} = \sum h = \sum a - \sum b$$

B 点的高程为

$$H_B = H_A + h_{AB} \tag{5.6}$$

若逐站推算高程,则

$$H_{TP1} = H_A + h_1 = 123.446 + (+0.884) = 124.330(\text{m})$$
$$H_{TP2} = H_{TP1} + h_2 = 124.330 + (-0.307) = 124.023(\text{m})$$
$$H_{TP3} = H_{TP2} + h_3 = 124.023 + (+0.233) = 124.256(\text{m})$$
$$H_B = H_{TP3} + h_4 = 124.256 + (-0.402) = 123.854(\text{m})$$

表 5.2　水准测量记录手簿

日期:_____　　　　仪器:_____　　　　观测人:_____
天气:_____　　　　地点:_____　　　　记录人:_____

测站	测点	水准尺读数		高差(m)	高程(m)	备注
		后视读数(m)	前视读数(m)			
1	BM_A	2.142		+0.884	123.446	已知高程
2	TP_1	0.928	1.258	-0.307	124.330	
3	TP_2	1.664	1.235	+0.233	124.023	
4	TP_3	1.672	1.431	-0.402	124.256	
	BM_A		2.074		123.854	
计算校核		$\sum$后 = 6.406	$\sum$前 = 5.998	$\sum h$ = 0.408	$H_B - H_A$ = 0.408	计算无误
		$\sum$后 $-$ $\sum$前 = 0.408				

计算校核 $\quad \sum$后 $= 6.406, \sum$前 $= 5.998, \sum h = 0.408, H_B - H_A = 0.408,$计算无误。

$$\sum \text{后} - \sum \text{前} = 0.408$$

表 5.2 是水准测量的记录手簿和有关计算,通过计算可得 B 点的高程为

$$H_B = H_A + h_{AB} = (123.446 + 0.408) = 123.854(\text{m})$$

为保证观测的精度和计算的准确性,在水准测量过程中,必须进行测站检核和计算检核,两种检核的方法如下。

(1)测站检核。在每一测站上,为了保证前后视读数的正确性,通常要进行测站检核。测站检核常采用变动仪高法和双面尺法。

①变动仪高法。变动仪高法就是在每一测站上用不同的仪器高度(相差大于 10 cm),两次测出高差。两次所测高差之差的绝对值不大于容许误差(例如等外水准容许误差为 6 mm),认为符合要求,取其平均值作为最后结果;否则须重测。只有满足条件后,才允许迁站。

②双面尺法。仪器高度不变,分别以水准尺红、黑面测得高差计算检核,如果两次高差之差不大于容许误差,取其平均值作为最后结果。关于双面尺红黑面读数和高差的具体检核方法,详见第 6 章的三、四等水准测量。

(2)计算检核。计算检核是对记录表中每一项高差和高程计算进行的检核。计算检核的条件是满足以下等式:

$$\sum a - \sum b = \sum h = H_B - H_A \tag{5.7}$$

否则,说明计算有误。例如表 5.2 中

$$\sum a - \sum b = (6.406 - 5.998)\text{m} = 0.408(\text{m})$$

$$\sum h = 0.408(\text{m})$$

$$H_B - H_A = (123.854 - 123.446)\text{m} = 0.408(\text{m})$$

等式条件成立,说明高差和高程计算正确。

3. 加密水准点的成果检核

在水准测量的实施过程中,测站检核只能检核一个测站上是否存在错误。计算检核只能发现每页计算是否有误。对于一条水准路线来说,测站检核和计算检核都不能发现立尺点变动的错误,更不能说明整个水准路线测量的精度是否符合要求。同时,由于受温度、风力、大气折射和水准尺下沉等外界条件的影响,以及水准仪和观测者本身的原因,测量不可避免会存在误差。这些误差很小,在一个测站上反映不明显,但随着测站数的增多,误差积累,有时也会超过规定的限差。因此,还必须对整个水准线路的成果进行检核。

(1)附合水准线路的成果检核。如图 5.14(b)所示,BM_A 和 BM_B 为已知高程的水准点,1、2、3 为待定高程点。从水准点 BM_A 出发,沿各个待定高程的点进行水准测量,最后附合到另一水准点 BM_B,这种水准路线称为附合水准路线。

理论上,附合水准路线中各待定高程点间高差的代数和,应等于始、终两个已知水准点的高程之差,即

$$\sum h_{\text{理}} = H_{\text{终}} - H_{\text{始}} \tag{5.8}$$

如果实测的高差与理论的高差不相等,两者之差称为高差闭合差,用 f_h 表示,其式为

$$f_h = \sum h_{\text{测}} - (H_{\text{终}} - H_{\text{始}}) \tag{5.9}$$

(2)闭合水准路线的成果检核。如图 5.14(a)所示,当测区附近只有一个水准点 BM_A 时,欲求得 1、2、3 的高程。可以从 BM_A 点起实施水准测量,经过 1、2、3 点后,再重新闭合到 BM_A 点上,称为一个闭合水准路线。显然,理论上闭合水准路线的高差总和应等于零,即

$$\sum h_{\text{理}} = 0 \tag{5.10}$$

但实际上总会有误差,致使高差闭合差不等于零,则高差闭合差为

$$f_h = \sum h_{\text{测}} \tag{5.11}$$

(3)支水准路线的成果检核。如图 5.14(c)所示,由已知水准点 BM_A 出发,沿各待定点进行水准测量,既不附合到其他水准点上,也不自行闭合,这种水准路线称为支水准路线。支水准路线要进行往返观测,往测高差与返测高差值的代数和 $\sum h_{\text{往}} + \sum h_{\text{返}}$ 理论上应为零,并以此作为支水准路线测量正确性与否的检验条件。如不等于零,则高差闭合差为

$$f_h = \sum h_{往} + \sum h_{返} \tag{5.12}$$

各种路线形式的水准测量,其高差闭合差均不应超过规定容许值,否则即认为水准测量结果不符合要求。高差闭合差容许值的大小与测量等级有关。测量规范中,对不同等级的水准测量作了高差闭合差容许值的规定。

四等水准测量的高差闭合差容许值规定为

$$\begin{cases} 平地: f_{h容} = \pm 20\sqrt{L}\ \text{mm} \\ 山地: f_{h容} = \pm 6\sqrt{n}\ \text{mm} \end{cases} \tag{5.13}$$

等外水准测量的高差闭合差容许值规定为

$$\begin{cases} 平地: f_{h容} = \pm 40\sqrt{L}\ \text{mm} \\ 山地: f_{h容} = \pm 12\sqrt{n}\ \text{mm} \end{cases} \tag{5.14}$$

式中:L 为水准路线长度,以 km 计;n 为测站数,当每千米测站数大于 15 时采用山地。

5.2.6　普通(五等)水准测量的内业计算

水准测量的外业测量数据,如经检核无误,满足了规定等级的精度要求,就可以进行内业成果计算。即计算出 f_h 以后,才可以进行高差闭合差 f_h 与容许高差闭合差 $f_{h容}$ 的比较,若 $|f_h| \leqslant |f_{h容}|$,则精度合格,在精度合格的情况下,可以进行水准路线成果计算。内业计算工作的主要内容是,计算高差闭合差及容许高差闭合差,调整高差闭合差,计算改正后高差,最后计算出各待定点的高程。以下分别介绍各种水准路线的内业计算方法。

1. 附合水准路线的内业计算

如图 5.16 为一附合水准路线,A、B 为已知水准点,A 点高程为 65.376 m,B 点高程为 68.623 m,点 1、2、3 为待测水准点,各测段高差、测站数、距离如图所示。现以此为例,介绍附合水准路线的内业计算步骤(参见表 5.3)。

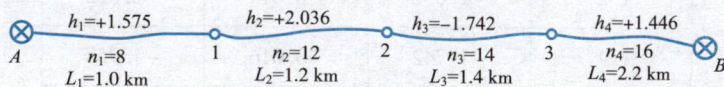

图 5.16　附合水准路线

(1)闭合差的计算。

$$f_h = \sum h - (H_B - H_A) = 3.315 - (68.623 - 65.376) = +0.068(\text{m})$$

因是平地,闭合差容许值为

$$f_{h容} = \pm 40\sqrt{L} = \pm 40\sqrt{5.8} = \pm 96(\text{mm})$$

$|f_h| < |f_{h容}|$,故其精度符合要求。

(2)闭合差的调整。对同一条水准路线,假设观测条件是相同的,可认为每个测站产生误差的机会是相等的。因此,闭合差调整的原则和方法是,按与测段距离(或测站数)成正比例、并反其符号改正到各相应的高差上,得改正后高差,即

$$h_{i改} = h_{i测} + v_i \tag{5.15}$$

式中:v_i,$h_{i改}$ 为第 i 测段的高差改正数与改正后高差;$\sum n$,$\sum l$ 为路线总测站数与总长度;n_i,l_i 为第 i 测段的测站数与长度。

以第 1 和第 2 测段为例,第 1 和第 2 测段高差的改正数为

$$v_1 = -\frac{f_h}{\sum l} \times l_1 = -(0.068/5.8) \times 1.0 = -0.012(\text{m})$$

$$v_2 = -\frac{f_h}{\sum l} \times l_2 = -(0.068/5.8) \times 1.2 = -0.014(\text{m})$$

检核：$\sum v = -f_h = -0.068\text{m}$，列于表5.3中的第5栏中。

第1和第2测段改正后的高差为

$$h_{1改} = h_{1测} + v_1 = +1.575 - 0.012 = +1.563(\text{m})$$
$$h_{2改} = h_{2测} + v_2 = +2.063 - 0.014 = +2.022(\text{m})$$

检核：$\sum h_{i改} = H_B - H_A = +3.247(\text{m})$

各测段改正后高差列入表5.3中的第6栏。

（3）高程的计算。根据检核过的改正后高差，由起点 A 开始，逐点推算出各点的高程，如

$$H_1 = H_A + h_{1改} = 65.376 + 1.563 = 66.939(\text{m})$$
$$H_2 = H_1 + h_{2改} = 66.939 + 2.022 = 68.961(\text{m})$$

各点高程列入表5.3第7栏中。

逐点计算，最后算得的 B 点高程应与已知高程 H_B 相等，即

$$H_{B(算)} = H_{B(已知)} = 68.623(\text{m})$$

否则说明高程计算有误。

表5.3 附合水准测量成果计算表

测段	点名	距离 L（km）	实测高差（m）	改正数（m）	改正后的高差（m）	高程（m）	备注
1	2	3	4	5	6	7	8
1	A	1.0	+1.575	-0.012	+1.563	65.376	
2	1	1.2	+2.036	-0.014	+2.022	66.939	
3	2	1.4	-1.742	-0.016	-1.758	68.961	
4	3	2.2	+1.446	-0.026	+1.420	67.203	
$\sum$	B	5.8	+3.315	-0.068	+3.247	68.623	
辅助计算	$f_h = +68\text{mm}$ $f_{h容} = \pm40\sqrt{5.8}\text{mm} = \pm96\text{mm}$			$L = 5.8\text{km}$ $-f_h/L = 12\text{mm}$				

2. 闭合水准路线成果计算

闭合水准路线各测段高差的代数和应等于零。如果不等于零，其代数和即为闭合水准路线的闭合差 f_h，即 $f_h = \sum h_{测}$。当 $f_h \leqslant f_{h容}$ 时，可进行闭合水准路线的计算调整，其步骤与附合水准路线相同。如果 $f_h > f_{h容}$，说明闭合差不符合要求，必须进行重新测量。

3. 支水准路线成果计算

对于支水准路线取其往返测高差的平均值作为成果，高差的符号应以往测为准，最后推算出待测点的高程。

以图5.17为例，已知水准点 A 的高程为186.785 m，往返测站共16站。高差闭合差为

$$f_h = h_{往} + h_{返} = -1.375 + 1.396 = 0.021(\text{m})$$

闭合差容许值为

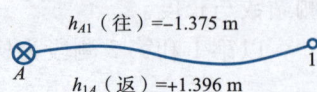

图5.17 支水准路线

$$f_{h容} = \pm 12 \sqrt{n} = \pm 12 \times \sqrt{16} = \pm 48(\text{mm})$$

$|f_h| < |f_{h容}|$，说明符合普通水准测量的要求。经检核符合精度要求后，可取往测和返测高差绝对值的平均值作为 A、1 两点间的高差，其符号与往测高差符号相同，即

$$h_{A1} = (-1.375 - 1.396)/2 = -1.386(\text{m})$$
$$H_1 = 186.785 - 1.386 = 185.399(\text{m})$$

5.3　高程控制测量

5.3.1　三、四等水准测量

三、四等水准测量除用于国家高程控制网的加密外，还可用于建立小地区首级高程控制。三、四等水准路线的布设，在加密国家控制点时，多布设为附合水准路线、结点网的形式；在独立测区作为首级高程控制时，应布设成闭合水准路线形式；而在山区、带状工程测区，可布设为水准支线。三、四等水准测量的主要技术要求详见表5.4和表5.5。

表5.4　三、四等水准测量的主要技术要求（一）

等级	水准仪型号	视线长度（m）	前后视距差（m）	前后视距累积差（m）	视线离地面最低高度（m）	基本分划、辅助分划（黑红面）读数差（mm）	基本分划、辅助分划（黑红面）高差之差（mm）
三	DS₁	100	3	6	0.3	1.0	1.5
	DS₃	75				2.0	3.0
四	DS₃	100	5	10	0.2	3.0	5.0
五	DS₃	100	大致相等				
图根	DS₁₀	≤100					

注：当进行三、四等水准观测，采用单面标尺变更仪器高度时，所测两高差，应与黑红面所测高差之差的要求相同。

表5.5　三、四等水准测量的主要技术要求（二）

等级	水准仪型号	水准尺	线路长度（km）	观测次数 与已知点联测	观测次数 附合或环线	每千米高差中误差（mm）	往返较差、附合或环线闭合差 平地（mm）	往返较差、附合或环线闭合差 山地（mm）
三	DS₁	因瓦	≤50	往返各一次	往一次	6	$12\sqrt{L}$	$4\sqrt{n}$
	DS₃	双面			往返各一次			
四	DS₃	双面	≤16	往返各一次	往一次	10	$20\sqrt{L}$	$6\sqrt{n}$
五	DS₃	单面		往返各一次	往一次	15	$30\sqrt{L}$	
图根	DS₁₀	单面	≤5	往返各一次	往一次	20	$40\sqrt{L}$	$12\sqrt{n}$

注：①结点之间或结点与高级点之间，其路线的长度，不应大于表中规定的0.7倍；
　　②L 为往返测段、附合或环绕的水准路线长度（单位为km），n 为测站数。

1. 三、四等水准测量的观测与记录方法

（1）双面尺法。采用水准尺为配对的双面尺，在测站应按以下顺序观测读数，读数应填入记录表的相应位置（表5.6）。

表5.6　三、四等水准测量记录(双面尺法)

测站	点号	后尺 下丝 / 上丝	前尺 下丝 / 上丝	方向及尺号	黑面	红面	K+黑-红(mm)	平均高差(m)	备注
		后视距	前视距						
		视距差(d/m)	视距差之和(∑d/m)						
		(1)	(4)	后	(3)	(8)	(14)	(18)	
		(2)	(5)	前	(6)	(7)	(13)		
		(9)	(10)	后-前	(15)	(16)	(17)		
		(11)	(12)						
1	BM5-TP1	1.536	1.030	后5	1.242	6.030	-1	+0.5070	K为尺常数 $K_5=4.787$ $K_6=4.687$
		0.947	0.442	前6	0.736	5.422	+1		
		58.9	58.8	后-前	+0.506	+0.608	-2		
		+0.1	+0.1						
⋮	⋮	⋮	⋮	⋮	⋮	⋮	⋮	⋮	

A. 后视黑面,读取下、上、中丝读数,记入(1),(2),(3)中;

B. 前视黑面,读取下、上、中丝读数,记入(4),(5),(6)中;

C. 前视红面,读取中丝读数,记入(7);

D. 后视红面,读取中丝读数,记入(8)。

以上(1),(2),…,(8)表示观测与记录的顺序。这样的观测顺序简称为"后—前—前—后",其优点是可以大大减弱仪器下沉误差的影响。四等水准测量测站观测顺序也可为"后—后—前—前"的顺序观测。

(2)单面尺法。四等水准测量时,如果采用单面尺观测,则可按变更仪器高法进行检核。观测顺序为"后—前—变仪器高—前—后",变高前按三丝读数,以后按中丝读数。在每一测站上需变动仪器高10 cm以上,记录格式见表5.7。

表5.7　四等水准测量记录表(单面尺法)

测站编号	后尺 下丝 / 上丝	前尺 下丝 / 上丝	水准尺读数 后视 / 前视	高差 + / -	平均高差	备注
	后视距	前视距				
	视距差(d/m)	视距差之和(∑d/m)				
1	1.681(1) / 1.307(2)	0.849(4) / 0.473(5)	1.494(3) / 1.372(8)	0.661(6) / 0.541(7)	0.833(13) / 0.831(14)	+0.832(5)	
	37.4(9)	37.6(10)				
	-0.2(11)	-0.2(12)				
⋮	⋮	⋮	⋮	⋮	⋮	⋮	⋮

注:表中(1),(2),(3),…表示观测记录与计算的顺序。

2. 测站计算与检核

(1)双面尺法计算与检核。

①在每一测站,应进行以下计算与检核工作。

a. 视距计算。

后视距离:(9) = (1) – (2)

前视距离:(10) = (4) – (5)

前、后视距离差:(11) = (9) – (10)。该值在三等水准测量时,不得超过 3 m;四等水准测量时,不得超过 5 m。

b. 同一水准尺黑、红面中丝读数的检核。同一水准尺红、黑面中丝读数之差,应等于该尺红、黑面的常数 K(4.687 或 4.787),其差值为

前视尺:(13) = (6) + K – (7)

后视尺:(14) = (3) + K – (8)

(13)、(14)的大小在三等水准测量时,不得超过 2 mm;四等水准测量时,不得超过 3 mm。

c. 高差计算及检核。

黑面所测高差:(15) = (3) – (6)

红面所测高差:(16) = (8) – (7)

黑、红面所测高差之差:

(17) = (15) – (16) ± 0.100 = (14) – (13)

该值在三等水准测量中不得超过 3 mm,四等水准测量不得超过 5 mm。式中 0.100 为单、双号两根水准尺红面底部注记之差,以 m 为单位。

$$平均高差:(18) = \frac{1}{2}\{(15) + [(16) \pm 0.100]\}$$

②记录手簿每页应进行的计算与检核。

a. 视距计算检核。后视距离总和减前视距离总和应等于末站视距累积差,即

$$\sum(9) - \sum(10) = 末站(12)$$

检核无误后,算出总视距为

$$总视距 = \sum(9) + \sum(10)$$

b. 高差计算检核。红、黑面后视总和减红、黑面前视总和应等于红、黑面高差总和,还应等于平均高差总和的两倍。

对于测站数为偶数:

$$\sum[(3) + (8)] - \sum[(6) + (7)] = \sum[(15) + (16)] = 2\sum(18)$$

对于测站数为奇数:

$$\sum[(3) + (8)] - \sum[(6) + (7)] = \sum[(15) + (16)] = 2\sum(18) \pm 0.100$$

③水准路线成果的整理计算。外业成果经验核无误后,按"5.2.6 普通水准测量的内业计算"中成果计算的方法,经高差闭合差的调整后,计算各水准点的高程。

(2)单面尺法的计算检核。单面尺法的计算除了变更仪器高测量的两次高差之差不得超过 5 mm,其他要求与双面尺相同,合格时取两次高差的平均值作为测站高差。

5.3.2 三角高程测量

在地形起伏较大的地区及位于较高建筑物上的控制点,用水准测量方法测定控制点的高程较为困难,通常采用三角高程测量的方法。随着光电测距仪器的普及,电磁波测距三角高程测量也得到广泛应用。《工程测量规范》对其技术要求作了规定,其高程测量的精度可以达到四等水准测量的精度。

三角高程测量主要用于建立测图高程控制网和建筑施工放样。

1. 三角高程测量的原理

三角高程测量是根据已知点高程及两点间的竖直角和距离,通过应用三角公式计算两点间的高差,求出未知点的高程。

如图 5.18 所示,已知 A 点高程 H_A,欲测定 B 点高程 H_B,可在 A 点安置仪器,在 B 点竖立觇牌或棱镜,用望远镜中丝瞄准觇牌的顶点,测得竖直角 α,量取桩顶至仪器横轴的高度 i(仪器高)和觇牌高 v。根据 AB 之间的平距 D,即可算出 A、B 两点间的高差为

$$h_{AB} = D\tan\alpha + i - v \tag{5.16}$$

若用测距仪测得斜距 S,则

$$h_{AB} = S\sin\alpha + i - v \tag{5.17}$$

B 点的高程为

$$H_B = H_A + h_{AB} = H_A + D\tan\alpha + i - v \tag{5.18}$$

或

$$H_B = H_A + h_{AB} = H_A + S\sin\alpha + i - v \tag{5.19}$$

当两点距离较远时,即应考虑地球曲率和大气折光的影响。

三角高程测量一般应进行往返观测,即由 A 向 B 观测(称为直觇),再由 B 向 A 观测(称为反觇),这种观测称为对向观测(或双向观测)。这样,取对向观测的高差平均值作为高差最后成果时,可以抵消地球曲率和大气折光的影响,所以三角高程测量大多采用对向观测法。

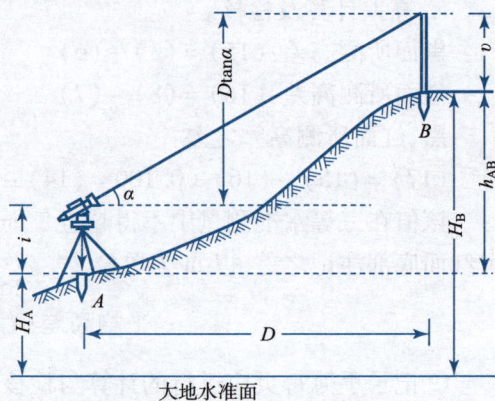

图 5.18 三角高程测量的原理

2. 三角高程测量的观测与计算

三角高程测量根据使用仪器不同可分为电磁波测距三角高程测量与经纬仪三角高程测量。对于电磁波测距三角高程控制测量,测量规范分为两级,即四等和五等三角高程测量。三角高程控制宜在平面控制点的基础上布设成三角高程网或高程导线,也可布置为闭合或附合的高程路线。测距仪三角高程测量的主要技术要求如表 5.8 所示。

表 5.8 三角高程测量的主要技术要求

等级	仪器	测回数		指标较差("")	竖直角较差("")	对向观测高差较差（mm）	附合或环型闭合差（mm）
		三丝法	中丝法				
四等	DJ_2	—	3	≤7	≤7	$40\sqrt{D}$	$20\sqrt{\sum D}$
五等	DJ_2	1	2	≤10	≤10	$60\sqrt{D}$	$30\sqrt{\sum D}$
图根	DJ_6		1			≤ $400D$	$0.1H_d\sqrt{n}$

注:①D 为测距边长度(单位为 km),n 为边数;
②H_d 为等高距(单位为 m)。

三角高程测量的观测与计算如下:

(1)测站上安置仪器,量仪器高 i 和标杆或棱镜高度 v,读数至毫米。

(2)用经纬仪或测距仪采用测回法观测竖直角 1～3 个测回。前后半测回之间的较差及指标差如果符合表 5.8 规定,取其平均值作为结果。

(3)计算高差及高程。采用对向观测法且对向观测高差较差符合表 5.8 要求时,取其平均值作为高差结果。

采用全站仪进行三角高程测量时,可先将大气折光改正数参数及其他参数输入仪器,然后直接测定测点高程。

(4)对于闭合或附合的三角高程路线,应利用对向观测的高差平均值计算路线高差闭合差,符合闭合差限值规定时,进行高差闭合差调整计算,推算出各点的高程。

5.3.3　编制水准点高程成果表

水准测量内业计算结束后,应编制水准点高程成果表,以方便施工测量中查用。"水准点高程成果表"样表见表5.9。

表5.9　水准点成果表

序号	点名	高程(m)	相对位置	所在地及点之记
1	S1(或BM01)	121.367	K1+230 右侧	老水泥路右侧2米
2	S2	125.496	K2+100 左侧	砖厂宿舍侧门墙角标志
3	S3	134.324	K2+900 右侧	4号变压器房墙角标志
4	S4	119.456	K1+230 右侧	肉联厂电线杆前3米
…	…	…	…	…

计 划 单

学习领域	路桥工程测量技术			
学习情境	纵横断面的测量	工作任务		布设高程控制点
计划方式	小组讨论、团结协作共同制订计划	计划学时		0.5
序号	实施步骤	具体工作内容描述		
制订计划说明	（写出制订计划时为完成任务提出的主要建议或可以借鉴的建议、需要解释的某一方面）			
计划评价	班　　级		第　　组	组长签字	
	教师签字		日　　期	
	评语：			

决　策　单

学习领域	路桥工程测量技术			
学习情境	纵横断面的测量	工作任务		布设高程控制点
决策学时		0.5		
方案对比	序号	方案的可行性	方案的先进性	实施难度	综合评价
	1				
	2				
	3				
	4				
	5				
	6				
	7				
	8				
	9				
	10				
	班　级		第　组	组长签字	
	教师签字		日　期		
决策评价	评语：				

材料工具清单

学习领域	路桥工程施工技术					
学习情境	纵横断面的测量		工作任务		布设高程控制点	
清单要求	请根据完成的工作任务列出所需的材料工具名称,其作用、型号及数量,标明使用前后的状况,并在说明中写明材料工具之间的相对联系或关系					
序号	名称	作用	型号	数量	使用前状况	使用后状况
1						
2						
3						
4						
5						
6						
7						
8						
9						
10						

说明:(请简要说明各材料工具之间的相对联系或关系)

班 级		第 组	组长签字	
教师签字			日 期	
评 语				

实 施 单

学习领域	路桥工程施工技术			
学习情境	纵横断面的测量	工作任务		布设高程控制点
实施方式	小组成员合作共同研讨确定动手实践的实施步骤,每人均需填写实施单	实施学时		5
序号	实施步骤			使用资源
1				
2				
3				
4				
5				
6				
7				
8				

实施说明:

班　　级		第　　组	组长签字	
教师签字			日　　期	
评　　语				

作 业 单

学习领域	路桥工程测量技术		
学习情境	纵横断面的测量	工作任务	布设高程控制点
实施方式	小组成员动手实践,学生自己记录、计算、绘制点之记		
（在此绘制记录表,不够请加附页）			
班　　级		第　组	组长签字	
教师签字			日　期	
评　　语				

检 查 单

学习领域	路桥工程施工技术		
学习情境	纵横断面的测量	工作任务	布设高程控制点
检查学时		0.5	
序　号	检查项目	检查标准	组内互查	教师检查
1	工作程序	是否正确		
2	完成的报告的点位数据	是否完整、正确		
3	测量记录	是否正确、整洁		
4	报告记录	是否完整、清晰		
5	描述工作过程	是否完整、正确		

	班　级		第　组	组长签字	
	教师签字		日　期		
检查评价	评语：				

评 价 单

学习领域	路桥工程施工技术				
学习情境	纵横断面的测量		工作任务		布设高程控制点
评价学时			1		

考核项目	考核内容及要求	分值	学生自评（10%）	小组评分（20%）	教师评分（70%）	实得分
计划编制（20）	工作程序的完整性	10				
	步骤内容描述	8				
	计划的规范性	2				
工作过程（45）	记录清晰、数据正确	10				
	布设点位正确	5				
	报告完整性	30				
基本操作（10）	操作程序正确	5				
	操作符合限差要求	5				
安全文明（10）	叙述工作过程应注意的安全事项	5				
	工具正确使用和保养、放置规范	5				
完成时间（5）	能够在要求的 90 分钟内完成，每超时 5 分钟扣 1 分	5				
合作性（10）	独立完成任务得满分	10				
	在组内成员帮助下得 6 分					
总分（∑）		100				

班　级		姓　名		学号		总评	
教师签字		第　组		组长签字		日期	

评价评语	评语：

教学反馈表

学习领域	路桥工程测量技术		
学习情境	纵横断面的测量	工作任务	布设高程控制点
学时	12		

序号	调查内容	是	否	理由陈述
1	你是否喜欢这种上课方式？			
2	与传统教学方式比较你认为哪种方式学到的知识更适用？			
3	针对每个学习任务你是否学会了如何进行资讯？			
4	计划和决策感到困难吗？			
5	你认为学习任务对你将来的工作有帮助吗？			
6	通过本任务的学习，你掌握了高程控制测量仪器和工具的操作了吗？今后遇到实际问题时你可以解决吗？			
7	你能在工程施工图纸中找到有关水准点及测量数据吗？			
8	学会如何布设高程控制点了吗？			
9	通过几天来的工作和学习，你对自己的表现是否满意？			
10	你对小组成员之间的合作是否满意？			
11	你认为本情境还应学习哪些方面的内容？（请在下面空白处填写）			

你的意见对改进教学非常重要，请写出你的建议和意见。

被调查人签名		调查时间	

任务6 测量施工线路纵断面

任务单

学习领域	路桥工程测量技术		
学习情境	纵横断面的测量	工作任务	测量施工线路纵断面
任务学时		6	

布置任务

工作目标	1. 能够借助设计文件及资料找到完成任务所需的工具、材料、方法 2. 能够掌握中平测量的基本方法及记录计算要领 3. 能够绘制施工路线的纵断面图 4. 要求在完成任务过程中锻炼职业素质,做到"严谨认真、吃苦耐劳、诚实守信"
任务描述	根据给定的路桥工程施工图纸及测设的施工场地道路中桩,从中选取一段道路进行线路的纵断面测量。路线纵断面测量又称路线水准测量,它的任务是首先沿路线布设水准点,施测水准点的高程,建立高程控制,然后依据控制点测定中线上各里程桩(中桩)的地面高程,绘制路线纵断面图作为路线坡度设计、中桩填挖尺寸计算的依据。路线纵断面测量分两步进行:首先,在路线方向上设置水准点,施测水准点的高程,建立高程控制,称为基平测量;其次,根据各水准点高程,分段测定中线上各里程桩(中桩)的地面高程,称为中平测量。在基平测量中,路线起始水准点应与国家高等级水准点进行联测,以获得路线的绝对高程。若路线附近没有国家高等级水准点,也可以采用假定高程。

学时安排	资讯	计划	决策或分工	实施	检查	评价
	2 学时	0.5 学时	0.5 学时	2 学时	0.5 学时	0.5 学时

提供资料	1. 路桥施工图纸 2. 工程测量规范 3. 测量员岗位工作技术标准
对学生的要求	1. 具备测量仪器使用的基础知识 2. 具备路桥工程构造的知识 3. 具备几何方面的基础知识 4. 具备一定的自学能力、数据计算能力、一定的沟通协调能力、语言表达能力和团队意识 5. 严格遵守课堂纪律,不迟到、不早退;学习态度认真、端正 6. 积极参与小组讨论 7. 完成"测量施工线路纵断面"工作的报告单

资 讯 单

学习领域	路桥工程测量技术		
学习情境	纵横断面的测量	工作任务	测量施工线路纵断面
资讯学时	2		
资讯方式	在图书、期刊、教材、互联网及信息单上查询问题;咨询任课教师		
资讯问题	问题一:施工线路纵断面测量的工作过程如何?		
	问题二:什么是基平测量? 其方法如何?		
	问题三:什么是中平测量? 其操作过程如何?		
	问题四:如何绘制施工线路纵断面图?		
	学生需要单独资讯的问题……		
资讯引导	[1]王剑英,王天成. 土建工程测量. 北京:中国计量出版社,2009. [2]21世纪路桥施工技术研究中心. 路桥施工现场十大员技术操作标准规范:测量员. 北京:当代中国音像出版社,2004.		

信　息　单

6.1　施工线路纵断面测量的工作内容

6.1.1　施工线路纵断面测量

线路纵断面测量又称路线水准测量,它的任务是首先沿路线布设水准点,施测水准点的高程,建立高程控制,然后依据控制点测定中线上各里程桩(中桩)的地面高程,绘制路线纵断面图作为路线坡度设计、中桩填挖尺寸计算的依据。

线路纵断面测量分两步进行:首先,在路线方向上设置水准点,施测水准点的高程,建立高程控制,称为基平测量;其次,是根据各水准点高程,分段测定中线上各里程桩(中桩)的地面高程,称为中平测量。在基平测量中,路线起始水准点应与国家高等级水准点进行联测,以获得路线的绝对高程。若路线附近没有国家高等级水准点,也可以采用假定高程。

6.1.2　基平测量

1. 路线水准点的设置

基平测量也称路线高程控制测量,其水准点的布设一般是在设置初测水准点的基础上进行的。因此,应对初测水准点逐一进行检核,若其闭合差在 $\pm 30\sqrt{L}$ mm(L 为水准路线长度,单位为 km)以内时,可采用初测成果,同时,水准点要有足够的密度,并且位置要适当。当初测水准点遭到破坏密度不够或位置不恰当时,应进行补测。

基平测量中的水准点分永久水准点和临时水准点。永久性水准点一般设置在路线起点和终点、大桥两岸、隧道两端,以及需要长期观测高程的重点工程附近的地方,并且在路线上每隔一定的距离应设置一永久水准点,永久水准点一般应埋设标石,也可设置在永久性建筑物的基础上或用金属标志嵌在基岩上等。临时水准点的设置密度应根据地形复杂情况和工程需要而定,一般在平原地区每隔 $1 \sim 2$ km 布设一个临时水准点,在山区每隔 $0.5 \sim 1$ km 布设一个。

水准点点位应选在地基稳固、易于联测以及施工时不易被破坏的地方,一般距路线中线 $50 \sim 300$ m。水准点设置完以后,要对水准点进行统一编号,一般以 BM_i 表示,其中 i 为水准点编号,并根据需要绘制"点之记"。

基平测量时,应将起始水准点与附近的国家水准点联测,以获得绝对高程,同时在沿线水准测量中,也应尽量与附近国家水准点联测,形成附合水准路线,以获得更多的检核条件,当路线附近没有国家水准点或引测有困难时,也可参考地形图选定一个与实地高程接近的作为起始水准点的假定高程。

基平测量应使用不低于 DS_3 级水准仪,采用一组往返或两组单程在水准点之间进行观测。水准测量的精度要求,往返观测或两组单程观测的高差不符值应满足

$$f_h \leqslant \pm 30\sqrt{L}\ mm(平原微丘区)或 \pm 45\sqrt{L}\ mm(山岭重丘区),$$

式中:L 为水准路线长度,以 km 计(具体可参考《公路勘测规范》(JTJ 061—99))。

若高差不符值在限差以内,取其高差平均值作为两水准点间高差,否则需要重测。最后由起始点高程及调整后高差计算各水准点高程。

2. 基平测量的方法

基平测量时,首先应将路线起始水准点与国家水准点进行联测,以获得路线的绝对高程。如果路线附近没有国家水准点,也可以采用假定高程。

水准点高程的测定,一般采用水准测量方法进行,在困难地段也可采用三角高程测量的方法实施。水准测量时,通常采用一台水准仪在两个相邻的水准点间作往返观测;也可用两台水准仪作同向单程观测。在基平测量中,应根据公路等级,按照三等或四等水准测量的技术规范实施,以求得各水准点的高程。其具体内容请参考任务 5 布设高程控制点信息单 5.3 高程控制测量。

6.1.3　中平测量

中平测量又称中桩抄平,即线路中桩的水准测量,是以基平测量建立的高程控制点为基础,测定路线中线上各里程桩的地面高程,为绘制线路纵断面提供资料。中平测量一般以相邻两水准点为一测段,从一水准点开始,用视线高法逐点施测中桩的地面高程,附合到下一个水准点上。相邻两转点间观测的中桩,称为中间点。为了削弱高程传递的误差,观测时应先观测转点,后观测中间点。转点应立在尺垫上或稳定的固定点上,尺子读数至毫米,视线长度不大于 150 m;中间点尺子应立在紧靠中桩的地面上,尺子读数至 cm,视线长度可适当放长。

6.2　中平测量的方法

6.2.1　中平测量的基本方法

根据所使用仪器的不同,中平测量可采用以下方法实施。

1. 水准仪法

中平测量可采用水准测量的方法进行,即采用一台水准仪实施单程测量。一般是以两相邻水准点为一测段,从一个水准点开始,用视线高法,逐个测定各中桩的地面高程,直至附合到下一个水准点上,相邻水准点构成一条附合水准路线。

如图 6.1 所示,将水准仪安置于 I 处,在水准点 BM_1 上竖立水准尺,读取水准尺读数,作为后视读数。首先读取转点 ZD_1 上水准尺的读数,作为前视读数。然后依次在各中桩上竖立水准尺,并读取水准尺读数,称为中视读数。在每一个测站上,应尽量多地观测中桩。再将仪器搬至 II 处,后视转点 ZD_1,重复上述方法,直至闭合于 BM_2。中视读数读至 cm,转点读数读至 mm。记录、计算见表 6.1。

中桩及转点的高程计算式为

$$视线高程 = 后视点高程 + 后视读数$$
$$中桩高程 = 视线高程 - 中视读数 \tag{6.1}$$
$$转点高程 = 视线高程 - 前视读数$$

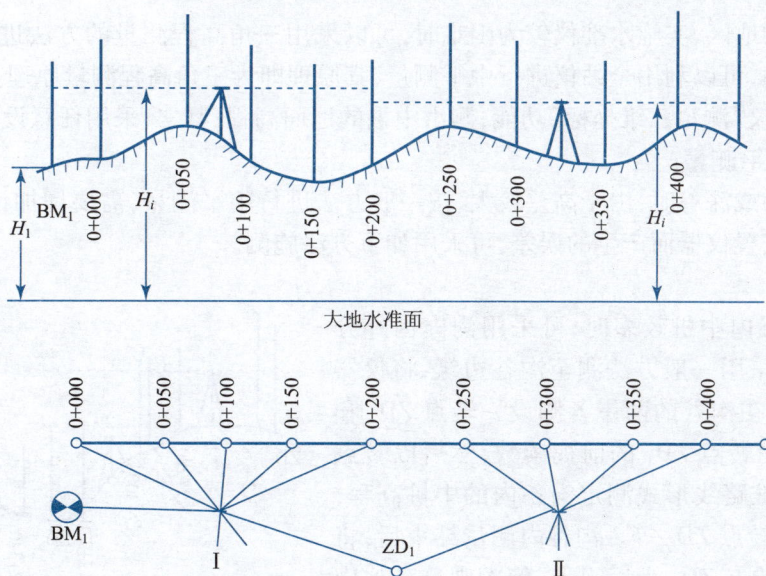

图 6.1　中平测量

例如:在表 6.1 中,测站 I 的视线高程为　$H_i = 45.865 + 3.356 = 49.221$

中桩 0 + 000 的高程为　$49.221 - 2.89 = 46.331$(保留两位小数,取 46.33)

转点 ZD_1 的高程为　$49.221 - 2.205 = 47.016$

测站 II 的视线高程为 $47.016 + 1.902 = 48.918$

表 6.1   中平测量记录手簿

测点	水准尺读数(m)			视线高(m)	高程(m)	备注
	后视	中视	前视			
BM_1	3.356			49.221	45.865	
0 + 000		2.89			46.33	
0 + 050		1.45			47.77	
0 + 100		2.92			46.30	
0 + 150		3.98			45.24	
0 + 200		3.05			46.17	
ZD_1	1.902		2.205	48.918	47.016	
0 + 250		0.96			47.96	
0 + 300		2.17			46.75	
0 + 350		2.70			46.21	
0 + 400		0.76			48.16	
ZD_2						
…						
BM_2						
…						

同理,依次计算其他各中桩的高程。以上各式计算单位为 m。水准路线从 BM_1 点开始终止于 BM_2 点,构成一条附合水准路线,其高差闭合差的限差对于高速公路和一级公路为 $\pm 30\sqrt{L}$(mm),对于二级及二级以下公路为 $\pm 50\sqrt{L}$(mm)(L 为 BM_1 点至 BM_2 点水准路线长度,以 km 计),测段闭合差在限差以内时不作平差,若超限应重测。依次观测其他各测段,求出所有中桩的地面高程。

2. 全站仪法

在地形起伏较大的地区,实施水准仪较为困难时,可以采用三角高程测量的方法进行中平测量。特别是随着全站仪的广泛使用,可以利用全站仪进行中平测量,其原理即为三角高程测量原理。其一,在中桩测设的同时进行,即利用全站仪"测量三维坐标"功能,测出中桩的地面高程;其二,采用任意设站进行中平衡量。

6.2.2   跨沟谷中平测量

中平测量遇到深沟或深谷时,由于高差较大,按一般方法进行中平测量,需要增加许多测站和转点,为了避免因在沟谷内多次安置仪器而产生的误差,可采用如下方法施测。

1. 沟内沟外分开测

当沟谷较宽且沟谷内中桩较多时,可采用沟内沟外分开测。如图 6.2 所示,采用一般方法测至沟谷边缘,将仪器安置于测站 1,此时,应在沟谷的两岸各测设一转点 ZD_a 和 ZD_3,首先读取沟谷对岸转点 ZD_3 的前视读数,然后以转点 ZD_a 为后视点,按支水准路线形式测定沟谷内的中桩高程,同时,根据需要可增设转点 ZD_b 等。沟谷内测量结束后,将仪器安置于测站 4,以转点 ZD_3 为后视点,依次观测其他中桩。为了削减由于测站 1 前后视距不等而产生的测量误差,可将测站 4 的后视距离适当加长。在利用上述方法测量时,因为沟谷内是以支水准路线形式进行的,故应另行记录。

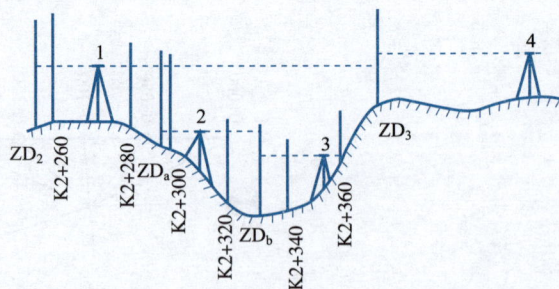

图 6.2   跨沟谷中平测量

2. 接尺法

当沟谷较窄且坡度较大,个别中桩不便测量时,可采用接尺法。即将两根水准尺接在一起,把水准尺接长使用,此时,读数应为望远镜内的水准尺读数加上接尺的数值,记录时应对接尺数据加以说明。

6.3　纵断面图的绘制

纵断面图是根据路线上中桩的里程和高程绘制,既表示中线方向的地面起伏,又反映路线坡度设计的图,是路线设计和施工的重要资料。

6.3.1　纵断面图的主要内容

图 6.3 是某道路工程的路线纵断面图。由图可知,纵断面图包括上下两部分。

图的上半部,从左至右绘有贯穿全图的两条线。细折线表示中线方向地面线,根据里程和中平测量的中桩地面高程绘制;粗折线表示纵坡设计线。除此之外,在图的上部还注有以下资料:水准点编号、高程和位置;竖曲线示意图及其曲线参数;桥梁、涵洞的类型、孔径、里程桩号和设计水位;与其他路线交叉点的位置、里程桩号和有关说明等。

图的下半部,标注有关测量和纵坡设计的资料,在图纸左边自下而上各栏填写直线与曲线、里程、地面高程、设计高程、坡度和坡长等。

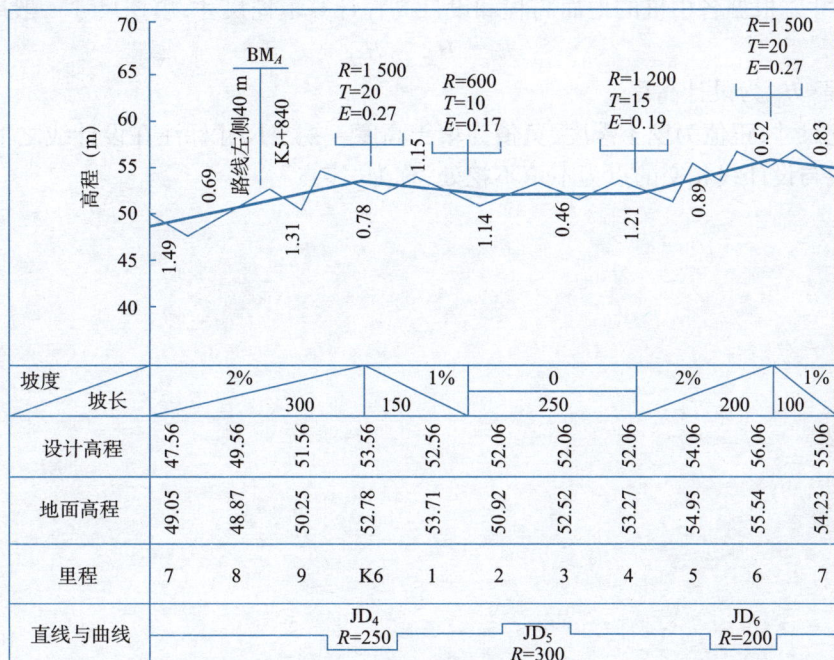

图 6.3　路线纵断面图

坡度		2%			1%		0			2%		1%
坡长			300		150			250			200	100
设计高程	47.56	49.56	51.56	53.56	52.56	52.06	52.06	52.06	54.06	56.06	55.06
地面高程	49.05	48.87	50.25	52.78	53.71	50.92	52.52	53.27	54.95	55.54	54.23
里程	7	8	9	K6	1	2	3	4	5	6	7
直线与曲线			JD₄ R=250			JD₅ R=300			JD₆ R=200		

1.　直线和曲线

直线和曲线是根据中线测量成果资料绘制的中线示意图。直线部分用直线表示,曲线部分用折线表示,上凸表示路线右转,下凹表示路线左转,并注明交点编号和曲线半径。

2.　里程

里程是按规定的里程比例尺标注的各中桩里程,通常只在百米桩和千米桩处标注里程。

3.　地面高程

地面高程是中桩的地面高程,在纵断面图上将各中桩的地面高程依次标出,并用细直线依次连接各相邻点,即得到地面线。

4.　设计高程

设计高程是各里程桩处的路基设计高程。

5.　坡度和坡长

用斜线或水平线表示设计坡度的方向,在线的上方标注坡度数值(百分数),下方标注坡长。斜线从左至右向上倾斜表示上坡,向下倾斜表示下坡,水平线表示平坡。同时,不同的坡段以竖线分开。

6.3.2 纵断面图的绘制

在绘制纵断面图时,首先应建立以里程为横坐标,高程为纵坐标的直角坐标系。为了明显地表示地势变化,纵断面图的竖直(高程)比例尺通常是水平(里程)比例尺的10倍,一般情况下,在平原微丘地区,水平比例尺和竖直比例尺分别取 1:5 000 和 1:500,在山岭重丘区,水平比例尺和竖直比例尺分别取 1:2 000 和 1:200。纵断面图一般绘制在透明毫米方格纸的背面,以防止修改时用橡皮把方格擦掉。如图6.3所示,其具体操作步骤如下:

(1)根据选定的高程和里程比例尺,绘制表格,并填写有关测量和纵坡设计的相关资料等。

(2)绘制地面线。根据各中桩的里程和地面高程,按比例尺依次绘出中桩的地面位置,并用细线依次连接相邻各点,这样就得到了用细折线表示的地面线。

(3)绘制设计坡度线。根据设计坡度和坡长,由一点的设计高程计算另一点的设计高程。如 A、B 两点之间的坡度为 i,A 点的设计高程为 H_A,A、B 两点之间的水平距离(坡长)为 D_{AB},则 B 点的设计高程 H_B 为

$$H_B = H_A + iD_{AB} \tag{6.2}$$

(4)计算填挖尺寸。根据各中桩的地面高程和设计高程计算填挖尺寸,填挖尺寸一般用 h 表示,则

$$h = H_{地} - H_{设} \tag{6.3}$$

式中:$H_{地}$ 为地面高程;$H_{设}$ 为设计高程。

式中求得的填挖尺寸,正值为挖土深度,负值为填土高度。挖土尺寸标注在设计线之下,填土尺寸标注在设计线之上。地面线与设计线相交的点为不填不挖处,称为"零点"。

计 划 单

学习领域	路桥工程测量技术			
学习情境	纵横断面的测量	工作任务	测量施工线路纵断面	
计划方式	小组讨论、团结协作共同制订计划	计划学时	0.5	
序号	实施步骤		具体工作内容描述	
制订计划说明	（写出制订计划时为完成任务提出的主要建议或可以借鉴的建议、需要解释的某一方面）			
计划评价	班 级		第 组	组长签字	
	教师签字		日 期	
	评语：			

决 策 单

学习领域		路桥工程测量技术			
学习情境		纵横断面的测量	工作任务		测量施工线路纵断面
决策学时			0.5		
方案对比	序号	方案的可行性	方案的先进性	实施难度	综合评价
	1				
	2				
	3				
	4				
	5				
	6				
	7				
	8				
	9				
	10				
决策评价	班　　级		第　组	组长签字	
	教师签字			日　期	
	评语：				

材料工具清单

学习领域	路桥工程施工技术					
学习情境	纵横断面的测量		**工作任务**		测量施工线路纵断面	
清单要求	请根据完成的工作任务列出所需的材料工具名称,其作用、型号及数量,标明使用前后的状况,并在说明中写明材料工具之间的相对联系或关系					
序号	名称	作用	型号	数量	使用前状况	使用后状况
1						
2						
3						
4						
5						
6						
7						
8						
9						
10						

说明:(请简要说明各材料工具之间的相对联系或关系)

班 级		第 组	组长签字	
教师签字			日 期	
评 语				

实 施 单

学习领域	路桥工程施工技术			
学习情境	纵横断面的测量	**工作任务**	测量施工线路纵断面	
实施方式	小组成员合作共同研讨确定动手实践的实施步骤,每人均填写实施单	**实施学时**	2	
序号	实施步骤			使用资源
1				
2				
3				
4				
5				
6				
7				
8				

实施说明:

班 级		第 组	组长签字	
教师签字			日 期	
评 语				

作 业 单

学习领域	路桥工程测量技术		
学习情境	纵横断面的测量	**工作任务**	测量施工线路纵断面
实施方式	小组成员动手实践,学生自己查询图纸、记录、计算、审核相关测量数据		

（在此填写测量记录）

班 级		第 组	组长签字	
教师签字			日 期	
评 语				

检 查 单

学习领域	路桥工程施工技术		
学习情境	纵横断面的测量	工作任务	测量施工线路纵断面
检查学时		0.5	

序　号	检查项目	检查标准	组内互查	教师检查
1	学生读取数据的程序	是否正确		
2	完成的报告的点位数据	是否完整、正确		
3	绘制的纵断面图	是否正确、整洁		
4	报告记录	是否完整、清晰		
5	描述放样过程	是否完整、正确		

	班　级		第　组	组长签字	
	教师签字		日　期		

检查评价	评语：

评 价 单

学习领域		路桥工程施工技术				
学习情境	纵横断面的测量		工作任务		测量施工线路纵断面	
评价学时			1			
考核项目	考核内容及要求	分值	学生自评（10%）	小组评分（20%）	教师评分（70%）	实得分
计划编制（20）	工作程序的完整性	10				
	步骤内容描述	8				
	计划的规范性	2				
工作过程（45）	记录清晰、数据正确	10				
	绘图评价	5				
	报告完整性	30				
基本操作（10）	操作程序正确	5				
	操作符合限差要求	5				
安全文明（10）	叙述工作过程应注意的安全事项	5				
	工具正确使用和保养、放置规范	5				
完成时间（5）	能够在要求的 90 分钟内完成，每超时 5 分钟扣 1 分	5				
合作性（10）	独立完成任务得满分	10				
	在组内成员帮助下得 6 分					
	总分（Σ）	100				

评价评语	班 级		姓 名		学号		总评	
	教师签字		第 组	组长签字			日期	
	评语：							

教学反馈表

学习领域	路桥工程测量技术		
学习情境	纵横断面的测量	工作任务	测量施工线路纵断面
学时	6		

序号	调查内容	是	否	理由陈述
1	你是否喜欢这种上课方式？			
2	与传统教学方式比较你认为哪种方式学到的知识更适用？			
3	针对每个学习任务你是否学会了如何进行资讯？			
4	计划和决策感到困难吗？			
5	你认为学习任务对你将来的工作有帮助吗？			
6	通过本学习情境的学习，你学会如何进行中平测量了吗？今后遇到实际问题时你可以解决吗？			
7	你能根据现场情况进行基平测量吗？			
8	学会绘制线路纵断面图了吗？			
9	通过几天的工作和学习，你对自己的表现是否满意？			
10	你对小组成员之间的合作是否满意？			
11	你认为本情境还应学习哪些方面的内容？（请在下面空白处填写）			

你的意见对改进教学非常重要，请写出你的建议和意见。

被调查人签名		调查时间	

任务7 测量施工线路横断面

任务单

学习领域	路桥工程测量技术					
学习情境	纵横断面的测量		工作任务		测量施工线路横断面	
任务学时	4					

布置任务

工作目标	1. 能够借助设计文件及资料找到完成任务所需的工具、材料、方法 2. 能够掌握横断面测量的基本方法及记录计算要领 3. 能够绘制施工路线的横断面图 4. 完成路基土石方工程数量表 5. 要求在完成任务过程中锻炼职业素质,做到"严谨认真、吃苦耐劳、诚实守信"					
任务描述	根据给定的路桥工程施工图纸及测设的施工场地道路中桩,从中选取一段道路中桩进行线路的横断面测量。路线横断面测量的任务是测定中桩处垂直于中线方向的地面起伏状况,绘制横断面图,作为路基横断面设计、土石方数量计算和路基施工放样的依据,计算并完成路基土石方工程数量表。					
学时安排	资讯	计划	决策或分工	实施	检查	评价
	1 学时	0.5 学时	0.5 学时	1 学时	0.5 学时	0.5 学时
提供资料	1. 路桥施工图纸 2. 工程测量规范 3. 测量员岗位工作技术标准					
对学生的要求	1. 具备测量仪器使用的基础知识 2. 具备路桥工程构造的知识 3. 具备几何方面的基础知识 4. 具备一定的自学能力、数据计算能力、一定的沟通协调能力、语言表达能力和团队意识 5. 严格遵守课堂纪律,不迟到、不早退;学习态度认真、端正 6. 每位同学必须积极参与小组讨论 7. 每组均完成"测量施工线路纵断面"工作的报告单					

资 讯 单

学习领域	路桥工程测量技术		
学习情境	纵横断面的测量	工作任务	测量施工线路横断面
资讯学时		1	
资讯方式	在图书、期刊、教材、互联网及信息单上查询问题;咨询任课教师		
资讯问题	问题一:施工线路横断面测量的工作内容有哪些?		
	问题二:不同线型的横断面方向的测定如何进行?		
	问题三:横断面的测量方法如何进行?		
	问题四:如何绘制施工线路横断面图?		
	问题五:如何完成路基土石方填挖工程数量计算?		
	学生需要单独资讯的问题……		
资讯引导	[1]王剑英,王天成.土建工程测量.北京:中国计量出版社,2009. [2]21世纪路桥施工技术研究中心.路桥施工现场十大员技术操作标准规范:测量员.北京:当代中国音像出版社,2004.		

信　息　单

7.1　施工线路横断面测量的工作内容及方法

7.1.1　施工线路横断面测量的工作内容

横断面测量的任务是测定中桩两侧垂直于中线方向的地面起伏,然后绘制横断面图,供路基设计、土石方量计算和施工放边桩之用。横断面测量的宽度由路基宽度及地形情况决定,一般在中线两侧各测 15 ~ 50 m。进行横断面测量首先要确定横断面的方向,然后在此方向上测定中线两侧地面坡度变化点的距离和高差。

7.1.2　横断面测量的方法

1. 横断面方向的测定

(1)直线段上横断面方向的测定。在直线段上,路线横断面方向与路线中线垂直,可以用经纬仪或方向架(如图7.1所示)直接定向。如图7.2所示,用方向架测定路线横断面方向,将方向架立于中线的中桩测点上,用方向架的一个方向11′瞄准直线上的任一中桩,则方向架的另一个方向22′瞄准的就是横断面方向,并用标杆标定。也可用经纬仪测设直角,定出横断面方向。

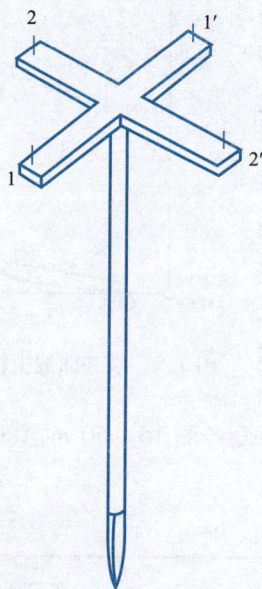

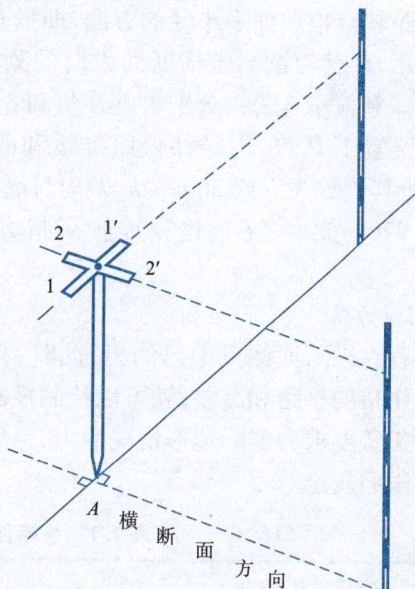

图 7.1　方向架　　　　　　　　图 7.2　直线上横断面方向的测定

(2)曲线段上横断面方向的测定。在曲线段上,路线横断面方向应与测点处的切线方向垂直,也即是横断面方向与过测点的半径方向一致,此时,横断面方向可用求心方向架测定(如图7.3所示),其中33′定向杆是活动的。如图7.4所示,将求心方向架立于 ZY(YZ)点上,用11′方向瞄准交点,则22′方向即为 ZY(YZ)的横断面方向,转动定向杆33′对准 P_1 点,制动定向杆。将求心方向架移到 P_1 点,用22′对准 ZY(YZ)点,则定向杆33′方向即为 P_1 点的横断面方向,并用标杆标定。在测定 P_2 点的横断面方向时,以22′方向照准标杆,则11′方向即为 P_2 切线方向。用33′方向瞄准 P_2 点并固定之。将求心方向架搬至 P_2 点,用22′方向瞄准 P_1 点,则33′方向即为 P_2 点的横断面方向。同理,可测定曲线段上其他各点的横断面方向。

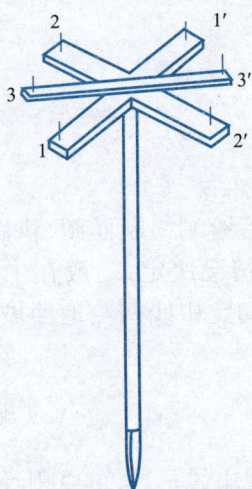

图 7.3　求心方向架

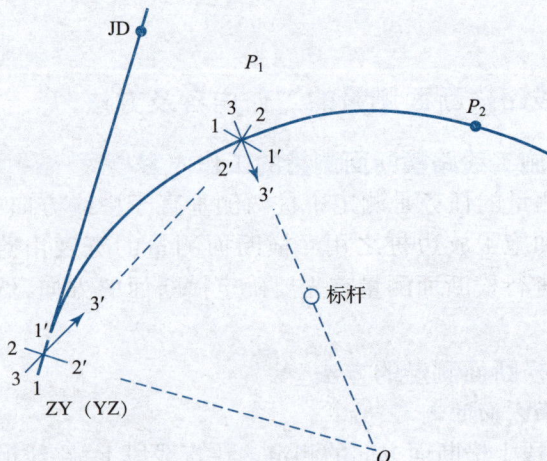

图 7.4　圆曲线上横断面方向的测定

（3）缓和曲线段上横断面方向的测定。在缓和曲线段上，测点处的横断面方向是通过该点指向曲率半径的方向，即垂直于该点切线的方向。如图 7.5 所示，P 点为欲测定横断面方向的测点，可利用缓和曲线的弦切角 β 公式和偏角 δ 公式分别求出 β 角和 δ 角，由外角公式求出角 b。将经纬仪置于 P 点，用经纬仪照准缓和曲线的 ZH（HZ）点，同时配置度盘使其读数为 b 或 $360° - b$，顺时针转动照准部，直至度盘读数为 $90°$ 或 $270°$，此时，望远镜视准轴所指方向即为横断面方向。

2. 横断面的测量方法

中桩的地面高程在纵断面测量中已测出，此时，只要测出横断面上各变坡点相对于中桩的平距和高差，就可以绘制横断面图。横断面

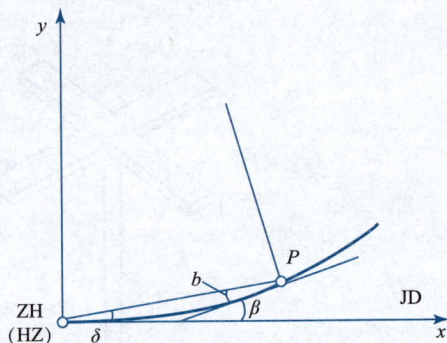

图 7.5　缓和曲线上横断面方向的测定

测量的宽度应根据工程要求和实际地形情况而定，一般在道路中线两侧各测 $15 \sim 50$ m，其中距离和高程的精度应符合表 7.1 的限差规定。

表 7.1　横断面测量的限差规定

路线名称	距离（m）	高程（m）
高速公路、一级公路 二级及二级以下公路	$\pm (L/100 + 0.1)$ $\pm (L/50 + 0.1)$	$\pm (h/100 + L/200 + 0.1)$ $\pm (h/50 + L/100 + 0.1)$

横断面测量方法有多种，应根据实际需要进行选择，下面介绍几种常用的方法。

（1）水准仪皮尺法。在横断面较宽的平坦地区，可采用皮尺量平距、水准仪测高差的水准仪皮尺法。如图 7.6 所示，安置水准仪后，以中桩点为后视点，以横断面方向的各变坡点为前视点测量高差，水准尺读数精确至厘米。用皮尺分别量出各变坡点至中桩的水平距离，水平距离精确至分米。记录格式见表 7.2，表中按路线前进方向分左、右侧记录，以分式表示前视读数和水平距离。

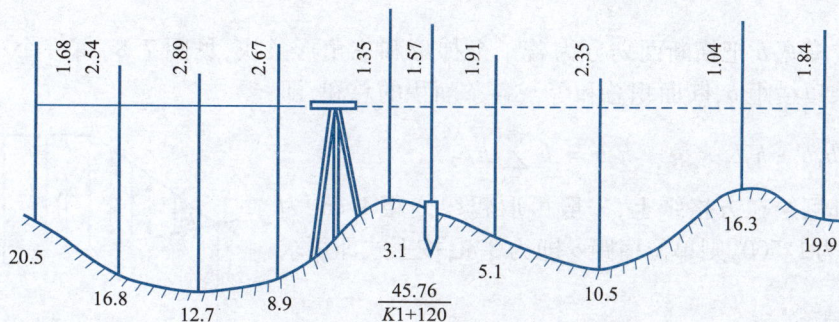

图 7.6　水准仪皮尺法

表 7.2　水准仪皮尺法横断面测量记录

前视读数（左侧） 水平距离	后视读数 中桩桩号	前视读数（右侧） 水平距离
$\dfrac{1.68\ 2.54\ 2.89\ 2.67\ 1.35}{20.5\ 16.8\ 12.7\ 8.9\ 3.1}$	$\dfrac{1.57}{K1+120}$	$\dfrac{1.91\ 2.35\ 1.04\ 1.84}{5.1\ 10.5\ 16.3\ 19.9}$

（2）经纬仪视距法。在地形复杂的地区，可采用经纬仪视距法。此法是将经纬仪安置在中桩上，利用视距测量的方法直接测出横断面上各地形变化点相对于中桩的水平距离和高差。

（3）全站仪法。随着全站仪应用的普及，其观测速度快、精度高、功能强大的特点十分明显。在有条件的情况下，可用全站仪进行横断面测量，以提高工作效率。在测各中桩点高程的同时，在路线中桩两侧的垂直方向上选择适当的变坡点，立棱镜测其平面坐标和高程。

7.2　横断面图的绘制

横断面图是根据测得的中桩至变坡点的平距和高差，绘制横断面图在透明毫米方格纸的背面。一般采取现场边测边绘的方法，这样既可省去记录，又可实地核对检查，避免错误。若用全站仪测量、自动记录，则可在室内通过计算、绘制横断面图，大大提高工效。

绘制横断面图时，水平比例尺和垂直比例尺一般是一致的，通常采用 1∶200 或 1∶100 的比例尺。如图 7.7 所示，在绘制时，首先标定中桩位置，并注明桩号，然后由中桩开始，根据变坡点的平距和高差，在左右两侧以平距为横轴，高差为纵轴，逐一将变坡点展绘在图纸上，最后再用细线连接相邻点，绘出横断面的地面线。通常一幅图上可以绘制多个断面图，一般由图纸的左下角，自下而上，从左至右，依次按桩号绘制横断面图。

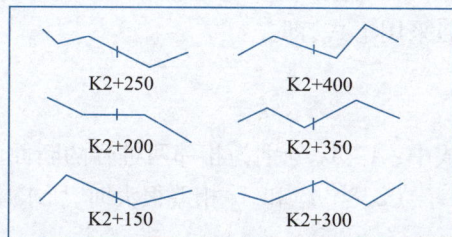

图 7.7　横断面图

7.3　填挖工程量的计算

横断面的填挖工程量（即公路设计中的路基土石方）是公路工程的一项主要工程量。在公路选线比较和施工图设计中，该量值是主要的技术经济指标之一。一般通过求解每个测量横断面的原地面线与设计横断面线所形成的断面填挖面积，然后再通过平均断面法进行纵向合计得到。

7.3.1　计算横断面填挖面积的方法

路基填、挖面积，就是横断面图上原地面线与路基设计线所包围的面积。横断面面积一般为不规则的几何图形，计算方法有积距法、几何图形法、求积仪法、坐标法和方格法等，常用的有积距法和几何图形法。

1. 积距法

积距法是用单位横宽 b 把横断面划分为若干个梯形和三角形条块,见图7.8,每一个小条块的近似面积等于其平均高度 h_i 乘以横距 b,断面积总和等于各条面积的总和,即

$$A = h_1 b + h_2 b + \cdots + h_n b = b \sum_{i=1}^{n} h_i$$

通常横断面图都测绘在方格纸上,一般可取粗线间距 1 cm 为单位,如测图比例尺为 1:500,则单位横距 b 即为 5 m,按上式即可求得断面面积。

平均高差总和 $\sum h_i$ 可用"卡规"求得,如填挖断面较大时,可改用纸条,即用厘米方格纸折成窄条作为量尺量得。该法计算迅速,简单方便,可直接得出填挖面积。

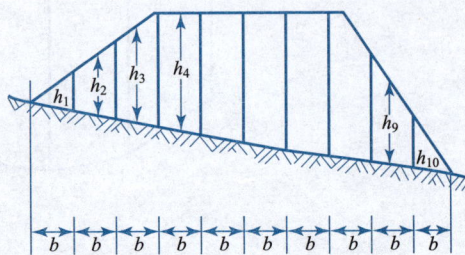

图 7.8

2. 几何图形法

几何图形法是当横断面地面较规则时,可分成几个规则的几何图形,如三角形、梯形或矩形等,然后分别计算面积,即可得出总面积值。另外,计算横断面面积时,应注意:①将填方面积 A_T 和挖方面积 A_W 分别计算;②计算挖方面积时,边沟在一定条件下是定值,故边沟面积可单独计算,直接加在挖方面积内,而不必连同挖方面积一并卡积距;③横断面面积计算取值到 0.1 mm²,算出后可填写在横断面图上,以便计算土石方量。

7.3.2 填挖工程量的计算

横断面图画好后,经路基设计,先在透明纸上按与横断面图相同的比例尺分别绘制出路堑、路堤和半填半挖的路基设计线,称为标准断面图,然后按纵断面图上该中桩的设计高程把标准断面图套到实测的横断面图上,俗称"套帽子";也可将路基断面设计线直接画在横断图上,绘制成路基断面图。图7.9所示为半填半挖的路基断面图,通过计算断面图的填、挖断面面积及相邻中桩间的距离,可以计算出施工的土石方量。

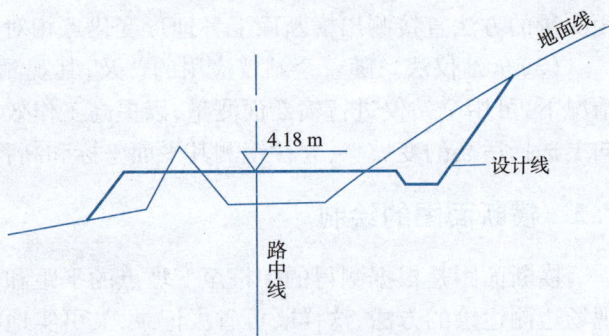

图 7.9 路基断面图

(1)通常为计算方便,一般采用平均断面法,并近似采用下式,即

$$V = \frac{A_1 + A_2}{2} L \qquad (7.1)$$

式中：A_1、A_2 分别为相邻两桩号的断面面积;L 为相邻两桩间距离。

(2)当 A_1 和 A_2 相差很大时,所求体积与棱柱体更为接近,计算式为

$$V = \frac{1}{3}(A_1 + A_2) L \left(1 + \frac{\sqrt{m}}{1 + m}\right) \qquad (7.2)$$

式中：m 为比例系数,即 A_1/A_2(A_1 为小面积,A_2 为大面积);L 为相邻断面 A_1、A_2 的距离。

(3)对于填挖过渡地段(见图7.10),为精确计算其土石方体积,应确定其中挖方或填方面积正好为零的断面位置。设 L 为从零填断面 A_T 到零挖断面 A_W 的距离,则此路段角锥体的体积为

$$\begin{cases} V_T = \dfrac{1}{3} A_T L \\ V_W = \dfrac{1}{3} A_W L \end{cases} \qquad (7.3)$$

7.3.3 完成路基土石方计算表

下面是一工程实例,以某高速主线路基土石方复核数量计算表为例,见表7.3。数列中1为路线的里程桩号,2为挖方横断面面积(m²),3为填方横断面面积(m²),4为相邻两桩号之间的距离(m),5为挖方

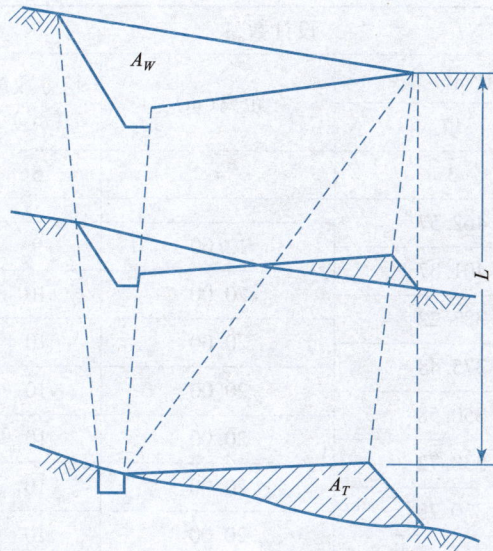

图 7.10 填挖过渡地段断面图

数量(m^3),6 为填方数量(m^3)。计算以断面桩号 K1615 +600.0 至断面桩号 K1615 +609.0 为例,挖方土石方数量 $=9×(0.88+1.06)/2 =8.73 ≈9\ m^3$,填方土石方数量 $=9×(391.16+383.79)/2 =3\ 487.275 ≈3\ 487$ m^3。其他断面计算依照示例进行即可,最后将挖方累计、填方累计即完成。

表 7.3 某高速主线路基土石方复核数量计算表

桩号	设计数量					备 注
	横断面面积(m^2)		距离(m)	挖方数量 (m^3)	填方数量 (m^3)	
	挖	填				
1	2	3	4	5	6	
K1615 +600.0	0.88	391.16				
			9.00	9	3 487	
K1615 +609.0	1.06	383.79				
			11.00	12	4 035	
K1615 +620.0	1.09	349.80				
			20.00	21	7 704	
K1615 +640.0	0.98	420.55				
			20.00	20	8 463	
K1615 +660.0	1.05	425.78				
			20.00	20	8 791	
K1615 +680.0	0.95	453.32				
			12.00	12	5 872	
K1615 +692.0	1.03	525.39				
			6.50	7	3 508	
K1615 +698.5	1.06	553.83				
			6.00	6	3 462	
K1615 +704.5	1.03	600.16				
			15.50	17	9 695	
K1615 +720.0	1.14	650.80				
			20.00	22	12 935	
K1615 +740.0	1.05	642.74				
			20.00	27	11 916	
K1615 +760.0	1.67	548.83				
			7.60	10	4 078	
K1615 +767.6	1.05	524.33				
			12.40	18	6 403	
K1615 +780.0	1.87	508.36				
			20.00	31	9 120	
K1615 +800.0	1.24	403.68				
			8.00	9	3 465	

续表

桩号	设计数量					备 注
	横断面面积(m²)		距离(m)	挖方数量（m³）	填方数量（m³）	
	挖	填				
1	2	3	4	5	6	
K1615+808.0	1.03	462.57				
			12.00	9	5 184	
K1615+820.0	0.51	401.37				
			20.00	10	7 846	
K1615+840.0	0.51	383.22				
			20.00	10	7 587	
K1615+860.0	0.51	375.48				
			20.00	10	7 261	
K1615+880.0	0.51	350.58				
			20.00	10	6 893	
K1615+900.0	0.51	338.72				
			20.00	10	6 695	
K1615+920.0	0.52	330.73				
			20.00	10	6 385	
K1615+940.0	0.52	307.80				
			20.00	19	5 777	
K1615+960.0	1.34	269.89				
			20.00	22	4 964	
K1615+980.0	0.81	226.55				
			20.00	15	4 139	
K1616+000.0	0.67	187.34				
			20.00	14	3 589	
K1616+020.0	0.69	171.56				
			14.00	9	1 973	
K1616+034.0	0.62	110.29				
			6.0	4	754.4	
K1616+040.0	0.69	141.16				
			20.0	12	2 766.2	
K1616+060.0	0.51	135.46				
			20.0	10	2 582.8	
K1616+080.0	0.52	122.82				
			20.0	10	2 381.5	
K1616+100.0	0.51	115.33				
			20.0	10	2 133.9	
K1616+120.0	0.51	98.06				
			6.5	3	670.3	
K1616+126.5	0.51	108.20				
			13.5	7	1 476.1	
K1616+140.0	0.51	110.48				
			20.0	10	2 208.4	
K1616+160.0	0.53	110.36				
			5.3	5	652.3	
K1616+165.3	1.28	135.80				
			14.7	13	1 936.4	
K1616+180.0	0.52	127.66				
			14.5	7	1 775.0	
K1616+194.5	0.51	117.17				
			5.5	3	743.5	
K1616+200.0	0.50	153.18				
			20.0	15	3 025.4	
K1616+220.0	0.98	149.36				
			1.9	2	289.9	
K1616+221.9	1.03	155.80				
			18.1	24	2 896.9	
K1616+240.0	1.60	164.30				
			20.0	27	3 281.2	
K1616+260.0	1.09	163.82				
			20.0	19	3 234.0	
K1616+280.0	0.84	159.58				
			20.0	14	3 357.1	
K1616+300.0	0.52	176.13				
			19.0	15	3 793.9	
K1616+319.0	1.05	223.23				
			14.7	13	3 405.2	
K1616+333.7	0.74	240.06				
			5.1	4	1 237.4	

桩号	横断面面积(m²)		距离(m)	挖方数量(m³)	填方数量(m³)	备 注
	挖	填				
1	2	3	4	5	6	
K1616+338.8	0.69	245.20				
K1616+343.6	0.78	243.43	4.8	4	1 172.7	
K1616+347.0	0.86	244.17	3.4	3	828.9	
K1616+360.0	1.22	239.31	13.0	14	3 142.6	
K1616+377.0	2.80	238.06	17.0	34	4 057.6	
K1616+380.0	2.84	247.45	3.0	8	728	
K1616+392.6	2.48	227.92	12.6	34	2 995	
K1616+396.6	2.08	226.85	4.0	9	910	
K1616+404.8	1.71	238.47	8.2	16	1 908	
K1616+406.8	1.51	233.92	2.0	3	472	
K1616+420.0	0.58	235.41	13.2	14	3 098	
K1616+433.0	0.51	223.04	13.0	7	2 980	
K1616+440.0	0.51	215.95	7.0	4	1 537	
K1616+460.0	1.05	276.98	20.0	16	4 929	
K1616+480.0	1.06	269.34	20.0	21	5 463	
K1616+500.0	1.03	265.85	20.0	21	5 352	
K1616+520.0	1.01	298.04	20.0	20	5 639	
K1616+540.0	1.02	316.41	20.0	20	6 145	
K1616+546.4	1.02	337.73	6.4	7	2 088	
K1616+556.6	2.20	421.67	10.2	16	3 879	
K1616+558.5	4.26	424.82	1.9	6	804	
底河中桥						
K1616+618.5	1.01	257.06				
K1616+620.0	1.01	259.96	1.5	2	388	
K1616+640.0	1.05	263.18	20.0	21	5 231	
K1616+640.0	1.05	263.18				
K1616+649.5	1.00	263.54	9.5	10	2 502	
K1616+660.0	1.06	266.25	10.5	11	2 781	
K1616+665.8	1.02	279.22	5.8	6	1 582	
K1616+672.0	1.02	290.70	6.2	6	1 767	
K1616+680.0	1.05	317.36	8.0	8	2 432	
K1616+695.0	1.03	328.39	15.0	16	4 843	
K1616+700.0	1.03	333.94	5.0	5.2	1 656	
K1616+710.0	1.03	344.48	10.0	10.3	3 392	
K1616+720.0	1.10	342.89	10.0	10.7	3 437	
K1616+722.4	1.03	348.61	2.4	2.6	830	
K1616+730.0	1.03	345.49	7.6	7.8	2 638	
本段合计				1 008	307 434	

计 划 单

学习领域	路桥工程测量技术			
学习情境	纵横断面的测量	工作任务		测量施工线路横断面
计划方式	小组讨论、团结协作共同制订计划		计划学时	0.5
序号	实施步骤		具体工作内容描述	
制订计划说明	（写出制订计划时为完成任务提出的主要建议或可以借鉴的建议、需要解释的某一方面）			
计划评价	班 级		第 组	组长签字
	教师签字			日 期
	评语：			

决 策 单

学习领域	路桥工程测量技术			
学习情境	纵横断面的测量	工作任务	测量施工线路横断面	
决策学时	0.5			

	序号	方案的可行性	方案的先进性	实施难度	综合评价
方案对比	1				
	2				
	3				
	4				
	5				
	6				
	7				
	8				
	9				
	10				

	班 级		第 组	组长签字	
	教师签字			日 期	
决策评价	评语:				

材料工具清单

学习领域	路桥工程施工技术					
学习情境	纵横断面的测量		工作任务		测量施工线路横断面	
清单要求	请根据完成的工作任务列出所需的材料工具名称,其作用、型号及数量,标明使用前后的状况,并在说明中写明材料工具之间的相对联系或关系					
序号	名称	作用	型号	数量	使用前状况	使用后状况
1						
2						
3						
4						
5						
6						
7						
8						
9						
10						

说明:(请简要说明各材料工具之间的相对联系或关系)

班　　级		第　组	组长签字	
教师签字			日　　期	
评　　语				

实 施 单

学习领域	路桥工程施工技术			
学习情境	纵横断面的测量	工作任务		测量施工线路横断面
实施方式	小组成员合作共同研讨确定动手实践的实施步骤,每人均填写实施单	实施学时		1
序号	实施步骤			使用资源
1				
2				
3				
4				
5				
6				
7				
8				

实施说明:

班 级		第 组	组长签字	
教师签字			日 期	
评 语				

作　业　单

学习领域	路桥工程测量技术		
学习情境	纵横断面的测量	**工作任务**	测量施工线路横断面
实施方式	小组成员动手实践,学生自己查询图纸、记录、计算、审核相关测量数据		

（在此记录测量过程）

班　　级		第　　组	组长签字	
教师签字			日　　期	
评　　语				

检 查 单

学习领域		路桥工程施工技术		
学习情境	纵横断面的测量	工作任务		测量施工线路横断面
检查学时		0.5		
序　号	检查项目	检查标准	组内互查	教师检查
1	学生读取数据的程序	是否正确		
2	完成的报告的点位数据	是否完整、正确		
3	绘制的横断面图	是否正确、整洁		
4	报告记录	是否完整、清晰		
5	描述放样过程	是否完整、正确		

	班　级		第　组	组长签字	
	教师签字		日　期		
检查评价	评语：				

评 价 单

学习领域		路桥工程施工技术				
学习情境	纵横断面的测量		工作任务		测量施工线路横断面	
评价学时				1		
考核项目	考核内容及要求	分值	学生自评（10%）	小组评分（20%）	教师评分（70%）	实得分
计划编制（20）	工作程序的完整性	10				
	步骤内容描述	8				
	计划的规范性	2				
工作过程（45）	记录清晰、数据正确	10				
	绘图评价	5				
	报告完整性	30				
基本操作（10）	操作程序正确	5				
	操作符合限差要求	5				
安全文明（10）	叙述工作过程应注意的安全事项	5				
	工具正确使用和保养、放置规范	5				
完成时间（5）	能够在要求的90分钟内完成，每超时5分钟扣1分	5				
合作性（10）	独立完成任务得满分	10				
	在组内成员帮助下得6分					
总分（∑）		100				

班　级		姓　名		学号		总评	
教师签字		第　组	组长签字			日期	
评价评语	评语：						

教学反馈表

学习领域	路桥工程测量技术			
学习情境	纵横断面的测量	工作任务	测量施工线路横断面	
学时	4			
序号	调查内容	是	否	理由陈述
1	你是否喜欢这种上课方式？			
2	与传统教学方式比较你认为哪种方式学到的知识更适用？			
3	针对每个学习任务你是否学会如何进行资讯？			
4	计划和决策感到困难吗？			
5	你认为学习任务对你将来的工作有帮助吗？			
6	通过本学习情境的学习，你学会如何进行横断面测量了吗？今后遇到实际问题时你可以解决吗？			
7	你学会绘制线路纵断面图了吗？			
8	学会如何计算路基土石方工程量了吗？			
9	通过几天来的工作和学习，你对自己的表现是否满意？			
10	你对小组成员之间的合作是否满意？			
11	你认为本情境还应学习哪些方面的内容？（请在下面空白处填写）			

你的意见对改进教学非常重要，请写出你的建议和意见。

被调查人签名		调查时间	

学习情境 四

道路与桥梁的施工测量

学习指南

学习目标

学生在资讯问题的引导下,通过自学及咨询教师,明确工作任务目的和实施中的关键要素,通过学习掌握确定道路的边界、道路边桩测设、路基施工放样、路面结构层的施工放样、防护工程测量等知识,达到能够根据交接桩给定的导线点、水准点和工程图纸完成确定线路的施工测量工作任务;通过学习掌握桥梁施工控制网的布设、桥梁轴线和墩台定位轴线的测设、桥梁基础及墩台的高程放样、梁的架设测量和桥面系放样、锥坡的放样等知识,达到能够根据交接桩给定的导线点、水准点和工程图纸完成桥梁工程施工的工作任务,使学生在学习工作中锻炼专业能力、方法能力和社会能力等综合职业能力。

工作任务

1. 道路的施工测量
2. 桥梁的施工测量

学习情境的描述

选取了"道路的施工测量"与"桥梁的施工测量"两个工作任务作为载体。学习的内容与组织如下:学习的过程也是完整的工作过程,在恢复道路的中线之后,需要"确定道路的边界",也就是根据路基设计占地表,完成永久性征地的确认;为了填前碾压的工作需要进行"道路边桩测设"及边沟位置放样,同时进行排水工程的施工;然后进行路基分层填土,需要进行"路基边坡及高程放样";路基封顶后验收,需要测定路基的中线偏位、纵断高程及横坡度,与纵横断面的测量工作是一致的,下一步进行"路面结构层的施工放样",进行垫层、基层、面层的施工,以后验收中线偏位、纵断高程和横坡度;最后进行"防护工程测量",按线进行削坡达到设计坡度和位置;按照桥涵施工的完整工作过程完成测量放样的工作,从"桥梁施工控制网的布设"到"桥梁轴线和墩台定位轴线的测设",再到"桥梁基础、墩台的高程放样",以及"梁的架设测量和桥面系放样"工作,内容包括钢筋、模板、混凝土施工等细部工程的位置、高程的测设过程,最后进行桥涵"锥坡的放样"工作。

任务 8　道路的施工测量

任 务 单

学习领域	路桥工程测量技术		
学习情境	道路与桥梁的施工测量	工作任务	道路的施工测量
任务学时		16	
布置任务			
工作目标	1. 学会确定道路的边界 2. 学会测设道路边桩 3. 学会路基边坡及高程放样 4. 学会路面结构层的施工放样 5. 学会防护工程的施工放样 6. 能够借助设计文件及资料找到完成任务所需的工具、材料、方法 7. 能够在工作中锻炼专业能力、方法能力和社会能力等职业能力		
任务描述	根据交接桩给定的高级控制点及指定的项目场地及施工图纸,在恢复道路的中线之后,测量技术人员根据设计图纸拟定的构造物形状要求施工放样,需要"确定道路的边界",也就是根据路基设计占地表,完成永久性征地的确认;为了填前碾压的工作需要进行"道路边桩测设"及边沟位置放样,同时进行排水工程的施工;然后进行路基分层填土,需要进行"路基边坡及高程放样";路基封顶后验收,需要测定路基的中线偏位、纵断高程及横坡度,与纵横断面的测量工作是一致的,下一步进行"路面结构层的施工放样",进行垫层、基层、面层的施工,验收中线偏位、纵断高程和横坡度;最后进行"防护工程测量",按线进行削坡,达到设计坡度和位置。 　　要求按工作步骤完成放样简图成果。		

学时安排	资讯	计划	决策或分工	实施	检查	评价
	6 学时	1 学时	1 学时	5 学时	2 学时	1 学时

提供资料	1. 路桥施工图纸 2. 工程测量规范 3. 测量员岗位工作技术标准
对学生的要求	1. 具备路桥工程识图与绘图的基础知识 2. 具备路桥工程构造的知识 3. 具备几何方面的基础知识 4. 具备一定的自学能力、数据计算能力、一定的沟通协调能力、语言表达能力和团队意识 5. 严格遵守课堂纪律,不迟到、不早退;学习态度认真、端正 6. 每位同学必须积极参与小组讨论 7. 每组均完成"道路的施工测量"工作的报告单

资　讯　单

学习领域	路桥工程测量技术		
学习情境	道路与桥梁的施工测量	**工作任务**	道路的施工测量
资讯学时		6	
资讯方式	在图书、期刊、教材、互联网及信息单上查询问题；咨询任课教师		
资讯问题	问题一：如何确定道路的边界？		
	问题二：如何测设道路边桩？		
	问题三：如何进行路基边坡放样？		
	问题四：如何进行路基填土的抄平？		
	问题五：如何进行路面结构层的路槽施工放样？		
	问题六：如何进行路拱的放样？		
	问题七：如何进行边沟的放样？		
	问题八：如何进行挡土墙的放样？		
	问题九：如何进行路基封顶的高程验收？		
	学生需要单独资讯的问题……		
资讯引导	[1] 王剑英,王天成．土建工程测量．北京:中国计量出版社,2009. [2] 21 世纪路桥施工技术研究中心．路桥施工现场十大员技术操作标准规范:测量员．北京:当代中国音像出版社,2004.		

信　息　单

8.1　道路边界的确定

根据施工规范要求,路基施工前,应对路基用地界(即道路边界)的具体位置标识清楚。这里的"地界",习惯上称为红线。征地红线的放样,应在现场交验导线点后及早进行。

施工现场征地红线是路基清理地表场地的依据,清表处理和填前碾压工序均在征地红线即道路边界范围内进行,因此,现场测量员应尽早、尽快地把道路边界放到实地。

现代机械化路基施工通常采用全站仪坐标法放样征地红线。具体做法是将全站仪架设在一个已知导线点上,后视另一个已知导线点定向,然后依据征地红线点位坐标逐点放出。为了方便挖掘机师傅清理场地时搜寻目标,应在红线点位上设立醒目标志:

(1)插牢 1 m 以上的小竹竿,其上扎彩色小旗或红塑带。

(2)插牢小树枝,其上扎红塑带或用红草绳将其串连起来。

(3)地势平坦易辨认位置,可撒石灰线。

在实际的工作中,采用全站仪坐标放样法放样征地红线确定道路边界点位,速度较慢,这是由于原地面地物,如树木、杂草、灌木丛、带刺荆棘、房屋等影响视线,或者地貌特殊,如地势高低起伏、陡坎、断崖等影响视线所致,遇到这种情况,应及早迁站。采用全站仪坐标法放样征地红线,需根据道路中桩坐标计算出边界点的坐标才可以,目前多采用 Excel 软件做计算程序完成,或者采用公路工程坐标计算软件完成计算。

当设计单位给定的施工图纸提供的是征地界距时,通常施工中采用钢尺量距法进行。

需要注意的是,在确定道路的边界时,通常利用标准方法,即采用前面介绍的全站仪坐标放样法或钢尺量距法得到若干距离较远断面的边界点,然后以其中一侧边界点为建站点、后视点,锁定该方向,进行确定两点之间或延线上的边界点。

8.2　道路路基边桩的测设

路基边桩测设就是将每一个横断面的路基两侧的边坡线与地面的交点,用木桩标定在实地上,作为路基施工的依据。常用的有以下几种方法。

8.2.1　图解法

在施工图设计时,每个地形横断面都绘制了设计线。直接在横断面图上量取中桩至边桩的距离,然后在实地用尺沿横断面方向定出边桩的位置。在地面较平坦、填挖方不大时,多采用此法。

8.2.2　解析法

它是根据路基填挖高度、路基宽度、边坡率计算路基中桩至边桩的距离。分平坦地面和倾斜地面两种。

1. 平坦地面路基边桩的测设

根据前面介绍,填方路基称为路堤,如图 8.1(a)所示;挖方路基称为路堑,如图 8.1(b)所示。

由图中可看出:

路堤

$$D = \frac{B}{2} + mh \tag{8.1}$$

路堑

$$D = \frac{B}{2} + s + mh \tag{8.2}$$

式中:D 为路基中桩至边桩的距离;B 为路基宽度;$1:m$ 为路基边坡坡度(m 为边坡率);h 为填土高度或挖土深度;s 为路堑边沟顶宽。

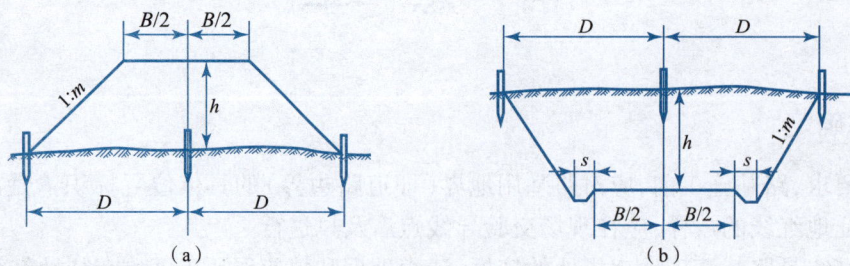

图 8.1　平坦地面路基边桩的测设

式(8.1)、(8.2)为地面平坦、断面位于直线段时计算边桩至中桩距离的方法。如果该断面位于曲线段,则路基外侧的加宽度应包括在路基宽度内。

2. 倾斜地段路基边桩的测设

在倾斜地段,计算 D 时应考虑地面横向坡度的影响。

如图 8.2(a)所示,路堤边桩至中桩的距离 D_s、D_x 为

$$\begin{cases} D_s = \dfrac{B}{2} + m(h_z - h_s) \\ D_x = \dfrac{B}{2} + m(h_z + h_x) \end{cases} \tag{8.3}$$

图 8.2(b)路堑边桩对中桩的距离 D_s、D_x 为

$$\begin{cases} D_s = \dfrac{B}{2} + s + m(h_z + h_s) \\ D_x = \dfrac{B}{2} + s + m(h_z - h_x) \end{cases} \tag{8.4}$$

式中:h_z 为中桩的填挖高度;h_s、h_x 为斜坡上、下侧边桩与中桩的高差,在边桩未定出之前则为未知数;B、s、m 的意义同前。

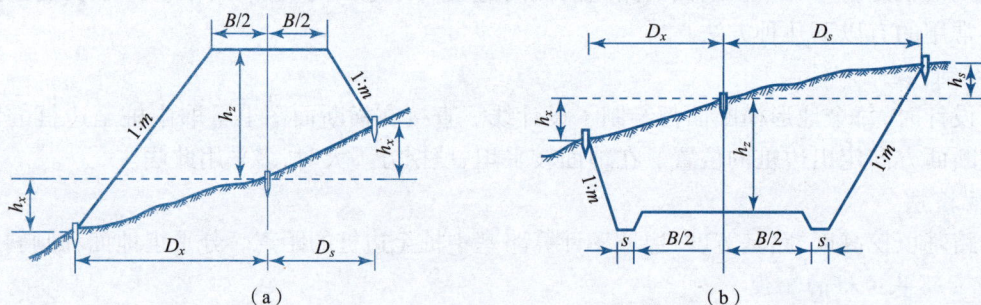

图 8.2　倾斜地段路基边桩的测设

因此,实际工作中采用逐渐趋近法测设边桩,首先参考路基横断面图并根据地面实际情况,估计边桩位置;然后测出估计边桩与中桩的高差,试算边桩位置。若计算与估计边桩不符,应重复上述工作,直至计算值与估计值基本相符为止。当填挖高度很大时,为了防止路基边坡坍塌,设计时在边坡一定高度处设置宽度为 d 的坠落平台,计算 D 时也应加进去。

在实际测设中先定出断面方向,然后可采用逐点趋近法测设边桩。如图 8.3 所示,设路基左侧与边沟顶宽之和为 4.7 m;右侧需增加曲线的加宽,其和为 5.3 m;中心挖深 5.0 m;边坡坡度为 1∶1。现以左侧为例说明用逐点趋近法测设边桩的步骤。

(1)估计边桩位置。若地面水平,则左边桩与中桩之距离为

$$D_{左} = 4.7 + 5.0 = 9.7(\text{m})$$

实际情况是左侧地面较中桩低,估计左边桩处比中桩处地面低 1 m,$h_{左} = 5 - 1 = 4(\text{m})$。边桩与中桩距离为

$$D_{左} = 4.7 + 4.0 = 8.7(\text{m})$$

在地面上于中桩处左侧量 8.7 m,得 a' 点。

(2)测量高差。实测高差测得 a' 点与中桩地面之高差为 1.3 m,则 a' 距中桩之距离应为

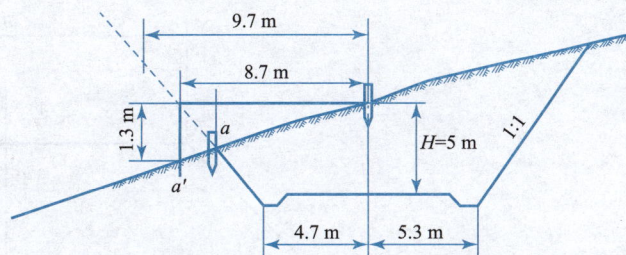

图 8.3　倾斜地段逐点趋近法测设边桩

$$D_{左} = 4.7 + (5 - 1.3) = 8.4(\text{m})$$

此值比原估计值 8.7 m 小,故正确的边桩位置应在 a' 点内侧。

(3)重估边桩位置。正确边桩位置应在 8.4 ~ 8.7 m 之间,重估距中桩 8.5 m 处在地上定出 a 点。

(4)重测高差。测出 a 点与中桩的高差为 1.2 m,则 a 点与中桩之距离为

$$D_{左} = 4.7 + (5 - 1.2) = 8.5(\text{m})$$

此值与估计值相符,故 a 点即为左侧边桩位置。

由上述情况可知,逐点趋近法测设边桩位置的步骤是,先根据地面实际情况,参照路基横断面图估计边桩位置;然后测出估计位置与中桩地面的高差,按其高差可以算出与其对应的边桩位置。若计算值与估计值相符,即为边桩位置;否则,再按实际资料进行估计,重复上述工作,逐点趋近,直至计算值与估计值相符或十分接近为止。

路堤边桩的测设方法与路堑大致相同,只是估计边桩位置与路堑正好相反。测设时需考虑路堤的下沉及路面施工等因素。

8.3　路基高程放样及边坡放样

8.3.1　路基施工阶段各层次的抄平方法

1. 地面上点的高程测设

高程测设就是根据附近的水准点,将建筑物已知的设计高程测设到现场作业面上。

假设在设计图纸上查得建筑物的室内地坪高程为 $H_{设}$,而附近有一水准点 A,其高程为 H_A,现要求把 $H_{设}$ 测设到木桩 B 上。如图 8.4 所示,在木桩 B 和水准点 A 之间安置水准仪,在 A 点上立尺,读数为 a,则水准仪视线高程为

$$H_i = H_A + a$$

根据视线高程和建筑物设计高程可算出 B 点尺上应有的读数为

$$b_{应} = H_i - H_{设}$$

然后将水准尺紧靠 B 点木桩侧面上下移动,直到水准尺读数为 $b_{应}$ 时,沿尺底在木桩侧面画线,此线就是测设的高程位置。

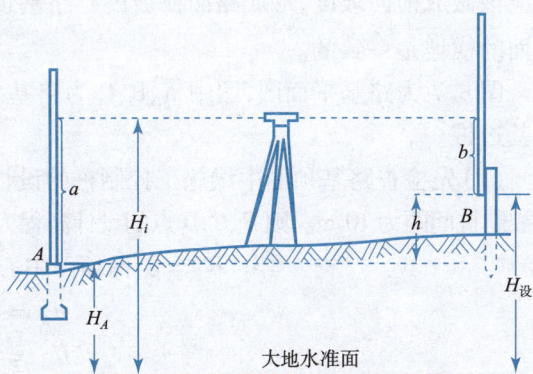

图 8.4　地面点高程测设

2. 路堤施工中各层的抄平

(1)如图 8.5 所示,图中 h 为松铺厚度,h' 为压实厚度。在填筑以前需要先标定松铺厚度 M 点的位置,N 点为填筑层压实后的位置。

(2)图 8.6 中,A_1、B_1、C_1、D_1 为路基的坡脚放线位置,A、B、C、D 为某结构层松铺厚度顶面的放样位置。$A_1 A(B_1 B$、$C_1 C$、$D_1 D)$ 之间的高差为松铺厚度 h,AC、BD 的长度为该层顶面的宽度。

可得该结构层所对应的松铺系数 k,计算式为

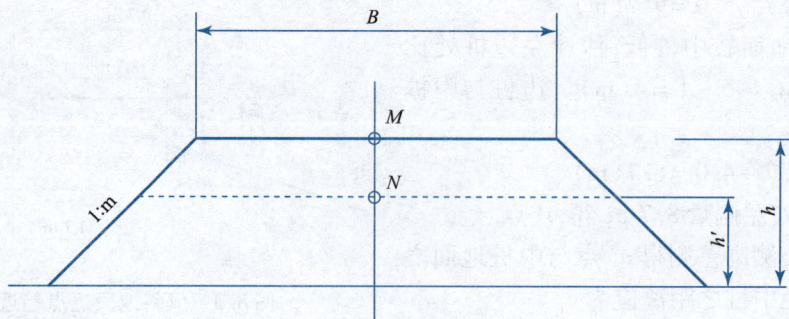

图 8.5 路堤施工抄平图

$$k = \frac{h}{h'}$$

$$h = kh'$$ (8.5)

（3）结构层松铺厚度的顶面高程为 H，计算式为

$$H = H_d + h$$ (8.6)

式中：H_d 为该结构层底面高程。

（4）采用高程放样方法用木桩标定出 A、B、C、D 的位置，使木桩顶面的高程等于该结构层松铺厚度的顶面高程 H。

（5）在各木桩顶面钉上小钉子，在钉子之间拉上细线作为填筑的依据。

（6）当该结构层压实以后，再用高程放样的方法检查该结构层顶面的高程。

图 8.6 抄平计算

3. 路基顶面的抄平

当路基施工高度达到设计高程以后，应检查路基中心顶面的设计高程及路基两侧边缘的设计高程。一般在路基顶面施工时就应该做成横向坡度，形成路面横坡度。路基顶面的横坡与路面顶面的横坡是一致的。

图 8.7 为路基平面图，图中 A、B、C 为路基施工控制桩，D、E、F 和 G、H、O 为与路线施工控制桩相对应的路基边桩。

（1）先检查路基顶面中线施工控制桩的设计高程。假定 A 的设计高程为 H_A，路线纵坡为 $+i_0\%$（上坡），施工控制桩间距为 10 m。则 B、C、D 点的设计高程为

$$H_A = 路面顶面中心点的设计高程 - 路面结构层厚度$$

$$H_B = H_A + (+i_0\%) \times 10$$ (8.7)

$$H_C = H_B + (+i_0\%) \times 10$$ (8.8)

分别在已知高程为 H_{BM} 的水准点和 A 点立水准尺，水准仪后视水准点所立水准尺度数为 a，前视 A 点所立水准尺度数为 b_A。

$$H'_A = H_{BM} + (a - b_A)$$ (8.9)

$$\Delta A = H'_A - H_A$$ (8.10)

若 $\Delta A < 0$，A 点应填高，填高值为 ΔA；若 $\Delta A > 0$，则点 A 应挖低，挖低值为 ΔA。

依次进行 B、C 点的检查和放样。

（2）检查路基边线施工控制桩的设计高程。计算和路基中心施工桩 A 点相对应的两侧路基边桩 D 点和 G 点的设计高程。如图 8.7 所示，D 点和 G 点是关于 A 点对称的两个路基边缘点，设路面横坡为 $i\%$，则 D 点和 G 点的设计高程为

$$H_D = H_A - i\% \times \frac{B}{2} \tag{8.11}$$

$$H_G = H_A - i\% \times \frac{B}{2} \tag{8.12}$$

式中:B 为路基宽度;$i\%$ 为路面横坡度。

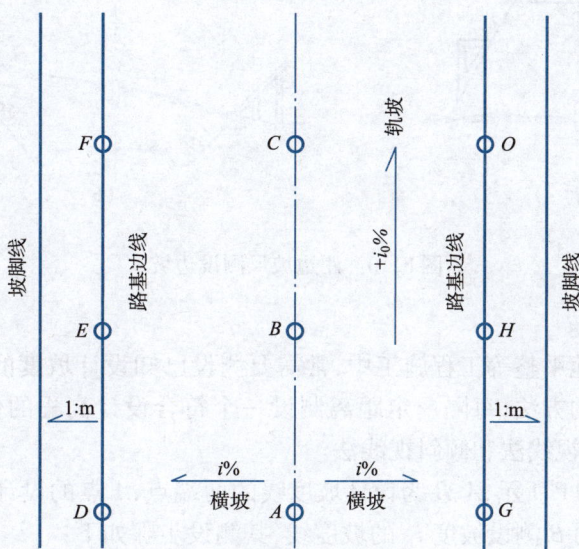

图 8.7　路基平面图

与检查路基顶面路线控制桩的高程一样,依次检查路基两边线施工控制桩 D、G 点的高程,其他各点(E、H、F、O)可采用同样的方法进行检查。

(3)路基顶面的抄平。对于曲线段由于存在超高和加宽,计算要相对复杂一些。在路基设计表中,路基加宽和超高值已经给出,在进行放样时只需直接引用即可。在计算路基边线上点的高程和坐标时,为计算方便一般是以与其相对应的在同一个横断面方向上中线施工控制桩的坐标和高程为基准。检查方法同直线段。

8.3.2　路基边坡的测设

测设路基边桩后,为了使填、挖的边坡达到设计的坡度要求,还应把设计边坡在实地标定出来,以便于施工。

1. 用细竹竿、绳索测设边坡

如图 8.8、图 8.9 所示,O 为中桩,A、B 为边桩,CD 的水平距离为路基宽度。测设时在 C、D 处竖立竹竿,在竹竿上等于中桩填土高度 H 处作 C'、D' 的记号,用绳索连接 A、C'、D'、B,即得出设计边坡。此法仅适用于填土不高的路堤施工。

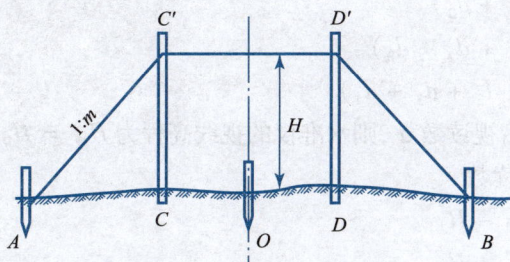

图 8.8　挂线法测设边坡

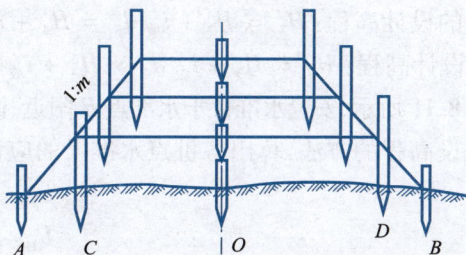

图 8.9　分层挂线法测设边坡

2. 用边坡模板测设边坡

首先照边坡坡度做好坡度模板,施工时比照模板进行测设。活动边坡模板(带有水准器的边坡尺)如图

8.10(a)所示,当水准器气泡居中时,边坡尺的斜边所指示的坡度为设计边坡坡度,借此可指示与检查路堤边坡的填筑。

固定边坡模板如图8.10(b)所示,开挖路堑时,在坡顶边桩外侧按设计坡度设置固定边坡模板,施工时可随时指示并检核边坡的开挖与修整。

图 8.10   用边坡尺测设边坡

3. 长大边坡坡度线的测设

道路、管道、地下工程、场地平整等工程施工中,常需要测设已知设计坡度的直线。已知坡度直线的测设工作,实际上就是用高程测设的方法,每隔一定距离测设一个符合设计高程的位置桩,使各桩顶构成已知坡度。测设的方法通常采用水平视线法和倾斜视线法。

(1)水平视线法。如图8.11所示,A、B 为设计坡度线的两端点,A 点的设计高程为 H_A,附近有一水准点 R,其已知高程为 H_R。欲从 A 到 B 测设坡度 $i_坡$ 的坡度线,其测设步骤如下:

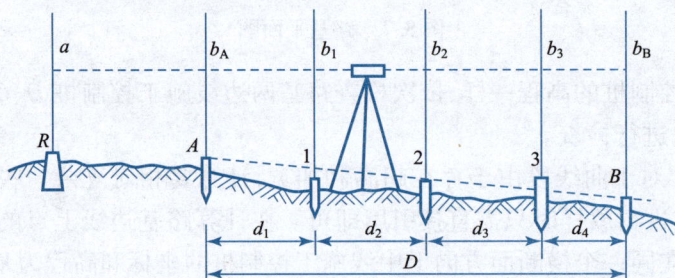

图 8.11   水平视线法

①沿 AB 方向,根据施工需要,在地面上标出中间点 1、2、3 的位置,然后量取各中间点的间距。
②按式(8.13)计算各桩点的设计高程:

$$H_设 = H_起 + i_坡 d \tag{8.13}$$

则第 1 点的设计高程:$H_1 = H_A + i_坡 d_1$
第 2 点的设计高程:$H_2 = H_1 + i_坡 d_2 = H_A + i_坡 (d_1 + d_2)$
第 3 点的设计高程:$H_3 = H_2 + i_坡 d_3 = H_A + i_坡 (d_1 + d_2 + d_3)$
B 点的设计高程:$H_B = H_3 + i_坡 d_4 = H_A + i_坡 (d_1 + d_2 + d_3 + d_4)$
③如图8.11所示,安置水准仪于水准点 R 附近,读取后视读数 a,则水准仪的视线高程为 $H_视 = H_R + a$。
④按测设高程的方法,算出各桩点水准尺的应该的读数

$$b_{A应} = H_视 - H_A$$
$$b_{1应} = H_视 - H_1$$
$$b_{2应} = H_视 - H_2$$
$$b_{3应} = H_视 - H_3$$
$$b_{B应} = H_视 - H_B$$

⑤根据各点的应有读数指挥打桩,当水平视线的各桩顶水准尺都等于各自的应有读数时,则桩顶连线就

为设计坡度线。如果木桩无法往下打,可将水准尺靠在木桩的一侧,上下移动,当水准尺的读数恰好为应有读数时,在木桩侧面沿水准尺底画一横线,此线即在 AB 坡度线上。

(2)倾斜视线法。如图 8.12 所示,A、B 为设计坡度的两个端点,已知 A 点高程 H_A,设计的坡度 $i_{坡}$,则 B 点的设计高程可用下式计算:

$$H_B = H_A + i_{坡} D_{AB}$$ (8.14)

式中,坡度上升时 i 为正,反之为负。

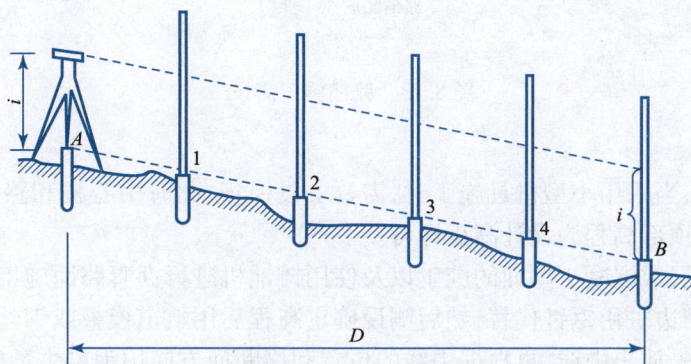

图 8.12 倾斜视线法

测设时,可利用水准仪设置倾斜视线测设方法,其步骤如下:

①先根据附近水准点,将设计坡度线两端 A、B 的设计高程 H_A、H_B 测设于地面上,并打入木桩。

②将水准仪安置于 A 点,并量取仪高 i,安置时使一个脚螺旋在 AB 方向上,另两个脚螺旋的连线大致垂直于 AB 方向线。

③瞄准 B 点上的水准尺,旋转 AB 方向上的脚螺旋或微倾螺旋,使视线在 B 标尺上的读数等于仪器高 i,此时水准仪的倾斜视线与设计坡度线平行。

④在 A、B 之间按一定距离打桩,当各桩点 P_1、P_2、P_3、P_4 上的水准尺读数都为仪器高 i 时,则各桩顶连线就是所需测设的设计坡度。

施工中有时需根据各地面点的标尺读数决定填挖高度。这时可利用以下方法确定,若各桩顶的标尺实际读数为 b_i 时,则可按下式计算各点的填挖高度:

$$填挖高度 = i - b_i$$ (8.15)

式中,相等时,不填不挖;+ 号时,需要挖;− 号时,需要填 ±。

由于水准仪望远镜纵向移动有限,若坡度较大,超出水准仪脚螺旋的调节范围时,可使用经纬仪测设。

8.4 路面结构层的施工放样

路面施工是公路施工的最后一个环节,也是最重要最关键的一个环节。因此,对路面施工放样的精度要求要比路基施工阶段放样的精度高。为了保证精度,便于测量,通常在路面施工前,将线路两侧的导线点和水准点引测到路基上,一般设置在不易破坏的桥梁、通道的桥台上或涵洞的压顶石上。引测的导线点和水准点要和高一级的导线点和水准点进行附合或闭合,精度应满足一、二级和五等水准测量的要求。

路面施工是在路基土石方施工完成以后进行的。在路面底基层(或者垫层)施工前,首先应进行路槽放样。路槽放样包括两个方面的内容:中线施工控制恢复放样和中平测量;路槽横坡(路面是路拱)放样。除面层外,各结构层横坡按直线形式放样。

8.4.1 路槽放样

各类基层及碎砾石路面施工时,先要在恢复路线的中线上打上里程桩,沿中线进行水准测量,必要时还需测部分路基横断面;然后在中线上每隔 10 m 设立高程桩两个,使其桩顶为所建成的路表面的高程和路槽底部的高程。如图 8.13 所示路中心处的两个桩,在垂直于中线方向处向两侧量出一半的路槽,打两个桩,使其桩顶高程符合路槽的横向坡度;然后纵向相邻桩顶拉线即为基层或路面施工控制线。

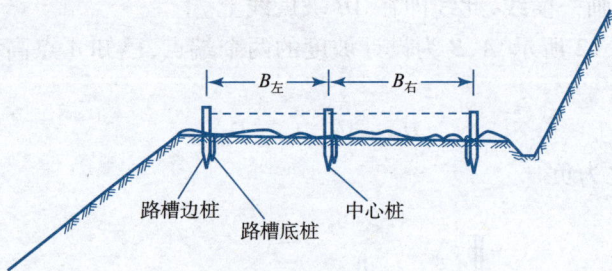

图 8.13　路槽施工测设

8.4.2　路面边桩放样

水泥混凝土路面施工,当采用小型机具施工时,需要安设模板,此时中心桩和路槽边桩位置安设模板,然后利用水准仪测量模板的顶部高程为设计高程即可。

当使用摊铺机进行基层或混凝土路面的施工以及使用摊铺机进行沥青路面施工,其测设方法同碎石路面施工,只是将中心桩和路槽边桩用钢钎代替,然后测设确定高程后用轨道模板或钢丝绳进行控制。

路面边桩的放样可以先放出中线,再根据中线的位置和横断面方向用钢尺丈量放出边桩。在高等级公路路面施工中,有时不放中桩而直接根据边桩的坐标放样边桩。

1. 桩坐标的计算

如图 8.14,路线中线上任意一点 P,桩号为 L_p,坐标为 (X_P, Y_P),切线坐标方位角为 $\alpha_切$。

过 P 点的法线坐标方位角

$$\alpha_法 = \alpha_切 + 90° \tag{8.16}$$

为计算方便,规定 $\alpha_法$ 方向总是指向中线右侧,左右两侧是相对于路线前进方向而言。

横断面方向上任一点 M 距离中线的距离(即横支距)为 L,规定中线左侧横支距为负,中线右侧横支距为正。则横断方向上 M 点的坐标

$$X_M = X_P + L\cos\alpha_法 \tag{8.17}$$
$$Y_M = Y_P + L\sin\alpha_法 \tag{8.18}$$

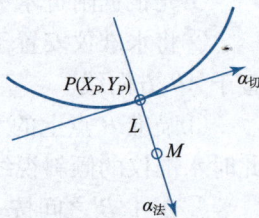

图 8.14　测边桩

2. 边桩放样

路面边桩放样与路基边桩放样相同,但对于高等级公路,可根据前面计算出的路基边桩坐标,采用全站仪坐标放样的方法放出边桩。

8.4.3　路拱放样

为有利于路面排水,在保证行车的平稳要求下,路面应做成中间高并向两侧倾斜的拱形,称为路拱。对于水泥混凝土路面或有中间带的沥青类路面,其路拱按直线形式放样。对于没有中间带的沥青类路面,其路拱一般有下列几种形式,放样是从路中线开始,按图 4.12 的坐标形式进行放样,一般把路幅宽度分为 10 等分。

1. 整个路拱为二次抛物线形

如图 8.15 所示,二次抛物线的形状可用下列方程表示:

$$X^2 = 2PY \tag{8.19}$$

当 $X = \dfrac{b}{2}$ 时,$Y = f$

所以

$$\frac{b^2}{4} = 2Pf$$

或

$$2P = \frac{b^2}{4f}$$

由此得

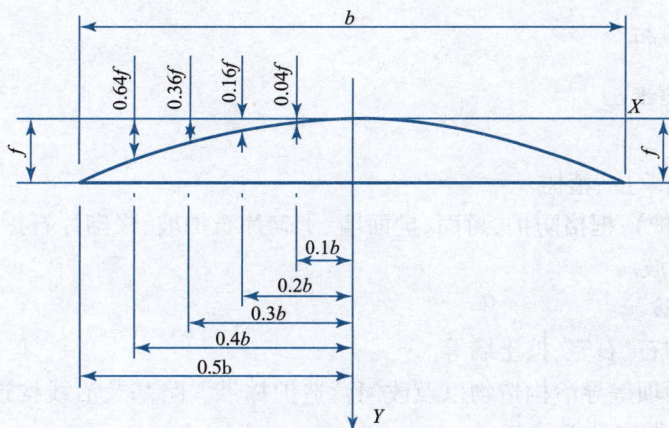

图 8.15　路拱放样

$$Y = \frac{X^2}{2p} = \frac{4f}{b^2}X^2 \tag{8.20}$$

式中:X 为横距;Y 为纵距;b 为路面宽度;f 为拱高,可按路拱坡度 i 确定,即 $f = \frac{b}{2}i$。

2. 改进的二次抛物线路拱

如图 8.15 所示,计算方程为

$$Y = \frac{2f}{b}X^2 + \frac{f}{b}X \tag{8.21}$$

3. 半立方次(一次半)抛物线路拱

如图 8.15 所示计算方程为

$$Y = f\left(\frac{2X}{b}\right)^{3/2} \tag{8.22}$$

4. 改进的三次抛物线路拱

如图 8.15 所示计算方程为

$$Y = \frac{4f}{b^3}X^3 + \frac{f}{b}X \tag{8.23}$$

5. 两个斜面中间用曲线连接

如图 8.16,中间部分可用抛物线或圆曲线连接。

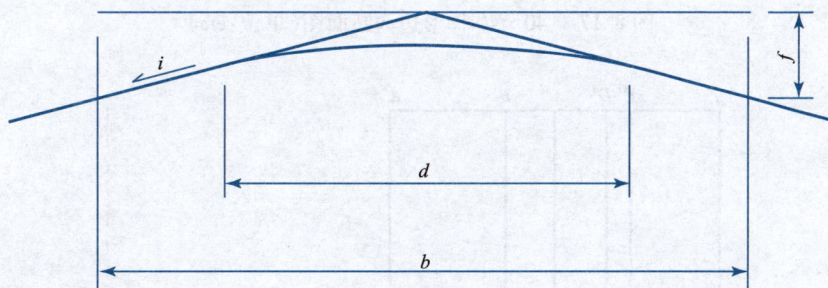

图 8.16　路拱放样

拱高可按下式计算

$$f = \left(\frac{b}{2} - \frac{d}{4}\right)i = \left(b - \frac{d}{2}\right)\frac{i}{2} \tag{8.24}$$

式中:d 为段的水平距离,其他符号同前。

对于中间没有分隔带的沥青路面,其路面路拱的放样一般采用路拱样板进行,在施工过程中逐段检查。

211

8.5 防护工程的施工放样

8.5.1 路基防护工程类型

1. 边坡坡面防护

（1）植物防护：种草、铺草皮、植树。

（2）工程防护（矿料防护）：框格防护、封面、护面墙、干砌片石护坡、浆砌片石护坡、浆砌预制块护坡、锚杆钢丝网喷浆、喷射混凝土护坡。

2. 沿河河堤河岸冲刷防护

（1）直接防护：植物、砌石、石笼、挡土墙等。

（2）间接防护：丁坝、顺坝等导治构造物以及改河营造护林带。路基及沿线构造物经常受到水的侵袭，侵袭严重时会危害路基，甚至彻底冲毁路基。

8.5.2 路基排水设施

路基排水设施有地表排水设施和地下排水设施。地表排水设施常见的有边沟、截水沟、排水沟等几种；地下排水设施常见的有暗沟、渗沟、渗井等。各种排水设施虽然修建的位置不同，但其放样的内容和方法基本相同。

在此，只介绍边沟和挡土墙的施工放样。

8.5.3 边沟的放样

1. 边沟平面位置的放样

设计文件中，没有明确的边沟平面设计图，只是给定了边沟的横断面设计图及起讫点的桩号及边沟的位置。因此，边沟平面位置的放样，主要是根据施工现场，以及考虑边沟与路线线形、地形地貌、天然河沟、桥涵位置等因素的协调性，结合路基横断面，合理的放样边沟的平面位置。放样时，先放出边沟起点断面的平面位置，再放出边沟终点断面的平面位置，然后将对应点连成线即可。如图 8.17、图 8.18 所示。

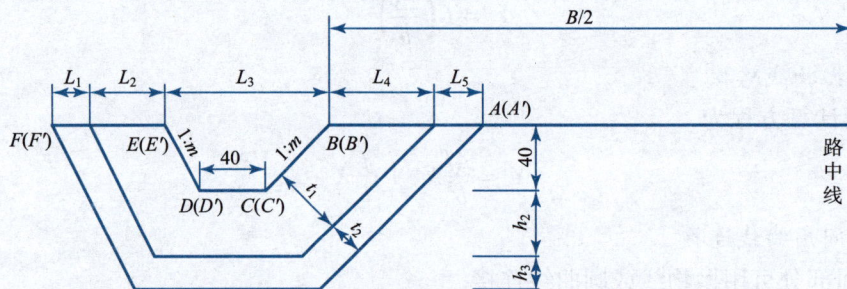

图 8.17　40×40 梯形边沟断面图（单位：cm）

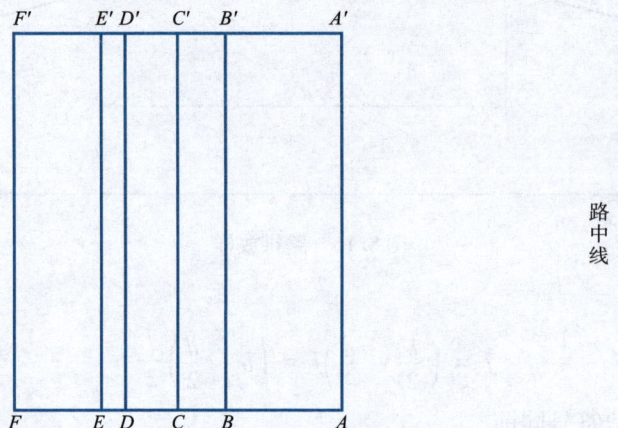

图 8.18　40×40 梯形边沟平面图

2. 高程放样

高程放样是根据边沟的断面形式、尺寸及边沟的位置，以及考虑路基横断面计算边沟各控制点的高程，按高程放样的方法进行，相关内容在其他情境任务中已经介绍，在此不再赘述。

8.5.4 挡土墙施工放样

为防止路基填土或山坡土体坍塌而修筑的承受土体侧压力的墙式构造物，称为挡土墙。按其设置位置的不同可分为路堤墙、路堑墙、路肩墙和山坡挡土墙等类型。挡土墙的放样主要是挡土墙的平面位置的放样和高程放样两项内容。挡土墙的类型很多，但其放样方法基本相同，在此以护肩墙为例加以介绍，如图8.19、图8.20所示。

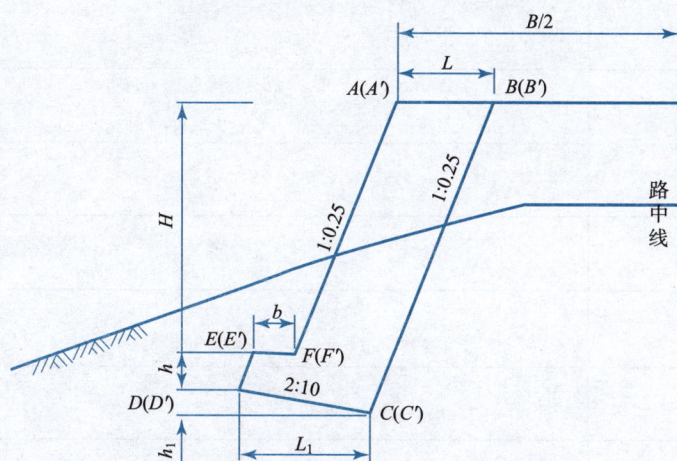

图 8.19 护肩墙横断面构造图

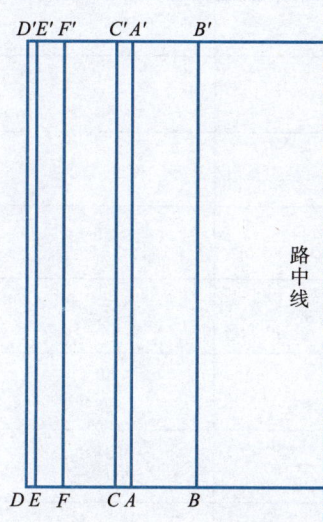

图 8.20 护肩墙平面位置图

1. 挡土墙平面位置的放样

挡土墙平面位置的放样是根据挡土墙平面设计图、横断面设计图，以及相关技术规范、标准为依据，结合路基横断面图进行放样。放样时，先放出挡墙起始断面，再放出挡墙终止断面，最后挂线施工。

2. 挡土墙高程放样

挡土墙平面位置放样完成后，即可开挖挡墙基坑。根据挡土墙基础底面的设计高程（查设计文件）检查基底高程，符合规范要求之后，再浇筑（或砌筑）基础、墙身，施工过程中要控制好墙面、墙背的坡度及各部分的尺寸。基础顶面、墙顶的设计高程可查设计文件。因此，挡土墙高程的放样实际上就是挡土墙施工过程中的高程控制。

8.5.5 路基封顶验收测量

路基封顶的测量验收工作包括中线偏位、顶面高程、路基宽度、横坡度等项目。在进行路基封顶高程验收测量时，应将附近的水准点进行一下高程的复测，将高程不准的水准点进行修改，以保证路基封顶高程准确性。在进行验收时，利用水准仪测量。在测量时以20 m为一个断面，并且在一个断面采集三点高程，这样可以更好地计算出高程，使路基封顶验收达到设计要求。

计 划 单

学习领域	路桥工程测量技术		
学习情境	道路与桥梁的施工测量	工作任务	道路的施工测量
计划方式	小组讨论、团结协作共同制订计划	计划学时	1
序号	实施步骤	具体工作内容描述	
制订计划说明	（写出制订计划时为完成任务提出的主要建议或可以借鉴的建议、需要解释的某一方面）		
计划评价	班 级 / 教师签字	第 组 / 组长签字 日 期	
	评语：		

决　策　单

学习领域	路桥工程测量技术			
学习情境	道路与桥梁的施工测量	工作任务	道路的施工测量	
决策学时		1		

	序号	方案的可行性	方案的先进性	实施难度	综合评价
方案对比	1				
	2				
	3				
	4				
	5				
	6				
	7				
	8				
	9				
	10				

决策评价	班　　级		第　　组	组长签字	
	教师签字			日　　期	
	评语：				

材料工具清单

学习领域	路桥工程施工技术					
学习情境	道路与桥梁的施工测量		工作任务		道路的施工测量	
清单要求	请根据完成的工作任务列出所需的材料工具名称,其作用、型号及数量,标明使用前后的状况,并在说明中写明材料工具之间的相对联系或关系					
序号	名称	作用	型号	数量	使用前状况	使用后状况
1						
2						
3						
4						
5						
6						
7						
8						
9						
10						

说明:(请简要说明各材料工具之间的相对联系或关系)

班　级		第　组	组长签字	
教师签字			日　期	
评　语				

实 施 单

学习领域	路桥工程施工技术		
学习情境	道路与桥梁的施工测量	工作任务	道路的施工测量
实施方式	小组成员合作共同研讨确定动手实践的实施步骤,每人均填写实施单	实施学时	5

序号	实施步骤	使用资源
1		
2		
3		
4		
5		
6		
7		
8		

实施说明:

班　级		第　　组	组长签字	
教师签字			日　　期	
评　语				

作 业 单

学习领域	路桥工程测量技术		
学习情境	道路与桥梁的施工测量	工作任务	道路的施工测量
实施方式	小组成员动手实践,学生自己记录、计算、绘制点之记		

（在此绘制测设草图,不够请加附页）

班　级		第　　组	组长签字	
教师签字			日　期	
评　语				

检 查 单

学习领域	路桥工程施工技术			
学习情境	道路与桥梁的施工测量	工作任务		道路的施工测量
检查学时		2		

序　号	检查项目	检查标准	组内互查	教师检查
1	工作程序	是否正确		
2	完成的报告的点位数据	是否完整、正确		
3	绘制的测设略图	是否正确、整洁		
4	报告记录	是否完整、清晰		
5	描述工作过程	是否完整、正确		

班　级		第　　组	组长签字	
教师签字		日　期		

检查评价	评语：

评 价 单

学习领域	路桥工程施工技术				
学习情境	道路与桥梁的施工测量		工作任务		道路的施工测量
评价学时			1		

考核项目	考核内容及要求	分值	学生自评（10%）	小组评分（20%）	教师评分（70%）	实得分
计划编制（20）	工作程序的完整性	10				
	步骤内容描述	8				
	计划的规范性	2				
工作过程（45）	施工放样数据正确性、完整性	10				
	点放样精度评价	5				
	报告完整性	30				
基本操作（10）	操作程序正确	5				
	操作符合限差要求	5				
安全文明（10）	叙述工作过程应注意的安全事项	5				
	工具正确使用和保养、放置规范	5				
完成时间（5）	能够在要求的 90 分钟内完成，每超时 5 分钟扣 1 分	5				
合作性（10）	独立完成任务得满分	10				
	在组内成员帮助下得 6 分					
	总分（∑）	100				

班 级		姓 名		学号		总评	
教师签字		第 组	组长签字			日期	

评价评语	评语：

教学反馈表

学习领域		路桥工程测量技术		
学习情境	道路与桥梁的施工测量	**工作任务**		道路的施工测量
学时		16		

序号	调查内容	是	否	理由陈述
1	你是否喜欢这种上课方式？			
2	与传统教学方式比较你认为哪种方式学到的知识更适用？			
3	针对每个学习任务你是否学会了如何进行资讯？			
4	计划和决策感到困难吗？			
5	你认为学习任务对你将来的工作有帮助吗？			
6	通过本任务的学习,你学会如何进行道路的施工测量了吗？今后遇到实际问题时你可以解决吗？			
7	你能在工程施工图纸中找到有关施工放样的测量数据吗？			
8	掌握道路施工的工序了吗？			
9	通过几天的工作和学习,你对自己的表现是否满意？			
10	你对小组成员之间的合作是否满意？			
11	你认为本情境还应学习哪些方面的内容？（请在下面空白处填写）			

你的意见对改进教学非常重要,请写出你的建议和意见。

被调查人签名		调查时间	

任务 9　桥梁的施工测量

任　务　单

学习领域	路桥工程测量技术		
学习情境	道路与桥梁的施工测量	工作任务	桥梁的施工测量
任务学时	16		
布置任务			
工作目标	1. 能够借助设计文件及资料找到完成任务所需的工具、材料、方法 2. 学会布设桥梁施工控制网 3. 学会测设桥梁轴线和墩台定位轴线 4. 学会桥梁基础、墩台的高程放样 5. 学会梁的架设测量和桥面系放样 6. 学会锥坡的放样 7. 要求在完成任务过程中锻炼职业素质，做到"严谨认真、吃苦耐劳、诚实守信"		
任务描述	根据给定的桥梁工程施工图纸以及施工场地的具体情况，依据"先控制后碎部，先整体后局部"的测量原则，先进行"桥梁施工控制网的布设"工作，在控制测量的基础上进行"桥梁轴线和墩台定位轴线的测设"工作，再按照工程施工顺序进行"桥梁基础、墩台的高程放样"工作，之后完成"梁的架设测量和桥面系放样"工作，内容包括钢筋、模板、混凝土施工等细部工程的位置、高程的测设过程，最后进行桥涵"锥坡的放样"工作。		

学时安排	资讯	计划	决策或分工	实施	检查	评价
	6 学时	1 学时	1 学时	5 学时	2 学时	1 学时

提供资料	1. 路桥施工图纸 2. 工程测量规范 3. 测量员岗位工作技术标准
对学生的要求	1. 具备测量仪器使用的基础知识 2. 具备路桥工程构造的知识 3. 具备几何方面的基础知识 4. 具备一定的自学能力、数据计算能力、一定的沟通协调能力、语言表达能力和团队意识 5. 严格遵守课堂纪律，不迟到、不早退；学习态度认真、端正 6. 积极参与小组讨论 7. 完成"桥梁的施工测量"工作的报告单

资 讯 单

学习领域	路桥工程测量技术		
学习情境	道路与桥梁的施工测量	工作任务	桥梁的施工测量
资讯学时		6	
资讯方式	在图书、期刊、教材、互联网及信息单上查询问题;咨询任课教师		
资讯问题	问题一:桥梁施工测量的主要任务是什么?其具体工作过程工作内容是什么?		
	问题二:桥梁平面控制测量的形式有哪些?各自有什么特点?		
	问题三:三角网布设的目的、精度及工作工程是什么?		
	问题四:如何进行桥梁的高程控制测量?		
	问题五:桥梁轴线测量的方法有哪些?其适用范围和使用的工具有何要求?		
	问题六:如何定位桥梁的墩台?		
	问题七:如何测设墩台的纵横轴线?		
	问题八:如何进行明挖基础的施工放样?		
	问题九:如何进行桩基础的施工放样?		
	问题十:如何进行承台的施工放样?		
	问题十一:如何进行桥墩台的施工放样?		
	问题十二:如何进行台帽或盖梁的细部放样?		
	问题十三:如何进行梁的架设测量?		
	问题十四:如何进行桥面系的放样?		
	问题十五:如何进行锥坡的放样?		
	学生需要单独资讯的问题……		
资讯引导	[1]王剑英,王天成. 土建工程测量. 北京:中国计量出版社,2009. [2]21 世纪路桥施工技术研究中心. 路桥施工现场十大员技术操作标准规范:测量员. 北京. 当代中国音像出版社,2004.		

信 息 单

9.1 桥梁施工控制网的布设

在公路的建设中,测量工作必须先行。施工测量就是研究如何将设计图纸中的各项元素按规定的精度要求,准确无误地测设于实地,作为施工的依据;并在施工过程中进行一系列的测量工作,以保证施工按设计要求进行。

桥梁施工测量的主要任务是对组成道路的桥梁、涵洞等构筑物精确地测定墩台中心位置,测量桥轴线以及定位和放样构造物各细部构造。对大型桥梁来讲,首先必须建立平面控制网、高程系统及测量桥位中线(桥轴线)的长度,以确保桥梁走向、跨距、高程等符合规范和设计要求。

桥梁施工测量的工作过程或主要内容包括桥梁施工控制测量、桥梁墩台中心定位、墩台纵横轴线的测设、墩台施工放样、梁的架设测量和桥面系放样、桥梁竣工后的沉降观测。控制测量主要是对桥梁两端头设置控制桩的复测,丈量桥轴线长度,补充水准点测量等。补充水准点要对控制桥梁结构的高程,有效地建立施工水准网提供方便。

为使测量工作顺利进行,测量人员必须重视测量工作,要有熟练的操作技能、良好的协作精神及严格遵守测量规范的习惯。测量前必须做好必要的技术和组织准备工作;要熟悉设计文件、图纸和有关测设资料;要与监理单位办理好现场固定桩的交接工作;还应做好测量人员的分工、仪器的校验、施工步骤的制订等多项准备工作。

桥梁的大小按其轴长度一般可分为特大型(>1 000 m)、大型(100 ~ 1 000 m)、中型(30 ~ 100 m)、小型(<30 m)四类,其施工测量的方法和精度随桥梁轴线长度、桥梁结构和地形状况而定。在桥梁建筑施工的准备与实施阶段,需要进行桥梁平面控制测量和高程控制测量。

9.1.1 桥梁施工平面控制测量

1. 平面控制测量

桥梁平面控制测量的任务是放样桥梁轴线长度和墩台的中心位置,为测量桥位地形、施工放样和变形观测提供具有足够精度的控制点。

桥位轴线及其长度是设计与测设墩台位置的依据,测量桥位轴线的目的是控制桥梁中线的长度和方向,从而确保墩台位置的正确,因此保证桥轴线测量的必要精度十分重要。为了确保桥轴线长度的精度,有时需要建立独立的三角网与国家的控制点进行联测。为了与线路的坐标取得统一,也需要与线路上的国家平面控制点进行联测。

对于跨径较小的小型桥梁,一般采用临时筑坝截断河流或在枯水季节直接丈量,即由道路中线来决定桥梁的轴线。对于一些河面较宽的中型以上的桥梁,因河道宽阔,桥墩在河水中建造,所以无法采用直接丈量法。

目前采用的桥梁控制网有三种,其形式如下:

(1)测角网。过去传统的做法是用三角网。测角网有利于控制方向误差。

其常用布设形式如图9.1所示。图中点画线为桥梁轴线,为实测边长的基线。桥梁三角网的布设,除要满足三角测量本身的要求外,还要求三角点选在不被水淹没、不受施工干扰的地方,桥轴线应与基线一端连接,成为三角网的一边,三角点的位置应便于放样桥墩,基线应选在岸上平坦开阔处,并尽可能与桥轴线相垂直,基线长度一般不小于桥轴线长度的0.7倍。基线测量可用全站仪或测距仪进行边角同测,也可采用检定过的钢尺或光电测距仪施测,水平角观测按要求进行。

(2)测边网。通常建立如图9.1所示的四边形和多边形。这是随着光电测距和全站仪的广泛应用而采用的控制网形式,即在控制网中只测定三角形的边长,从而求算控制点的位置。测边网有利于控制长度误差。

(3)边角网。通常是将测角网和测边网结合使用进行平面控制,可以精确测定桥梁轴线的长度和桥梁墩台的中心位置,目前常采用全站仪完成。

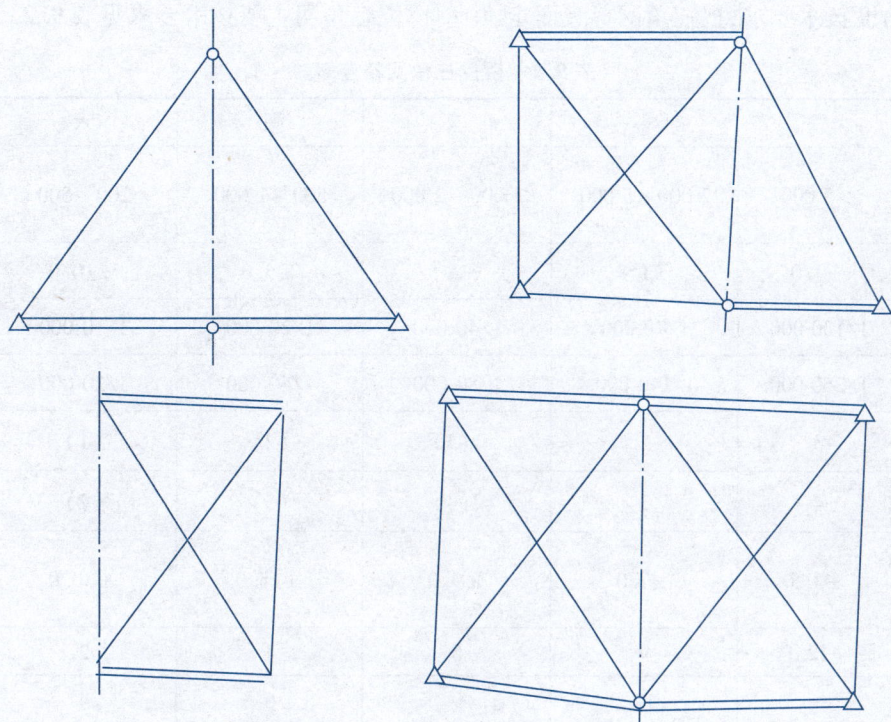

图 9.1　桥位三角网形式

9.1.2　三角网布设方法

1. 三角网法

采用直接丈量法有困难时，或不能保证必要的精度时，可采用间接丈量法测定桥轴线，如图 9.2 所示。即把桥轴线 AB 作为三角网的一个边长，测量基线长度 AC、AD，用三角测量的原理测量并计算，即可得出桥轴线的长度 AB。

2. 布设桥梁三角网的目的

布设桥梁三角网的目的是为了求出桥轴线长度及交会处墩台的位置，控制网的常用图形有图 9.1 所示的几种。图中三角形形式较为简单，适用于一般桥梁施工放样。四边形是在桥轴线两侧各布设一个大地四边形，适用于大桥的施工放样。考虑近岸处桥墩的交汇，也可按图中所示四边形增设三角形或者四边形布设，适用于特大或者特殊桥梁。

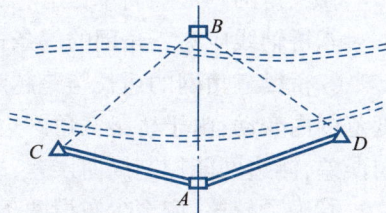

图 9.2　桥位三角网布设

3. 桥梁三角网必要精度的确定

根据桥轴线的不同精度要求，控制网的测角和测边精度也不同，在《公路桥涵施工技术规范》(JTJ 041—2000)中分为五个等级，如表 9.1 所示。

表 9.1　平面控制测量等级

等级	桥位控制测量
二等三角	>5 000 m 的特大桥
三等三角	2 000 ~ 5 000 m 的特大桥
四等三角	1 000 ~ 2 000 m 的特大桥
一级小三角	500 ~ 1 000 m 的特大桥
二级小三角	<500 m 的大中桥

丈量及测量角度技术要求,视三角网等级而定,中型桥位三角网主要技术要求见表9.2。

表9.2　桥位三角网精度表

等级		二	三	四	五	六	七
桥轴线的控制桩间距离/m		>5 000	2 000～5 000	1 000～2 000	500～1 000	200～500	<200
测角中误差/(″)		±1.0	±1.8	±2.5	±5.0	±10.0	±20.0
桥轴线相对中误差		1/130 000	1/70 000	1/40 000	1/20 000	1/10 000	1/5 000
基线相对中误差		1/260 000	1/140 000	1/80 000	1/40 000	1/20 000	1/10 000
丈量测回数	桥轴线	3	2	1(3)	(2)	(1)	(1)
	基线	4	3	2(4)	(3)	(2)	(1)
三角形最大闭合差		±3.5	±7.0	±9.0	±15.0	±30.0	±60.0
方向观测法测回数	J_1	12	9	6	4	2	—
	J_2	—	12	9	6	4	2
	J_6	—	—	12	9	6	4

三角网的基线现在多数用高精度的光电测距仪或全站仪测量。

4. 桥梁三角网的布设工作过程

(1)踏勘选点。布网时应注意以下几点:

①三角点之间视野应开阔,通视要良好;

②三角点不应位于可能被淹没及土壤松软地区;

③三角网图形要简单,三角点基础应具有足够的强度;

④桥轴线应为三角网的一条边,并与基线的一端相连,以确保桥轴线的精度;

⑤桥梁三角网的边长与跨越障碍物的宽度有关,如跨河桥梁则与河宽有关,一般在0.5～1.5倍障碍物宽度范围内变动;由于桥梁三角网边长一般较短,故三边网的精度不及三角网和边角网的精度;测角网能控制横向误差,测边网能控制纵向误差,故把两者的优点结合起来,布设成带有基线的边角网为最好;

⑥为了校核,应至少布设两条基线,基线长度应为桥轴线长度的0.7～0.8倍。

(2)基线丈量。桥梁三角网一般可测两条基线,其他边长则根据基线及角度推算。在平差时只改正角度,不改正基线,即认为与角度误差相比基线误差可忽略不计。为了保证桥轴线有可靠的精度,所以基线精度应比桥轴线精度高出2～3倍。基线丈量可用钢尺精密丈量或全站仪进行。

(3)角度测量。三角网中三角形的内角观测时一般选用J_2级光学经纬仪,每个角度观测2～4个测回。如果采用J_6级光学经纬仪,则应观测4～6个测回。在一个测站上,若有两个以上的方向时,则采用全圆测回法。根据精度要求的不同,三角形闭合差应符合表9.2限定,应小于±15″或30″。

对于长跨连续梁或对精度有特殊要求的特大桥,其基线丈量和角度测量的精度应按设计要求另行规定。

(4)三角网的平差。外业工作结束以后,应对观测的成果进行验算,基线的相对中误差应满足相应等级控制网的要求,角度误差可按三角形闭合差计算。具体工作参考学习情境二道路的恢复定线中任务3布设导线网的计算进行。

外业成果验算后,进行内业平差极坐标的计算。由于桥梁控制通常是独立网,要求网本身具有较高精度,所以有时虽与附近的城市网联测,但并不强制附合到城市网上,而只是取得坐标的相互关系,桥梁控制网本身的平差作独立网处理。桥梁控制网的平差方法可采用条件观测平差或间接观测平差。

9.1.3　高程控制测量

在桥梁施工阶段,应将高程从河的一岸传到另一岸,以在两岸建立统一可靠的高程系统。当河宽超过规定的视线长度时,应当用跨河水准测量的方法,即用两台水准仪同时作对向观测,两岸测站点和立尺点布置如图 9.3 所示的对称图形,图中 A、B 为立尺点,C、D 为测站点,要求 AD 与 BC 距离基本相等,AC 与 BD 距离基本相等,且 AC 和 BD 长度不小于 10 mn。

用两台水准仪作同时对向观测时,C 站先测本岸 A 点尺上读数得 a_1,然后在对岸 B 点尺上读数 2～4 次,取其平均数得 b_1,其高差为 $h_1 = a_1 - b_1$,再在 D 站上,同样先测本岸 B 点尺上读数得 b_2,然后在对岸 A 点尺上读数 2～4 次,取其平均数得 a_2,其高差为 $h_2 = a_2 - b_2$。取 h_1 和 h_2 的平均数,完成一个测回,一般进行 4 个测回。

由于过河观测的视线长,远尺读数困难,可以在水准尺上安装一个能沿尺面上下移动的觇牌,如图 9.4 所示,由观测者指挥立尺者上下移动觇牌,使觇牌的红白交界处与十字横丝重合,由立尺者记下水准尺上读数。

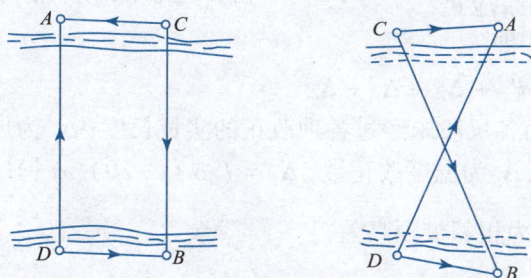

图 9.3　跨河水准测量　　　　　图 9.4　觇牌

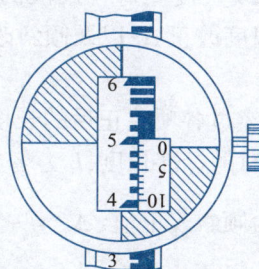

有了平面及高程控制,就可以进行墩台定位及各种细部放样。

9.2　桥梁轴线和墩台定位轴线的测设

桥梁轴线及墩台的中心定位,就是根据桥梁设计施工图纸所规定的两桥台及各桥墩中心的里程,以桥梁中心线控制桩、桥梁三角网控制点为基准,按规定精度放样出墩台中心的位置。如桥轴线长度是直接丈量的,则墩台定位可采用直接量距法;如桥轴线长度是以三角网间接测定的,则桥墩定位可采用角度交会法,桥台定位一般都可以直接丈量。

9.2.1　桥梁轴线的测量方法

桥梁轴线的测量通常采用光电测距法(目前使用电子全站仪测量更为方便)、直接丈量法、角度交会法等。对于直线桥梁可以直接采用此三种方法进行测量;对于曲线桥梁,应结合曲线桥梁的轴线依曲线上的位置而定。

1. 光电测距法

此法是借助测距仪或全站仪直接测定距离的方法,因其精度高、操作快、计算简便,在通视方面不受地形限制,成为一种较好的测定桥轴线仪器。

光电测距应在气象比较稳定、大气透明度好、附近没有光电信号干扰的情况下进行,且应在不同的时间进行往返观测;观测时不要使反光镜面正对太阳的方向。

当照准方向时,待显示读数变化稳定后,测 3、4 次,取平均值,此平均值即为斜距。为了得到平距,还应读取垂直角,经倾斜改正后,即为单方向的水平距离观测值(如果用的是电子全站仪,可直接得到平距)。如果往返观测值之差在容许范围之内,则取往返观测值的平均值作为该边的距离观测值。

2. 直接丈量法

沿桥轴线方向,地势平坦、可以通视,可采取直接丈量法测量桥轴线长度。这种方法所用设备简单,精度也可靠,是一般中小桥施工测量中常用的方法。

为了保证施工期间的长度丈量精度和量具精度的一致性,在量距之前应对所用的钢尺进行严格的检定,取得尺长改正数 Δ_1。

用钢尺量距的方法如下:

(1)沿桥轴线 AB 方向用经纬仪定线,钉出一系列木桩,如图9.5所示,桩的标志中心偏离直线最大不得超过 ± 1 cm。为了便于丈量,桩间距应比钢尺的全长略为短一些(约2 cm)。

(2)用水准仪测出相邻桩顶间的高差,为了校核应测两次,读至 mm,两次高差之差应不超过2 mm。

(3)丈量时应对钢尺施以标准拉力,每一尺段可连续测量三次,每次读数时均应变换钢尺的前后位置,以防差错。读数取至0.1 mm,三次测量结果的较差不得超过 1~2 mm。在测量距离的同时应记下当时的温度,以便进行温度改正。

(4)计算桥轴线长度。每一尺段的丈量结果应进行尺长改正 Δ_1,温度改正 Δ_t 以及倾斜改正 Δ_h,即

$$l_i = l'_i + \Delta_1 + \Delta_t + \Delta_h \tag{9.1}$$

式中:l_i 为各尺段经过各项改正后的长度;l'_i 为各尺段未经过各项改正的实量长度;Δ_1 为尺长改正数,$\Delta_1 = L_0 - L$,L_0 为检定时的标准长度,L 为名义长度;Δ_t 为温度改正数,$\Delta_t = l'_i \alpha(t - 20)$,$\alpha$ 钢尺线膨胀系数,t 为测量时温度;Δ_h 为倾斜改正值,$\Delta_h = -\dfrac{h^2}{2l'_i}$,$h$ 为相邻桩顶高差。

则桥轴线一次测量的总长为

$$L_i = l_1 + l_2 + \cdots + l_n \tag{9.2}$$

取各次丈量结果的平均值,即为桥轴线的长度。

(5)评定丈量的精度。

桥轴线的中误差为

$$M = \pm\sqrt{\frac{[VV]}{n}} \tag{9.3}$$

桥轴线的相对中误差为

$$\frac{|M|}{L} = \frac{1}{n} \tag{9.4}$$

式中:L 为桥轴线的平均长度;V 为桥轴线的平均长度与每次观测值之差;n 为丈量的次数。

丈量结果的相对中误差应满足估算精度的要求。

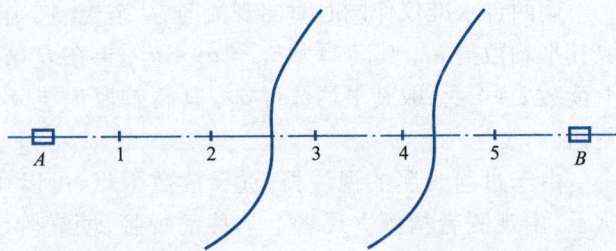

图9.5 桥轴线方向定向图

3. 方向交会法

方向交会法确定墩台中心位置时,常用的方法有前方交会法、侧方交会法。参考学习情境二道路的恢复定线中任务4测设中桩的平面位置测设方法。如图4.7,该图中 A、B、C 三点是已知的三角点,在点位上安置DJ2级同精度经纬仪设置测站,将望远镜瞄准好各自适宜的控制点作为后视,采用盘左盘右分中法测设计算好的固定角,放样出桥墩的设计中心。若三台仪器无误差,在理论上应交会在一个点上,然而观测总是存在误差的,这样必然会交会出一个示误三角形。精密放样精度要求“误差三角形”的最大边长不超过1 cm,一般要求“误差三角形”的最大边长不超过3 cm。

这种方法的优点是在现场较直观,缺点是精度低。尤其当桥墩基础结构在水中晃动时,出现的示误三角形很大,很难保证精度要求。

9.2.2 桥梁的墩台定位

桥梁的轴线包括直线和曲线,因此墩台依据桥梁轴线的线形处于直线段或者曲线段等不同位置。

1. 直线桥梁的墩台定位

位于直线段上的桥梁,其墩、台中心一般都位于桥轴线的方向上,如图9.6所示。根据桥轴线控制桩 A、B

及各墩、台中心的里程,即可求得其间的距离。

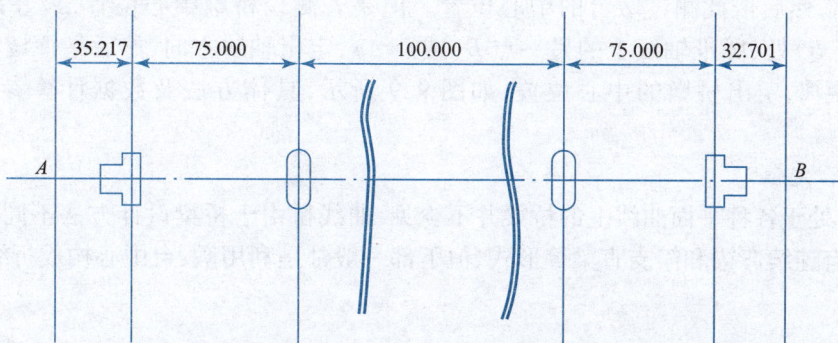

图 9.6　直线桥梁位置图

桥梁墩台中心定位就是根据设计图纸上桥位桩号里程,以控制点为基础,放出墩台中心的位置,它是桥梁施工测量中的关键性工作,常用的测设方法有直接丈量法、角度交会法与极坐标法。

(1)直接丈量法。首先由桥轴线控制桩、两桥台和各桥墩中心的里程桩算出其间的距离,然后用钢尺或在轴线控制点上安置光电测距仪,沿桥梁中线方向依次放出各段距离,定出墩台中心位置。工人在各墩台中心位置上安置经纬仪,以桥纵轴线为基准放出墩台的横向轴线,以便指导基础施工。在纵横轴线上,基坑开挖线以外 5 ~ 10 m 处,每端至少要定出两个方向控制桩,如图 9.7 所示,用以恢复墩台中心位置。

(2)方向交会法。大中型桥梁的桥墩位于水中,它的中心位置是根据已建立的三角网,在三个控制点上安置经纬仪,从三个方向(其中一个为轴线方向)交会点位。如图 9.8 所示,AB 为桥轴线,C、D 为桥梁平面控制网中的控制点,P_i 点为第 i 个桥墩设计的中心位置(待测设的点)。在 A、C、D 三点上各安置一台经纬仪。A 点上的经纬仪瞄准 B 点,定出桥轴线方向;C、D 两点上的经纬仪均先瞄准 A 点,并分别测设根据 P_i 点的设计坐标和控制点坐标计算的 α、β 角,以正倒镜分中法定出交会方向线。

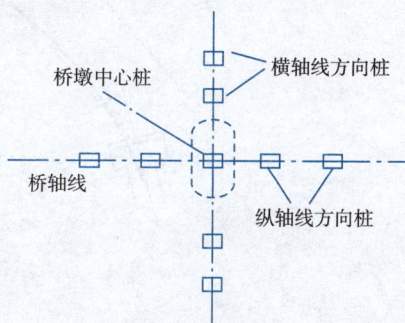

图 9.7　直接丈量桥梁墩台定位

由于测量误差的影响,从 C、A、D 三点指来的三条方向线一般不可能正好交会于一点,而构成误差三角形 $\Delta P_1 P_2 P_3$。如果误差三角形在桥轴线上的边长($P_1 P_3$)在容许范围之内(对于墩底放样为 2.5 cm,对于墩顶放样为 1.5 cm),则取 C、D 两点指向方向线的交点 P_2 在桥轴线上的投影 P_i 作为桥墩放样的中心位置。

在桥墩施工中,随着桥墩的逐渐筑高,中心的放样工作需要重复进行,而且要求迅速和准确。为此,在第一次求得正确的桥墩中心位置 P_i 以后,将 CP_i 和 DP_i 方向线延长到对岸,设立固定的瞄准标志 C'、D',如图 9.9 所示。以后每次做方向交会法放样时,从 C、D 点直接瞄准 C'、D' 点,即可恢复对 P_i 点的交会。

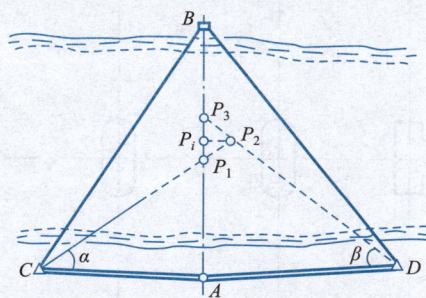

图 9.8　三方向交会误差三角形

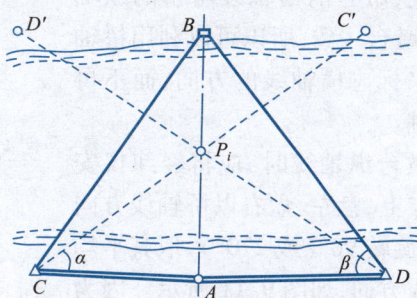

图 9.9　三方向交会的固定瞄准标志

(3)极坐标法。如果在桥梁设计中,墩台中心坐标(x,y)已设计出,则可用经纬仪加测距仪,或全站仪按极坐标法测设,原则上可将仪器放置在任何一个控制点上,根据墩台坐标和测站点坐标,求算出极坐标放样数据,即角度和距离,然后依此测设墩台的中心位置。但是若测设桥墩中心位置,最好是将仪器安置于桥轴线上的点 A(或点 B)处,瞄准轴线上的另一点 B(或点 A),定出轴线方向,然后指挥棱镜安置在该方向上测设 AP_i(BP_i)的距离,定出桥墩的中心位置,如图 9.9 所示,具体方法及数据计算参考前文,在此不再赘述。

2. 曲线桥的墩台定位

在整个路线上,处于各种平面曲线上的桥梁并不少见,曲线桥由于桥梁设计方法不同而更复杂些。曲线桥的上部结构一般有连续弯梁和简支直梁等形式,但下部一般都是利用墩、台中心构成折线交点而形成弯桥,如图 9.10 所示。

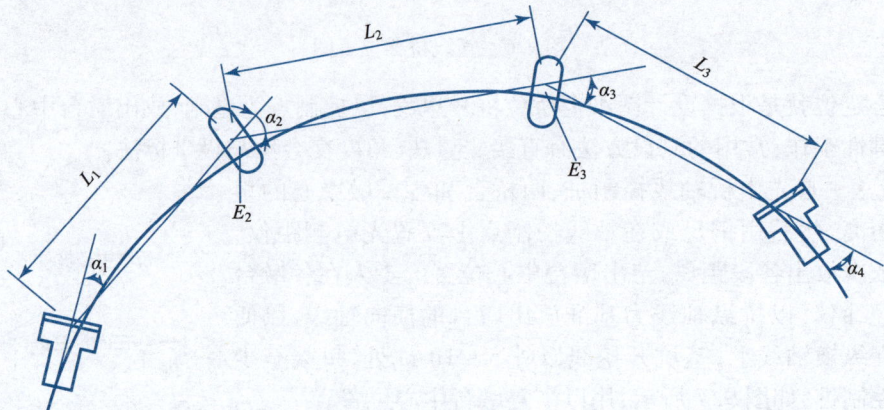

图 9.10　曲线桥的布置

一般路线设计中常用的有圆曲线和缓和曲线,它们的要素有较为固定的计算公式。

在设计文件已给定墩、台定位有关数据时,只需重新复核无误即可按其进行放样定位。但数据通常并不能满足施工的需要,应按路线测设资料、曲线有关要素,由计算公式求出各墩台中心为顶点的直线,再用偏角进行定位。

对于坐标值的计算,一般在直角坐标系中进行较为普遍、简便。可以先建立以墩台中心为原点,切线及法线方向为坐标轴的局部坐标系,在局部坐标系中确立待放点局部坐标值;再利用墩台中心的路线坐标值将局部坐标值转换至路线坐标中。

墩、台定位的方法,根据不同的条件可采用偏角法、长弦偏角法、利用坐标的交会法和坐标法等。曲线桥的放样工作,主要是对放样数据的计算,基本步骤的差异并不大,在此不再详述。

9.2.3　墩台纵横轴线的测设

墩台中心测设定位以后,尚需测设墩台的纵横轴线,作为墩台细部放样的依据。

在直线桥上,墩台的横轴线与桥的纵轴线重合,而且各墩台一致,所以可以利用桥轴线两端控制桩来标志横轴线的方向,而不再另行测设标志桩。

在测设桥墩台纵轴线时,应将经纬仪安置在墩台中心点上,盘左、盘右以桥轴线方向作为后视,然后旋转 90°(或 270°),取其平均位置作为纵轴线方向,如图 9.11 所示。因为施工过程中经常要在墩台上恢复纵横轴线的位置,所以应于桥轴线两侧各布设两个固定的护桩。

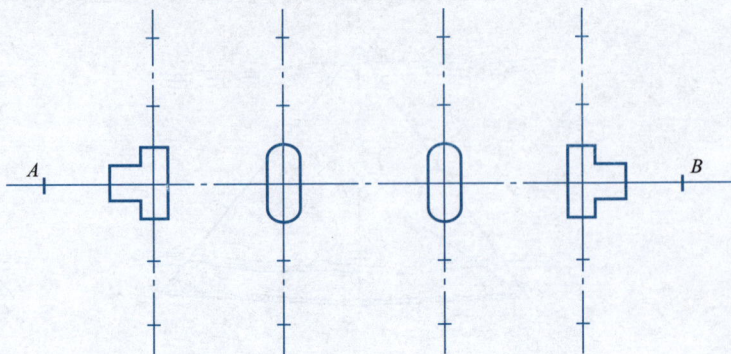

图 9.11　直线桥梁纵横轴线图

在水中的桥墩，因不能架设仪器，也不能钉设护桩，则暂不测设轴线，等筑岛、围堰或沉井露出水面以后，再利用它们钉设护桩，准确地测设出墩台中心及纵横轴线。

在等跨曲线桥上，墩台的纵轴线位于梁的中心线顶点处的分角线上，而横轴线与纵轴线垂直，如图 9.12 所示。因此测设时，应置仪器于墩台中心点上，以相邻墩中心方向为后视，测设 $(180° - \alpha)/2$ 角即得纵轴线方向，自纵轴线方向转 90° 角即测得横轴线。或是将全站仪置于墩台中心，输入中心坐标、后视点坐标，放样点输入中心的曲线切线（法线）方向上任意点的坐标，则可以得到纵（横）轴线方向。无论是在纵轴线还是在横轴线方向上，均要测设四个固定的护桩。

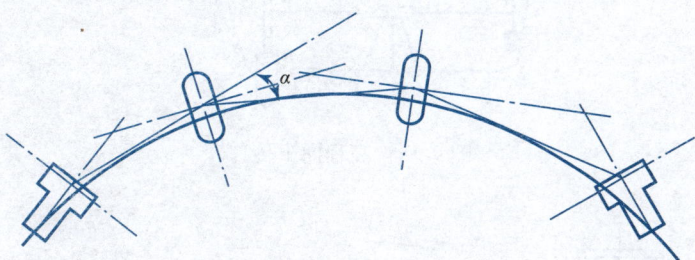

图 9.12 等跨曲线桥梁纵横轴线图

当墩台定好位及其纵横轴线测设已毕，就为细部施工放样做好了准备。

9.3 桥梁基础、墩台的放样

桥梁墩台主要由基础、墩台身、台帽或盖梁三部分组成，它的细部放样，是在实地标定好的墩台中心和桥墩纵、横轴线的基础上，根据施工的需要，按照施工图自上而下分阶段地将桥墩各部位尺寸放样到施工作业面上。

9.3.1 基础施工放样

桥梁基础通常采用明挖基础和桩基础。

1. 明挖基础施工放样

（1）平面放样。明挖基础的构造如图 9.13 所示。根据已经测设出的墩身中心位置及纵、横轴线，已知基坑底部的长度和宽度及基坑深度、边坡，即可测设出基坑的边界线。

边坡桩至墩、台轴线的距离 D 按下式计算

$$D = \frac{b}{2} + l + mh \qquad (9.5)$$

式中：b 为基础宽度，m；l 为预留工作宽度，m；m 为边坡系数；h 为基底距地表的深度，m。

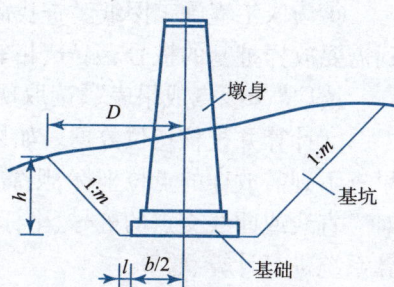

图 9.13 明挖基础施工放样

（2）高程控制——向下传递。如图 9.14 所示，欲根据地面水准点 A，在坑内测设点 B，使其高程为 $H_{设}$。为此，在坑边架设一吊杆，杆顶吊一根零点向下的钢尺，尺的下端挂一重量相当于钢尺检定时拉力的重物，在地面上和坑内各安置一台水准仪，分别在尺上和钢尺上读得 a、b、c，则 B 点水准尺读数 d 应为

$$d = H_A + a - (b - c) - H_{设} \qquad (9.6)$$

改变钢尺悬挂位置，再次观测，以便校核。

2. 桩基础施工放样

桩基础可分为单桩和群桩，单桩的中心位置放样方法同墩台中心定位。群桩的构造如图 9.15（a）所示，在基础下部打入一组基桩，再在桩上灌注钢筋混凝土承台，使桩和承台连成一体，然后在承台以上浇筑墩身。基桩位置的放样如图 9.15（b）所示，它以墩台纵横轴线为坐标轴，按设计位置用直角坐标法逐桩测设桩位。

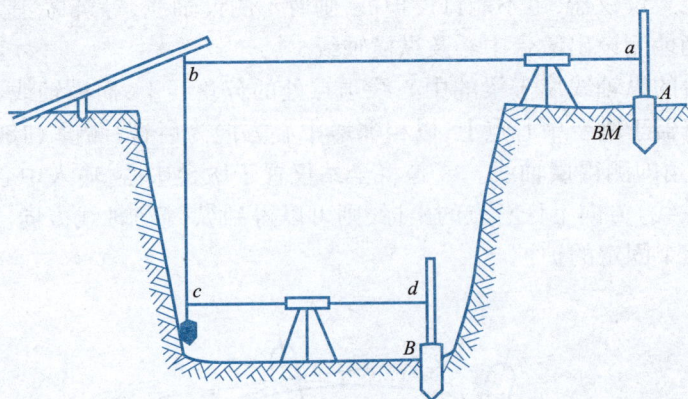

图 9.14　高程向下传递

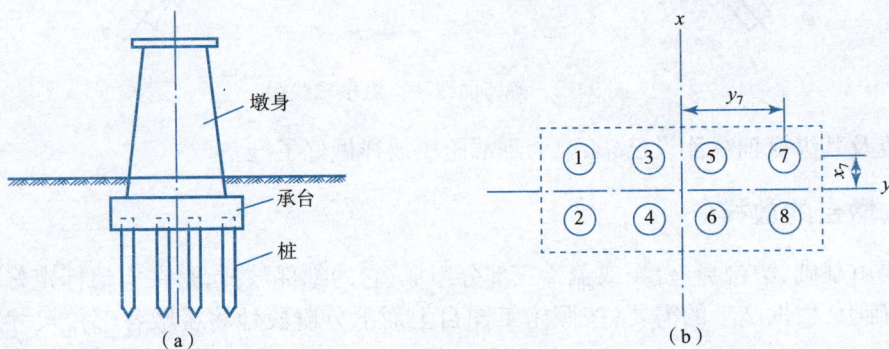

图 9.15　桩基础施工放样

（1）钻孔桩放样测设数据的准备。

①读取工程施工图纸。查找需要放样桩点的坐标数据,读取"桩位平面布置示意图"及"桩位坐标表",得到需要放样桩基的桩号、编号、相邻桩基的距离。

读取"导线点成果表",读取现场需要放样桩基附近的已知控制点数据。

②计算并校核点位数据。如果能够在图纸中查到放样桩点的坐标数据,则需要校验该坐标是否正确,如果查不到需放样的点位坐标,则需要计算。计算方法是:读取"直线、曲线、转角一览表",得到需要放样桩基对应直线或曲线交点的桩号、坐标、坐标方位角或转角、曲线半径及主点坐标,利用手算或编程或采用坐标计算系统进行计算、验算。

③绘制测设略图。绘制测设略图要体现测设略图的要素,要符合绘图的基本要求,不仅绘图人能看懂,其他专业人员也要能够看懂。测设略图的要素包括:桩基相关信息(基础尺寸、与相邻基础的位置关系、桥梁的轴线等);放样点位及坐标数据;控制点位及坐标数据;放样所需引导数据(计算的距离及角度等);操作标示(角度转过的方向、距离量取的方向及数据)等五项内容。参考测设略图如9.16所示。

（2）测量仪器设备的准备。

①准备测量仪器。测量仪器应满足精度要求及取得鉴定证书

②准备架置全站仪的脚架。要求架头牢固,架腿伸缩自如,螺钉应固紧,架身无晃动,架腿支好后无滑动现象。

③准备棱镜或标杆。要求必须是配套棱镜,或使用标杆。

④准备对讲机。对讲机是点放样的重要联络工具,要求质量完好、音质清晰、无杂音。

⑤准备放样的工具及材料。铁锤、油性号笔、小钢尺(卷尺);木桩、铁钉、钢钉、红布或红塑带。

（3）钻孔桩放样的具体步骤。

①根据设计图纸计算各桩位中心点坐标(坐标成果必须经过监理工程师审批认可),采用极坐标法准确

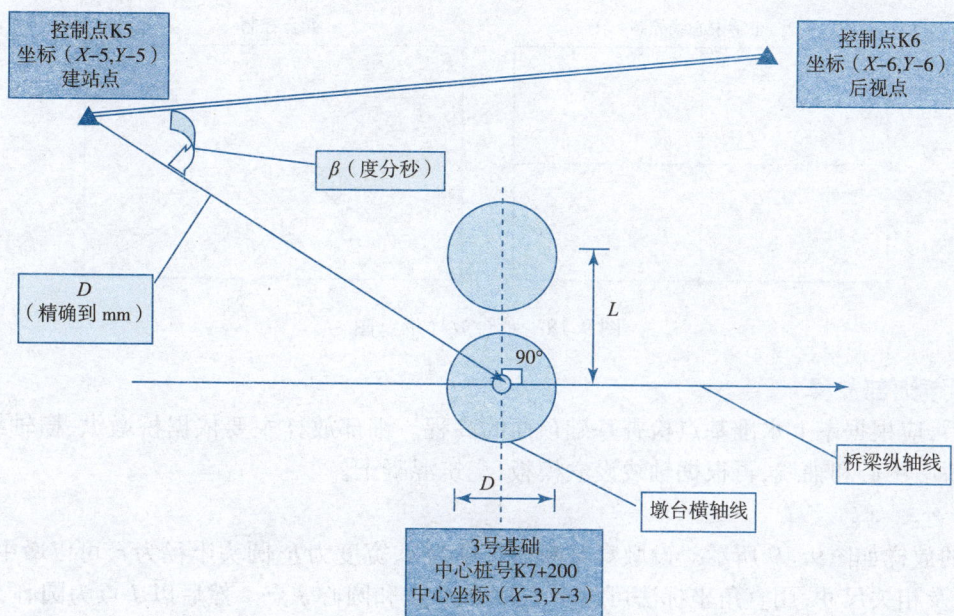

图 9.16 测设略图示意

测量出桩位中心点,桩橛截面尺寸不小于 3 cm×3 cm,在桩面钉铁钉作为标志点。

②每个中心桩位纵、横轴线方向必须设置 4 个护桩,便于桩基施工过程中进行检校。

③每次桩位放样应根据现场实际施工情况进行,避开施工干扰,每个墩位每次放样 1 个桩位或隔桩(跳桩)放样,不得连续放样,放样时应记录原始地面高程和护筒高程。桩位放样后及时检查各桩位间距离及对角线距离,如图 9.17,确认准确无误后以书面技术交底交与现场技术员。

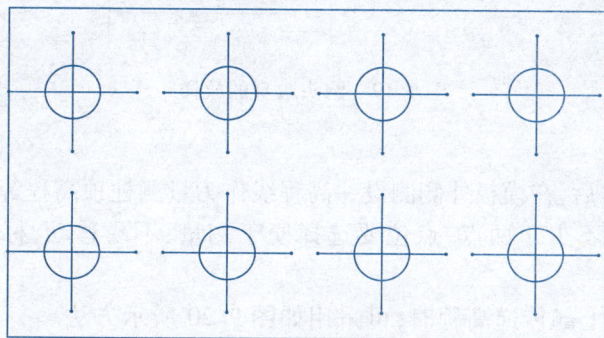

图 9.17 桩位放样示意图

④桩位测量放样资料必须进行报验并经监理工程师校验合格后方可进行施工。

3. 承台放样

(1)桩基施工完毕后,在原地面测出承台基坑四个角点及高程,以指导基坑开挖的平面位置和深度。

(2)开挖基坑后,及时检查基坑高程及基坑尺寸。

(3)基坑检查无误后,根据设计图纸尺寸采用极坐标法测放承台十字中心线或各承台角点控制点。如图 9.18。

(4)测量完毕后用钢尺检查各点间的距离及对角线距离,确认准确无误后以书面技术交底交与现场技术员。

(5)承台模板立模后,对承台模板进行检查,根据设计图纸尺寸采用极坐标法测设各承台角点控制点,用红油漆做标志点在模板上,根据各点拉线检查模板各部位几何尺寸,确认准确无误后再以书面技术交底交与现场技术员。

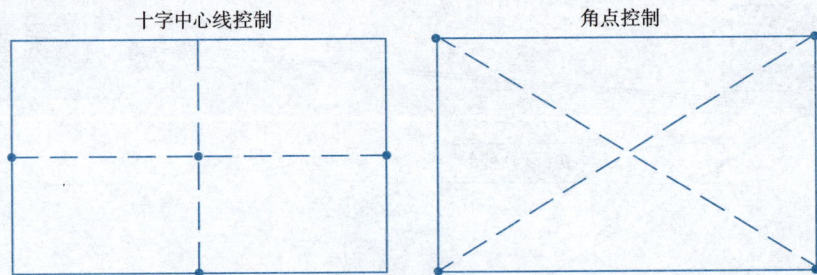

十字中心线控制   角点控制

图 9.18　承台放样示意图

9.3.2　桥墩细部放样

基础完工后,应根据岸上水准基点检查基础顶面的高程。细部放样主要依据桥墩纵、横轴线或轴线上的护桩逐层测设桥墩中心和轴线,再根据轴线设立模板,浇筑混凝土。

1. 墩、台身外轮廓的放样

圆头墩身的放样如图 9.19 所示。设墩身某断面长度为 a、宽度为 b、圆头半径为 r,可以墩中心 O 点为准,根据纵、横轴线及相关尺寸,用直角坐标法可放出 I、K、P、Q 点和圆心 J 点。然后以 J 点为圆心,以半径 r 作圆可放出圆弧上各点。同法放样出桥墩的另一端。

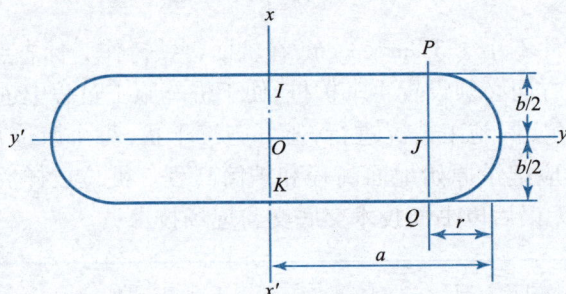

图 9.19　圆头墩身的放样

2. 模板高程的测量

墩身模板垂直度校正好之后,在模板外侧测设一高程线作为量测柱顶高程等各种高程的依据。高程线一般比地面高 0.5 m,每根墩柱不少于两点,点位要选择便于测量、不易移动、标记明显的位置,并注明高程数值。

(1)向上传递。向建筑物上部传递高程时,可采用如图 9.20 所示方法。若欲在 B 处设置高程 $H_设$,则可在该处悬挂钢尺,使零端在上,上下移动钢尺,使水准仪的前视读数为

$$b = H_设 - (H_A + a)　　　　　　(9.7)$$

则钢尺零刻线所在的位置即为欲测设的高程。

改变仪器高度,再次观测,以便校核。

(2)测设水平面。工程施工中,欲使某施工平面满足规定的设计高程 $H_设$,如图 9.21 所示,可先在地面上按一定的间隔长度测设方格网,用木桩标定各方格网点。然后,根据上述高程测设的基本原理,由已知水准点 A 的高程 H_A 测设出高程为 $H_设$ 的木桩点。测设时,在场地与已知点 A 之间安置水准仪,读取 A 尺上的后视读数 a,则仪器视线高程为

$$H_i = H_A + a$$

依次在各木桩上立尺,使各木桩顶的尺上读数均为

$$b_应 = H_i - H_设$$

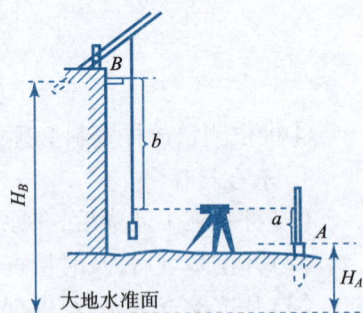

图 9.20　高程向上传递

此时各桩顶就构成了测设的水平面。

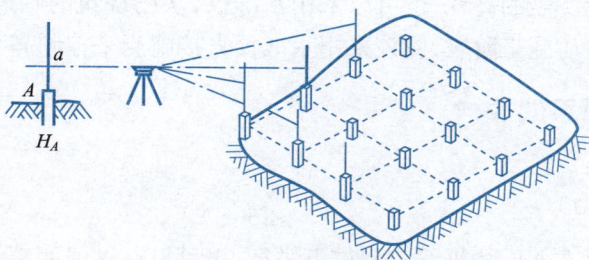

图 9.21　水平面的测设

3. 墩柱拆模后的操平放线

墩柱拆模后要把中线和高程线操测在墩柱的表面上,供进行台帽或盖梁施工使用。

9.3.3　台帽或盖梁放样

台帽或盖梁的细部放样主要以其纵横轴线为依据,在立模板的外面需要预先画出它的中心线,然后在纵横轴线的护桩上架设经纬仪,照准该轴线方向上的另一护桩,根据这一方向校正模板的位置,直至模板中心线位于视线的方向上。

在施工过程中,经常要利用护桩恢复墩、台的纵横轴线,即在墩、台身一侧的护桩上架设经纬仪,照准另一侧的护桩。但墩身筑高以后,因视线被阻无法进行,此时,可在墩身尚未阻挡视线以前,将轴线方向用油漆标记在已建成的墩身上,以后恢复轴线时可在护桩上架设仪器,照准这个标志即可。

如果桥墩位于水中,无法标示出桥墩的纵横轴线时,可用全站仪或交会法恢复墩中心的位置。在用全站仪时,墩的横轴线方向是利用桥轴线的控制桩来确定的。在桥轴线一端的控制桩上安置仪器,照准另一端的控制桩,则视线方向即为桥轴线方向,也是墩的横轴线方向(直线桥)。在此视线方向上,于墩中心附近前后各找出一点 a_1 和 a_2 安置反光镜,测出它至控制桩的距离 d,于两点间用钢尺定出墩中心的位置,如图 9.22 所示。

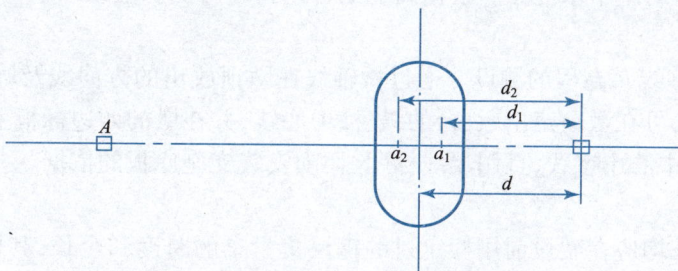

图 9.22　利用全站仪定出墩中心位置

利用交会法测设墩中心时,同前所述,应至少选三个以上的方向进行交会。误差三角形最大边在墩的下部不超过 25 mm,在墩的上部不超过 15 mm,取三角形的重心作为墩中心的位置。

在墩、台帽模板安装到位后应再一次进行复测,确保墩、台帽位置符合设计要求。模板位置中心的偏差不得大于1 cm,并在模板上标出墩顶高程,以便控制灌注混凝土的高程。当混凝土灌注至墩帽顶部时,在墩的纵横轴线及墩的中心处,可埋设中心标志,在纵轴线两侧的上下游埋设两个水准点,并测定出中心标志的坐标和水准点的高程,作为大致安置支撑垫石的参考依据,如图 9.23 所示。对于支座垫石的位置及高程的确定,由于牵涉桥梁荷载的设计和传递,应慎重对待,必须重新对其进行测量、放样,以避免误差的积累。

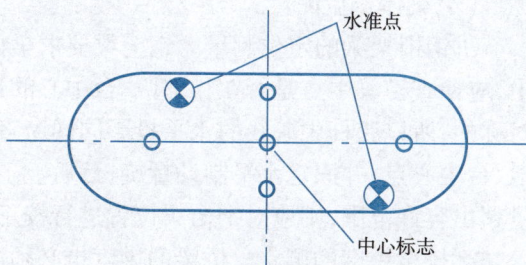

图 9.23　在墩顶埋设中心标志及水准点标志图

墩台各部分的高程,一般是通过设在墩、台身或围堰上的临时水准点来控制的,可直接由临时水准点用钢尺向上或向下量取距离来确定所需的高程,也可以采用水准仪,从已浇筑的临近墩台上设置的临时水准点测量来控制。但是在墩台顶的最后施工阶段,应该采用水准仪直接施测来控制高程。

9.4 梁的架设测量和桥面系的放样

9.4.1 梁的架设测量

1. 全桥中心线的复测

桥梁中心线方向的测定是在两岸桥轴线控制桩上进行,也可以在轴线两端各一个墩台顶部经过方向校正的中心点上进行。

在轴线一端将经纬仪安置在控制桩点上,严格对中、整平,瞄准另一端控制桩点,用盘左、盘右取中的方法定出距站点最近一个墩顶的中心线方向,并在中心标板上刻线固定。然后在该墩顶中心线上安置好,依照此方法,定出下一个墩顶中心线并标定之。依次将各墩顶中心线定出。如果桥墩跨距不大,也可将仪器置于一控制桩点上连设数个桥墩中心线方向。但视线长度不应超过150 m,否则盘左、盘右不符值易超限。

曲线桥梁墩、台中心线的复测,主要是测定曲线全部墩、台中心的转角,并将转角之和与曲线总转角对比,对误差进行分析、调整和分配,以满足设计要求。

2. 桥梁墩、台及支承垫石的测设

(1)墩、台中心点间距的测定。根据桥梁各墩、台已标出的墩、台中心点,测定各相邻墩、台间的距离。与两桥台设计距离相比较,确定全桥总长的误差,并据此对所测各墩、台间距离进行改正。然后再按改正后的各墩、台间距离桥轴线一端控制点计算各墩、台中心里程,与各墩、台设计里程比较,再对点位作适当调整,使测设里程与设计里程一致,且不致引起过大偏心。

曲线桥梁墩、台中心点间距离应逐跨用经检定的钢卷尺或光电测距仪进行测定,并结合两端墩、台中心的实测转角进行调整。

(2)墩、台顶面高程的联测。从河岸一基本水准点始,用二、三等水准测量方法逐个测出各墩顶水准标志高程,最后闭合于另一河岸的基本水准点。根据高程闭合差再对所测各墩顶水准标志高程进行调整以获得其平差值。

(3)支承垫石顶面十字线及高程的测设。通过桥轴线在墩顶放出的方向线及墩、台中心点间距经设计里程调整后所得的中心点位,可在墩顶定出墩、台的纵、横中心线,并在墩的四边标板上固定。在此基础上,根据设计图要求定出支承垫石中心十字线,且用墨线标明,作为安装支座底板的依据。

3. 桥梁架设时的测设

所有整体架设的梁长,均应在架设前用检定过的钢尺丈量梁的跨度和全长,其偏差应小于或等于规范的限差要求。

(1)支座底板安装定位测量。在支座底板定位的同时,应测量底板顶面的高程及底板顶面的平整度,通过在底板与支承垫石面之间塞以铁片、钢楔,使底板顶面高程及平整度达到设计要求。测量时应测量底板顶面的四角抄平。

(2)梁体定位测量。

①钢桁架梁的定位测量。钢桁梁要求梁体中线(即横梁中心线)与设计路线中线一致,所以,在架设过程中,应检查横梁中点是否在相邻墩、台中心的连线方向上。由于两侧桁架的弦杆中心线与横梁中点的连线是对称的,所以弦杆中心线的水平投影同样为直线。检查时,可将经纬仪安置在墩、台的中心点上,瞄准相邻的墩、台中心点,并固定水平制动螺旋,然后上下转动望远镜,观察横梁中点上的标志是否都在视线上,如果偏离量超出容许范围,则应对钢桁梁位置进行校正。

②桥梁拱度的测定。桥梁的拱度也必须测定,在钢梁架好之后,各个弦杆应构成一条略为向上弯曲的平滑曲线,桥梁中部高出两端的最大高差称为拱度。测定时将水准仪安置在桥梁的墩、台上,在各个节点处竖立水准尺,测出各点高程,给出弦杆的纵断面图,从而得到桥梁的拱度,并检查其是否合格。为观测拱度的变化,

在竖立水准尺的地方,应用油漆作标志,以保证每次观测都位于同一点上。

③预应力混凝土简支梁的测定。预应力混凝土简支梁要求梁梗中线与设计中线平行。梁体落位后要求支座下座板中心十字线与标定在支承垫石上的设计中心十字线重合。若由于施工偏差不能满足,应在梁梗中线与设计中线保持平行的先决条件下进行调整。纵向偏差以桥梁中线为准。向两端平均分配,但活动端必须保持按100℃温差计算的最小伸缩空间,均为梁长的1‰;横向偏差应在保持相邻梁体间的缝隙能放置防水盖板,以桥梁中线为准,尽可能向两片梁对称分配。

9.4.2　桥面系的放样

1. 轴线放样

轴线放样是通过桥轴线在梁顶面放出的方向线及桥面中心点位,在此基础上,根据设计图要求定出桥面某一端面的中心十字线,且用墨线标明,作为桥面系施工放样的依据。

(1)桥面铺装的放样。桥面都具有一定的厚度,复合桥面(钢筋混凝土+沥青混凝土)的钢筋混凝土层厚度一般设计为 8 cm,单一的钢筋混凝土桥面一般设计为 13 cm,线形和高程控制通常采用槽钢进行,先将整幅桥面根据宽度和浇筑工具的限制进行分割板面,通常是分割成两幅,然后用墨线进行标示,即用槽钢沿着墨线侧向立放作为桥面混凝土浇筑的模板,板面朝向浇筑面,用预埋或者截好的钢筋头进行电焊支撑,横向的钢筋不能一次绑扎完成,需要按照满足纵断面接头不超过50%的规范要求,下料时考虑横向分割,绑扎时即从槽钢下穿过预留出来,待另外半幅需要施工时再进行绑扎。

(2)防撞墙或护栏底座的放样。防撞墙或护栏底座的放样是根据桥轴线在梁顶面放出的方向线及桥面中心点位,及图纸上防撞墙或护栏底座与桥轴线的定位关系,利用支距法得到建筑物的边线,然后再根据防撞墙或护栏底座的尺寸放出详细轮廓,利用墨线进行标示,作为模板支立的依据。

2. 高程控制

利用高程控制测量的点或者导引到桥面的临时水准点进行浇筑桥面槽钢或防撞墙、护栏的模板高程的控制,沿桥梁纵向通常每隔 1 米进行一个点位的测量,直至整个桥长。

9.5　锥坡的放样

桥梁锥坡护坡及坡脚通常为椭圆形曲线,放样方法很多,如支距法、图解法、坐标值量距法、经纬仪设角法、放射线式放样法。对于斜桥锥坡还应考虑到斜度系数,可以采用纵横等分图解法进行放样。

以上方法均先求出坡脚椭圆形的轨迹线,测设到地面上,然后再按规定的边坡放出样线,据以施工。这里只对常用的支距放样法、纵横分解图法进行介绍。

9.5.1　锥坡支距放样法

如图 9.24 所示,设平行于路线方向的短半径方向 AC 为 x 轴,垂直于路线方向的长半径为 y 轴,根据椭圆方程

$$\frac{x^2}{b^2} + \frac{y^2}{a^2} = 1 \qquad (9.8)$$

将 b 分为 n 等份(一般为 10 或 8 等份),常取 8 段,这时 x = 0、2b/8、3b/8、4b/8、5b/8、6b/8、7b/8、b,将其分别带入式 $y = \frac{a}{b}\sqrt{b^2 - x^2}$,即得各对应的支距 y 值。

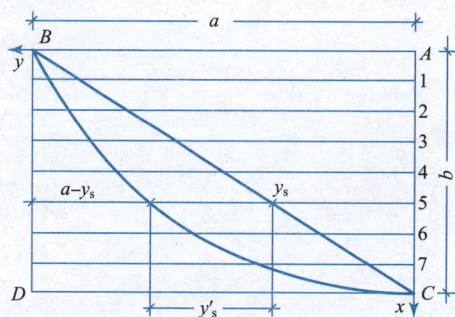

图 9.24　支距法放样锥坡

测设时以 AC 方向为基线,按长、短半径 a、b 测设矩形 ACDB,然后将 BD 等分 8 段,在垂直于 BD 的方向上分别量出相应的 a − y 值,即可测设出坡脚椭圆形轮廓。

9.5.2　纵横等分图解法

如图 9.25 所示,按 a 和 b 的长度引一平行四边形;将 a′ 和 b′ 均分为 10 等份,并将各点顺序编号;由 b′ 之 0 点连 a′ 之 1 点,由 b′ 之 1 点连 a′ 之 2 点……依此类推,最后由 b′ 之 9 点连 a′ 之 10 点,相邻线交叉点即形成锥坡之底线。

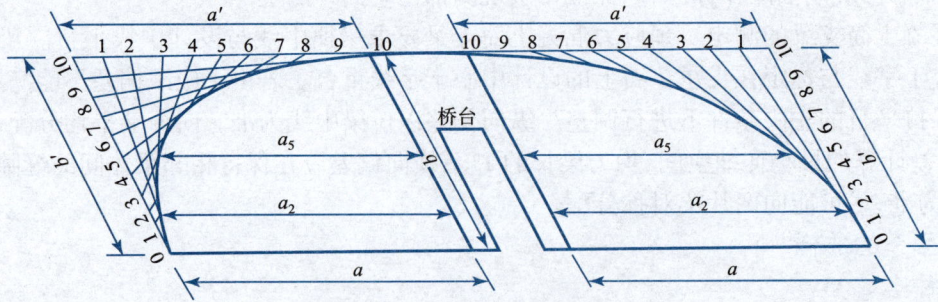

图 9.25　纵横等分图解法放样锥坡

　　放出样线,主要是为在锥坡挖基、修筑基础以及砌筑坡面时,便于悬挂准绳,使铺砌式样尺寸符合标准。在施工过程中应随时进行防止样线走动或脱开样线铺砌的检查复核工作。

计 划 单

学习领域	路桥工程测量技术			
学习情境	道路与桥梁的施工测量	工作任务		桥梁的施工测量
计划方式	小组讨论、团结协作共同制订计划	计划学时		1
序号	实施步骤		具体工作内容描述	
制订计划说明	（写出制订计划时为完成任务提出的主要建议或可以借鉴的建议、需要解释的某一方面）			
计划评价	班　　级		第　　组	组长签字	
	教师签字		日　　期	
	评语：			

决　策　单

学习领域	路桥工程测量技术			
学习情境	道路与桥梁的施工测量	工作任务		桥梁的施工测量
决策学时		1		

	序号	方案的可行性	方案的先进性	实施难度	综合评价
方案对比	1				
	2				
	3				
	4				
	5				
	6				
	7				
	8				
	9				
	10				

	班　级		第　组	组长签字	
决策评价	教师签字			日　期	
	评语：				

材料工具清单

学习领域	路桥工程施工技术					
学习情境	道路与桥梁的施工测量	工作任务		桥梁的施工测量		
清单要求	请根据完成的工作任务列出所需的材料工具名称,其作用、型号及数量,标明使用前后的状况,并在说明中写明材料工具之间的相对联系或关系					
序号	名称	作用	型号	数量	使用前状况	使用后状况
1						
2						
3						
4						
5						
6						
7						
8						
9						
10						

说明:(请简要说明各材料工具之间的相对联系或关系)

班　　级		第　　组	组长签字	
教师签字			日　　期	
评　　语				

实 施 单

学习领域	路桥工程施工技术			
学习情境	道路与桥梁的施工测量	工作任务	桥梁的施工测量	
实施方式	小组成员合作共同研讨确定动手实践的实施步骤,每人均填写实施单	实施学时	5	
序号	实施步骤		使用资源	
1				
2				
3				
4				
5				
6				
7				
8				

实施说明:

班 级		第 组	组长签字	
教师签字			日 期	
评 语				

作 业 单

学习领域	路桥工程测量技术		
学习情境	道路与桥梁的施工测量	工作任务	桥梁的施工测量
实施方式	小组成员动手实践,学生自己查询图纸、记录、计算、审核相关测量数据		

（在此记录测设过程）

班　级		第　　组	组长签字	
教师签字			日　期	
评　语				

检 查 单

学习领域	路桥工程施工技术			
学习情境	道路与桥梁的施工测量	工作任务		桥梁的施工测量
检查学时		2		

序　号	检查项目	检查标准	组内互查	教师检查
1	学生读取数据的程序	是否正确		
2	完成的报告的点位数据	是否完整、正确		
3	绘制的施工放样简图	是否正确、整洁		
4	报告记录	是否完整、清晰		
5	描述放样过程	是否完整、正确		

检查评价	班　级		第　　组	组长签字	
	教师签字		日　期		
	评语：				

评 价 单

学习领域	路桥工程施工技术				
学习情境	道路与桥梁的施工测量	工作任务		桥梁的施工测量	
评价学时		1			
考核项目	考核内容及要求	分值	学生自评（10%）	小组评分（20%）	教师评分（70%）	实得分
计划编制（20）	工作程序的完整性	10				
	步骤内容描述	8				
	计划的规范性	2				
工作过程（45）	施工放样数据正确性、完整性	10				
	点放样精度评价	5				
	报告完整性	30				
基本操作（10）	操作程序正确	5				
	操作符合限差要求	5				
安全文明（10）	叙述工作过程应注意的安全事项	5				
	工具正确使用和保养、放置规范	5				
完成时间（5）	能够在要求的90分钟内完成，每超时5分钟扣1分	5				
合作性（10）	独立完成任务得满分	10				
	在组内成员帮助下得6分					
	总分(∑)	100				

班　级			姓　名		学号		总评	
教师签字			第　组	组长签字			日期	
评价评语	评语：							

245

教学反馈表

学习领域		路桥工程测量技术		
学习情境	道路与桥梁的施工测量	工作任务		桥梁的施工测量
学时		4		

序号	调查内容	是	否	理由陈述
1	你是否喜欢这种上课方式？			
2	与传统教学方式比较你认为哪种方式学到的知识更适用？			
3	针对每个学习任务你是否学会了如何进行资讯？			
4	计划和决策感到困难吗？			
5	你认为学习任务对你将来的工作有帮助吗？			
6	通过本学习情境的学习，你掌握了进行桥梁施工测量的工作内容了吗？			
7	你学会如何进行桥梁的施工测量了吗？今后遇到实际问题时你可以解决吗？			
8	学会从图纸中查询与桥梁相关的测设数据了吗？			
9	通过几天的工作和学习，你对自己的表现是否满意？			
10	你对小组成员之间的合作是否满意？			
11	你认为本情境还应学习哪些方面的内容？（请在下面空白处填写）			

你的意见对改进教学非常重要，请写出你的建议和意见。

被调查人签名		调查时间	